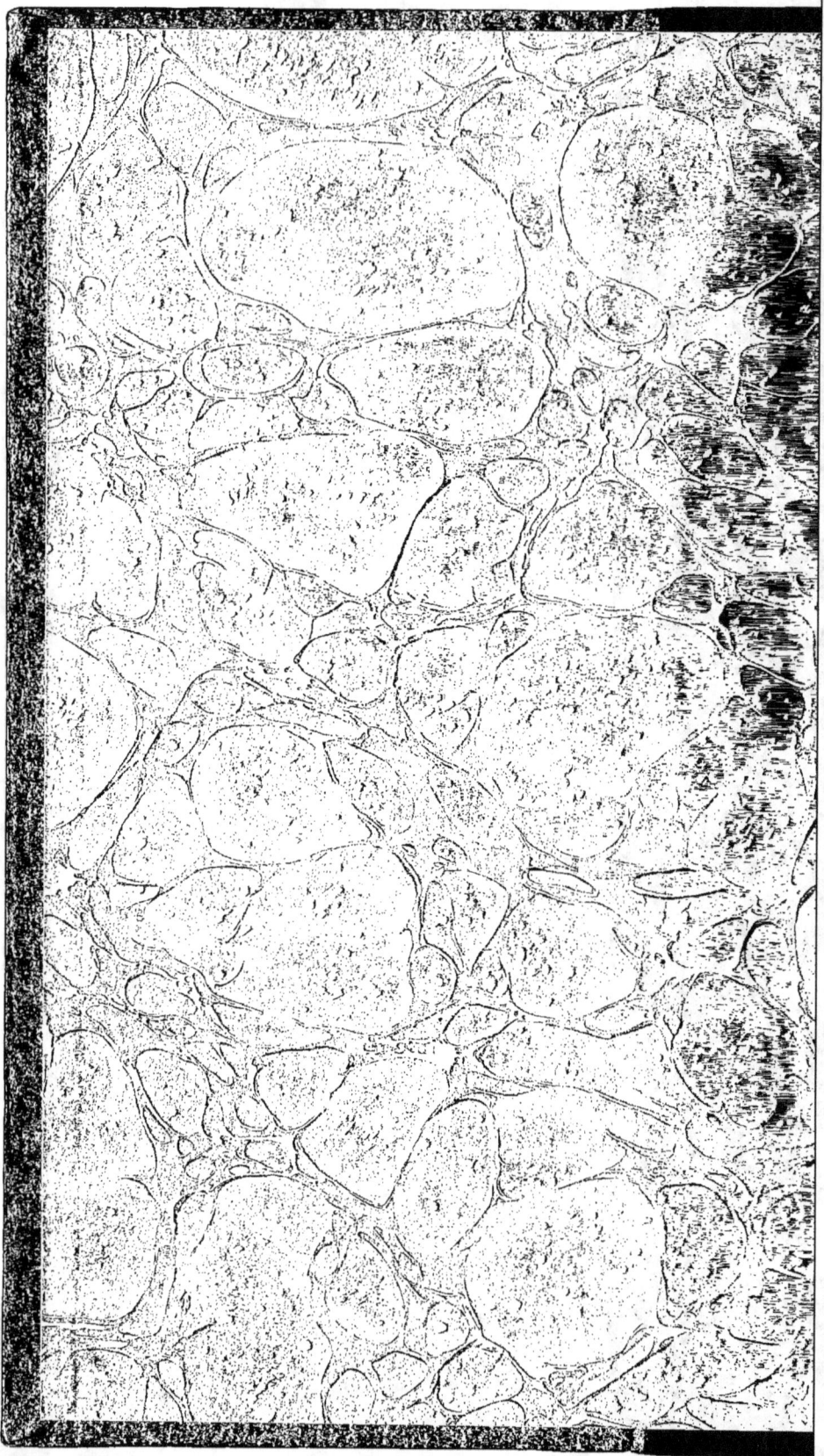

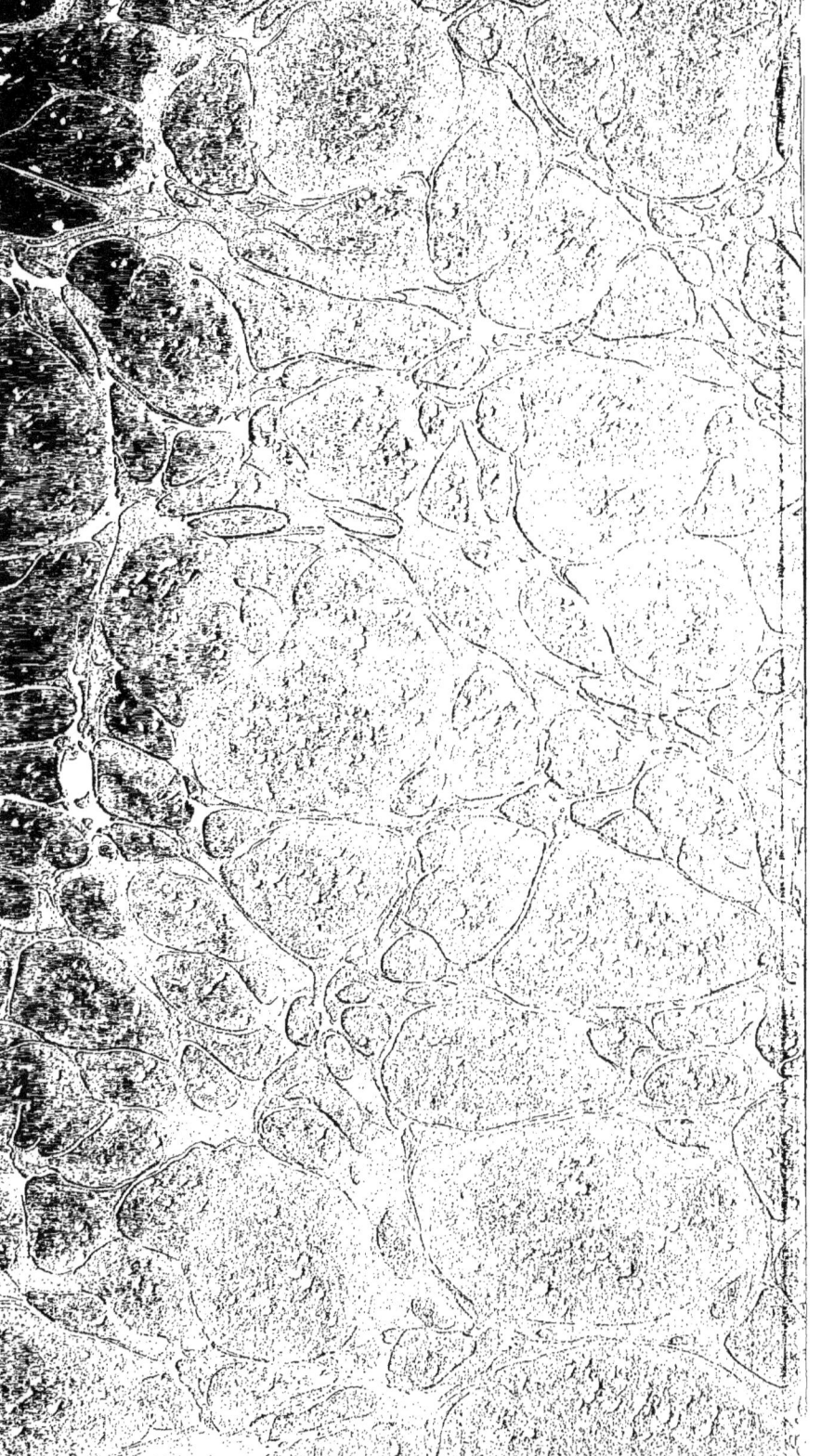

ROBERT 1988

DICTIONNAIRE
DE
MUSIQUE MODERNE.

II.

ADRIEN ÉGRON,
IMPRIMEUR DE MONSEIGNEUR LE DAUPHIN,
rue des Noyers, n° 37.

DICTIONNAIRE

DE

MUSIQUE MODERNE,

Par M. Castil-Blaze.

.... Vestigia græca
Ausi deserere.
        HORACE, *Art Poétique.*

Deuxième Edition.

PARIS,
AU MAGASIN DE MUSIQUE DE LA LYRE MODERNE,
RUE ET PASSAGE VIVIENNE, N° 6.

M. DCCC. XXV.

DICTIONNAIRE

DE

MUSIQUE MODERNE.

L.

La. Nom de la sixième note de notre gamme.

Lamentabile. *Lamentable*, ce mot que l'on fait précéder quelquefois par *adagio*, ou *largo*, indique, même quand il est seul, un mouvement grave et une expression tendre et mélancolique.

Langsam. (*Voyez* Lento.)

Larghetto. Diminutif de,

Largo, adv. Ce mot, écrit à la tête d'un air, indique un mouvement plus lent que l'*adagio* et le dernier de tous en lenteur.

Le diminutif *Larghetto* annonce un mouvement moins lent que le *largo*, et plus lent que l'*andante*.

Le *largo* n'a souvent pas plus de lenteur que l'*adagio*, mais il a quelque chose de plus décidé dans le caractère. L'*adagio* semble devoir être plus onctueux, plus sensible, plus affectueux; il a autant de noblesse que le *largo*, mais ce dernier a plus de fierté.

Le *largo* convient à ce qui est religieux et plein d'un saint respect; l'*adagio* à ce qui est tendre et d'une tristesse passionnée.

LARIGOT, s. m. Jeu d'orgue, l'un des plus aigus; il sonne la quinte au-dessus de la doublette. Ce jeu qui est compris parmi les jeux à bouche, est d'étain et a quatre octaves et demie d'étendue, ce qui forme tout le clavier.

LEGATO, adj. *Lié.* Quand ce mot se trouve en tête ou dans le courant d'un morceau de musique, il faut en lier les notes avec soin.

S'il y a *sempre legato*, il faut conserver jusqu'à la fin le même genre d'exécution.

LENTO, adv. Ce mot signifie *lentement*, et marque un mouvement lent comme le *largo*. Les Allemands indiquent ce mouvement par *langsam*, et les Anglais par *slow*.

LEVÉ, adj. pris subst. C'est le temps de la mesure où on lève la main ou le pied; c'est un temps qui fait et précède le frappé; c'est par conséquent toujours un temps faible. Les temps levés sont, à deux temps, le second; à trois, le troisième; à quatre, le second et le quatrième.

LIAISON, s. f. Il y a *liaison* d'harmonie et *liaison* de chant.

La *liaison* a lieu dans l'harmonie, lorsque cette harmonie procède par un tel progrès de sons fondamentaux, que quelques-uns des sons qui accompagnaient celui qu'on quitte, demeurent et accompagnent encore celui où l'on passe. Il y a *liaison* dans les accords de la tonique et de la dominante, puisque le même son fait la quinte de la première, et l'octave de la seconde : il y a *liaison* dans les accords de la tonique et de la sous-dominante, attendu que le même son sert de quinte à l'une et d'octave à l'autre : enfin, il y a *liaison* dans les accords dissonans toutes les fois que la dissonance est préparée, puisque cette préparation elle-même n'est autre chose que la *liaison*. (*Voyez* PRÉPARER.)

La *liaison* dans le chant a lieu toutes les fois qu'on passe deux ou plusieurs notes d'un seul coup d'archet, de langue, ou de gosier, et se marque par un trait recourbé dont on couvre les notes qui doivent être liées ensemble. (*Fig.* 15.)

Dans le plain-chant on appelle *liaison* une suite de plusieurs notes passées sur la même syllabe, parce que sur le papier elles sont ordinairement attachées ou liées ensemble.

LICENCE, s. f. Liberté que prend le compositeur, et qui semble contraire aux règles, quoiqu'elle soit dans le principe des règles; car voilà ce qui distingue les *licences* des fautes. Par exemple, c'est une règle générale de ne pas faire marcher deux quintes justes de suite entre les mêmes parties et par un mouvement semblable. M. Berton a enfreint cette règle dans l'ouverture du *Delire*; c'est une *licence* qu'il a prise pour produire plus d'effet.

Comme les règles de l'harmonie ont changé à mesure que l'art s'est perfectionné, ce qui était *licence* autrefois est permis aujourd'hui. Nous nous servons avec succès de la quinte augmentée, qui aurait offensé l'oreille de nos timides devanciers. Méhul a commencé le premier duo d'*Ariodant* par cet accord, et c'est une *licence*. La quinte augmentée a besoin d'être préparée, et dans ce passage elle ne l'est point. Mais l'intention du compositeur était de produire, en violant les règles, un effet dur, acerbe et déchirant, et il y a réussi en attaquant soudain et vigoureusement le *sol* ♯ et l'*ut naturel*.

LIÉES, adj. On appelle *notes liées* celles qu'on passe d'un seul coup de gosier avec la voix, d'un seul coup d'archet sur le violon, ou d'un seul coup de langue sur les instrumens à vent; en un mot, toutes les notes qui sont sous une même liaison.

LIGATURE, s. f. (*Voyez* SYNCOPE.)

LIGNE, s. f. Les *lignes* de musique sont ces traits horizontaux et parallèles qui composent la portée, et sur lesquels, ou dans les espaces qui les séparent, on place les notes selon leurs degrés. La portée du plainchant n'est que de quatre *lignes*, celle de la musique a cinq *lignes* stables et continues, outre les *lignes* postiches qu'on ajoute au-dessus ou au-dessous de la portée, pour les notes qui passent son étendue.

Les *lignes*, soit dans le plain-chant, soit dans la musique, se comptent en commençant par la plus basse. Cette plus basse est la première ; la plus haute est la quatrième dans le plain-chant, la cinquième dans la musique.

LITHOGRAPHIE, s. f. Manière d'imprimer inventée depuis quelques années : elle consiste à écrire ou dessiner sur une pierre polie, et avec des crayons d'une composition particulière, la page ou le dessin que l'on veut reproduire ensuite sur le papier, en se servant de la presse. On a essayé, sans succès, d'appliquer à la musique les procédés lithographiques. Les résultats jusqu'ici bien inférieurs à ceux de la gravure, ont le double inconvénient d'exiger plus de dépense, et de ne pas permettre que le tirage se fasse peu à peu. Cependant, la *lithographie* employée à tout autre usage qu'à graver la musique, a pris un tel essor, qu'il serait possible qu'elle remplaçât un jour avec avantage la gravure sur étain ou sur cuivre.

Des partitions, des sonates, des fantaisies, des nocturnes, des romances même, paraissent maintenant avec de beaux frontispices en *lithographie* ; ce sont des paysages charmans où l'on voit de vieux châteaux gothiques, des paladins, des troubadours courant les aventures ; ce sont des allégories ingénieuses, et d'autres sujets qui se rapportent à la sonate, au nocturne que l'on publie. On doit se défier beaucoup des compositions musicales, que l'on a pris soin de parer de tant d'ornemens : ces accessoires valent trop souvent mieux que le principal, et l'on peut dire de la plus grande partie de ces productions :

> Tout en est beau, papier, images, caractère,
> Hormis la *musique*.

LIVRE OUVERT, *à livre ouvert, à l'ouverture du livre, à la première vue.* Chanter ou jouer *à livre ouvert*, c'est exécuter toute musique qu'on vous présente, en jetant les yeux dessus, et par conséquent sans préparation.

Livre se dit encore en musique à la place de livraison, lorsque parmi les œuvres d'un compositeur il s'agit de distinguer l'espèce de ces œuvres. Un musicien sera à son cinquantième œuvre, il publie le cinquante-unième, qui renferme des duos de violon, il l'intitule *Œuvre LI*, 10° *livre de duos de violon*, et il fait connaître ainsi chaque fois qu'il met au jour un ouvrage, le nombre total et le nombre partiel qui se rapporte aux compositions de la même nature que celui qui vient de paraître.

Loco, lorsqu'après un passage marqué pour être exécuté à l'octave haute ou à l'octave basse, on trouve ce mot latin ou italien *loco*, il signifie que l'on doit exécuter ce qui suit, au lieu même où les notes sont écrites, sans transposition d'octaves. (*Fig.* 1.)

LOURE, s. f. Sorte de danse dont l'air était assez lent, et se marquait ordinairement par la mesure à six-quatre; quand chaque temps porte trois notes, on pointe la première, et l'on fait brève celle du milieu.

Ce qui est exactement le rhythme de la Sicilienne, qui semble avoir succédé à la *Loure*.

LOURER, v. act. et n. C'est nourrir les sons avec douceur, et marquer la première note de chaque temps plus sensiblement que la seconde, quoique de même valeur.

Cette manière d'exécuter est encore en usage pour les pastorales, et toutes les compositions qui ont le caractère rustique et montagnard.

LUTH, s. m. Instrument très-cultivé autrefois, et dont on ne joue plus depuis un siècle. La guitare et la harpe l'ont fait délaisser. Il était monté de vingt-quatre cordes sur un corps arrondi en-dessous, en forme de tortue, et ressemblant à celui de la mandoline qui en était le diminutif; ces vingt-quatre cordes composaient treize groupes; son manche était large et renversé dans son extrémité. Huit de ses cordes, placées en dehors du manche, ne se touchaient qu'à vide.

Comme la lyre antique, le *luth*, en cessant de servir aux musiciens, a laissé son nom aux poëtes qui le font figurer souvent dans leurs stances érotiques, et même dans l'épopée.

LUTHIER, s. m. Artiste qui fait des violons, des violes, des violoncelles, des contrebasses, des guitares. Ce nom, qui signifie *facteur de luths*, est demeuré par synecdoche à cette sorte d'artistes, parce que autrefois le luth était l'instrument le plus commun, et dont il se faisait le plus.

Lutrin, s. m. Pupitre de chœur sur lequel on met les livres de chant dans les églises.

Ce mot vient de *lectrum*, dont on a fait *lectrinum*, de là lettrin, et puis *lutrin* par corruption.

> Sur ce rang d'ais serrés qui forment sa clôture,
> Fut jadis un *lutrin* d'inégale structure,
> Dont les flancs élargis, de leur vaste contour,
> Ombrageaient pleinement tous les lieux d'alentour.
> Derrière ce *lutrin*, ainsi qu'au fond d'un antre,
> A peine, sur son banc, on discernait le chantre;
> Tandis qu'à l'autre banc, le prélat radieux,
> Découvert au grand jour, attirait tous les yeux.
>
> Le Lutrin, *Boileau*.

Lyre. s. f. Instrument de musique de forme triangulaire, dont Mercure fut l'inventeur. D'autres en attribuent l'invention à Orphée, à Amphion, à Apollon, à Polymnie. Quelques-uns ont dit que c'était une écaille de tortue, qu'Hercule vida, perça, et monta de cordes de boyaux, au son desquelles il accordait sa voix. C'est l'attribut le plus ordinaire d'Apollon. La *lyre* a fort varié pour le nombre des cordes; celle d'Olympe et de Therpandre n'en avait que trois. L'addition d'une quatrième rendit le tétracorde complet. Pollux attribue aux Scythes l'invention du pentacorde. L'heptacorde fut la *lyre* la plus en usage et la plus célèbre. Simonide ajouta une huitième corde, pour produire l'octave; et dans la suite Timothée de Milet, contemporain de Philippe et d'Alexandre, multiplia les cordes jusqu'à douze. On les touchait de trois manières, ou en les pinçant avec les doigts, ou en les frappant avec le *plectrum*, espèce de baguette d'ivoire ou de bois poli, ou en pinçant les cordes de la main gauche, tandis qu'on les frappait de la droite, armée du *plectrum*. Les anciens monumens représentent des *lyres* de différentes figures, montées depuis trois cordes jusqu'à vingt. Elle ne servait, dit-on, que pour célébrer les dieux et les héros.

L'on a essayé de faire revivre cet instrument, en lui donnant le manche de la guitare à six cordes; sa forme élégante et pittoresque avait d'abord tenté nos belles musiciennes, mais on est revenu à la guitare qui est plus commode à tenir, et dont l'harmonie est plus pleine et plus agréable.

La *lyre*, la cythare et le luth retentiront long-temps encore dans les œuvres des poëtes, quoique les progrès de l'art musical les aient condamnés à un éternel silence.

Le violon a fait disparaître tous ces instrumens imparfaits, qui n'étaient en quelque sorte que les essais des facteurs et des musiciens, les uns préludant à l'art de la lutherie, et les autres à celui de charmer l'oreille.

LYRIQUE, adj. Qui appartient à la lyre. Cette épithète se donnait autrefois à la poésie, faite pour être chantée et accompagnée par le chanteur, de la lyre, ou de la cythare, comme les odes et autres chansons, à la différence de la poésie dramatique ou théâtrale, qui s'accompagnait avec des flûtes par d'autres que par le chanteur. Aujourd'hui elle s'applique toujours aux odes, dithyrambes, chansons, couplets; mais comme nous avons des pièces de théâtre qui se chantent, on appelle *drame lyrique* ou *opéra* le drame composé pour être mis en musique.

M.

Ma, adv. mais. *Presto, ma non tropo.* Presto, mais pas trop.

Machicotage, s. m. C'est ainsi qu'on appelle, dans le plain-chant, certaines additions et compositions de notes qui remplissent, par une marche diatonique, les intervalles de tierce et autres. Le nom de cette manière de chant vient des ecclésiastiques appelés *machicots*, qui l'exécutaient autrefois après les enfans de chœur.

Madrigal, s. m. Sorte de pièce de musique travaillée et savante, qui était fort à la mode en Italie au seizième siècle, et même au commencement du précédent. Les *madrigaux* se composaient pour les voix, à trois, quatre, cinq, six et même sept parties, toutes obligées à cause des fugues ou dessins dont ces pièces étaient remplies.

Le style madrigalesque tient beaucoup de la fugue, sans y ressembler entièrement. La différence la plus essentielle consiste, en ce que même dans les *madrigaux* à voix seules, qui sont les plus sévères de tous, on prend des licences que la fugue, proprement dite, ne comporte pas; on donne au chant des tournures légères et animées, et l'on suit le sentiment et l'expression des paroles, ce qui ne s'observe point dans la fugue.

La composition des *madrigaux* remonte à la plus haute antiquité. Les maîtres de l'Ecole Flamande s'y sont distingués, mais les auteurs qui ont atteint la perfection de ce genre, sont Adrien Willaert, Palestrina, Luca Marenzio, Cl. Monteverde, don Carlo Gesualdo, prince de Venouse, enfin A. Scarlatti.

Lotti, B. Marcello, Clari, Durante, Steffani, ont excellé dans le *madrigal* accompagné, qui comporte plus de liberté que l'autre à cause de la basse continue qu'on y ajoutait, mais qui exige, à raison de cela, beaucoup plus d'expression.

On a donné le nom de *madrigal* à ces pièces de musique, attendu qu'elles étaient composées sur des *madrigaux* poétiques.

L'exécution des *madrigaux* de l'ancienne Ecole Italienne présente de grandes difficultés, et donne de beaux résultats. Les jeunes enfans élevés au Pensionnat Royal de chant, que M. Choron dirige, chantent des *madrigaux* avec beaucoup de précision et de pureté. (*Voyez* RICERCARE.)

MADRIGALESQUE, adj. de t. g. Qui a rapport, qui appartient au madrigal. *Style madrigalesque.*

MAIN HARMONIQUE. C'est le nom que donna Guido à la gamme, qu'il inventa pour montrer le rapport de ses hexacordes, de ses six lettres, et de ses six syllabes, avec les cinq tétracordes des Grecs. Il représente cette gamme sous la figure d'une main gauche, sur les doigts de laquelle étaient marqués tous les sons de la gamme, tant par lettres correspondantes que par les syllabes qu'il y avait jointes, en passant, par la règle des muances, d'un ttéracorde ou d'un doigt à l'autre, selon le lieu où se trouvaient les deux demi-tons de l'octave par le bécarre ou par le bémol; c'est-à-dire, selon que les tétracordes étaient conjoints ou disjoints.

Mains. (*Voyez* Quatre mains.)

Maître de chapelle. *Maestro di capella.* V.

Maître de musique. Musicien gagé pour composer de la musique ou la faire exécuter. C'est le *maître de musique* qui bat la mesure et dirige les musiciens. Il doit savoir la composition, quoiqu'il ne compose pas toujours la musique qu'il fait exécuter.

On donne encore le nom de *maître de musique* au chef de la musique d'un régiment; il fait partie de l'état-major, et a le grade de sergent-major.

Maîtrise, s. f. Logement réservé au maître de musique d'une cathédrale, et dans lequel un certain nombre de jeunes gens sont entretenus aux frais du chapitre pour y recevoir une bonne éducation musicale, et être employés en même temps au service religieux comme enfans de chœur. Lorsque l'on considère que les *maîtrises* de France possédaient autrefois quatre mille élèves, et que ce nombre se trouve réduit aujourd'hui à deux cents environ, on n'est point surpris que la musique se perde peu à peu dans nos provinces. Les bienfaits du Conservatoire ne s'étendent pas au-delà de l'enceinte de Paris. Tandis que, placées sur tous les points du royaume, les *maîtrises* donnaient les moyens de recueillir et de cultiver les grands talens et les belles voix dans les lieux mêmes où la nature se plaisait à les produire. Depuis leur suppression presque totale, nous faisons tous les jours des pertes que rien ne répare. La pépinière des bons musiciens n'existe plus, l'art dégénère dans les départemens, on l'abandonne peu à peu, et le petit nombre de professeurs que l'on y rencontre, leur âge avancé, font prévoir sa ruine.

Majeur., adj. Les intervalles susceptibles de variations sont appelés *majeurs*, quand ils sont aussi grands qu'ils doivent l'être, d'après la juste appréciation du système général des intervalles.

L'octave, la quinte et la quarte, ne varient point sans devenir dissonances; les autres intervalles peuvent, sans changer de nom, et sans cesser d'être justes, varier de quatre manières différentes, auxquelles on donne le nom de *genres*, dont deux sont, selon la nature du mode où on les pratique, et deux sont artificiels, attendu qu'ils participent de deux modes à la fois, ou sont peu usités, quand ils font partie du même mode.

Ces quatre genres sont : *diminué, mineur, majeur* et *augmenté*. Les deux genres naturels sont le *majeur* et le *mineur*; le *diminué* et l'*augmenté* forment les deux genres artificiels.

Les intervalles variables sont au nombre de quatre, savoir : la seconde, la tierce, la sixte et la septième.

Un intervalle *majeur* est toujours plus grand d'un demi-ton que le mineur.

Un intervalle augmenté est plus grand d'un demi-ton que le *majeur;* plus grand d'un ton que le mineur, et plus grand d'un ton et demi que le diminué.

De même que l'intervalle diminué est moindre d'un demi-ton que le mineur, moindre d'un ton que le *majeur*, et moindre d'un ton et demi que l'intervalle augmenté.

Majeur se dit aussi du mode, lorsque la tierce de la tonique est *majeure*, et alors souvent le mot *mode* ne fait que se sous-entendre. *Préluder en* majeur, *passer du* majeur *au mineur,* etc. (*Voyez* MODE.)

On désigne encore par le mot de *majeur* pris substantivement, la partie d'un air, d'un duo, d'une sonate, d'une symphonie, etc. qui se trouve traitée en mode *majeur. Reprenons au* majeur. *Ce* majeur *est d'un bel effet.*

Quelques compositeurs écrivent le mot *majeur* à l'endroit où se fait le changement de mode. Cette précaution nous paraît assez inutile, et on doit la laisser aux faiseurs de contredanses.

MANCANDO. (*Voyez* DIMINUENDO.)

MANCHE, s. m. Pièce de bois collée à l'extrémité du corps de certains instrumens à cordes tels que le violon, le violoncelle, la guitare. Le *manche* sert à tenir l'instrument, porte les cordes et les chevilles, et c'est en posant les doigts sur ces cordes et en les pressant contre le *manche* que l'on forme les différens tons. On dit qu'un musicien connaît bien son *manche*, quand il touche les cordes avec justesse et précision.

Le *manche* de la guitare est garni de touches.

MANDOLINE, s. f. Instrument de musique plus petit que le luth et de la même forme. Il s'accorde comme le violon, avec la différence que ses cordes sont de laiton et doubles. On en joue avec un petit morceau d'écorce de cerisier ou un bout de plume taillé comme un cure-dent plat.

MANDORE, s. f. Espèce de petit luth : il se joue comme cet instrument, mais s'accorde différemment. La *mandore* n'a que huit groupes de cordes à boyau, ce qui fait en tout seize cordes.

La *mandore* n'est plus en usage depuis long-temps.

MARCHE, s. f. Morceau de musique composé pour être exécuté par un grand nombre d'instrumens pendant la marche d'une troupe militaire ou d'un cortège nombreux et à régler le pas de ceux qui le composent.

La *marche* est plus particulièrement du domaine de la musique militaire que de l'orchestre complet. On introduit cependant souvent des *marches* dans les compositions dramatiques.

Brillante et légère dans le style martial, majestueuse et solennelle dans le style religieux, triste et gémissante pour les pompes funèbres, la *marche* prend divers caractères selon que sa destination change.

La mesure de la *marche* est ordinairement à deux temps et son mouvement est *allegro maestoso*; quelques *marches* religieuses d'un mouvement très-lent sont à trois temps.

Dans le style militaire on distingue deux sortes de *marche*, savoir : la *marche* dont la mesure et les temps marquent le *pas ordinaire*, et la *marche double* dont la mesure et les temps sont doublés, on l'appelle improprement *pas redoublé ;* son mouvement est du double plus rapide que celui de la *marche*. Celle-ci est écrite à deux temps, *maestoso ;* le pas double à deux-quatre, *allegro*, et leurs mouvemens sont si bien ajustés que quand un régiment défilant au pas double et au son de la musique passe devant un poste dont les tambours battent aux champs, et par conséquent dans la mesure de la *marche*, le rhythme grave des tambours s'accorde parfaitement avec la mesure rapide et le rhythme pressant de la musique. Cela est tout simple, la musique joue deux mesures tandis que les tambours n'en frappent qu'une. Cet effet n'est pas sans agrément pour une oreille exercée.

Une belle *marche* exécutée par d'excellens musiciens annonce d'une manière bien brillante la troupe qui va défiler sous les armes; ces accens belliqueux, cette harmonie éclatante s'unissent admirablement aux idées qu'inspire l'appareil militaire. On croit assister aux anciens tournois, l'imagination va plus loin; elle nous transporte aux fêtes triomphales de la Grèce et de Rome, elle applique à nos musiciens militaires les vers sublimes que Virgile a consacrés à la gloire de Misène.

Misenum eolidem, quo non præstantior alter
Ære ciere viros, Martemque accendere cantu.

Mais laissons la musique guerrière, pour nous occuper de la scène dramatique, où la *marche* paraît avec de plus grands avantages. Outre qu'elle y conserve les divers caractères dont nous avons déjà parlé, elle prend une couleur différente selon le temps, le lieu où se passe l'action scénique. Elle se conforme même au caractère des personnages que l'on introduit sur le théâtre. On peut en faire l'observation dans l'opéra d'*Aline*, où l'on entend successivement une *marche* asiatique et une *marche* dans le style français. Celle de l'opéra de *Barbe Bleue* est gothique et originale.

Une troupe de soldats n'est pas toujours précédée par de la musique, surtout quand leur nombre est peu considérable. Pourquoi ne sauriez-vous nous montrer le plus petit détachement sans lui donner une symphonie complette? Je répondrai à cette objection, que dans les productions des arts, il ne faut pas exiger que tout soit exactement justifié. Malheur à celui qui sacrifierait des effets séduisants afin d'obéir fidèlement aux lois de la froide raison. Pour admettre une chose à la scène, il suffit qu'elle soit présumée possible et les agrémens qu'elle y produit, les avantages qu'on en retire, font pardonner aisément ce qu'elle présente d'irrégulier. A-t-on jamais reproché à Grétry et à Méhul, d'avoir fait défiler le Guet sur une *marche* militaire, c'est pourtant une grande invraisemblance, tout le monde sait qu'une patrouille nocturne ne doit point annoncer sa présence par le bruit le plus léger.

La *marche* de *Lodoïska* de M. Kreutzer, et le pas

double des *Deux Journées*, sont ce que nous avons de mieux à la scène dans le style militaire; les *marches* religieuses d'*Alceste* et de *la Flûte Enchantée* sont d'admirables chefs-d'œuvre; on distingue encore celle de *Saül*, composée par Dussek.

La *marche* se réunit souvent au chœur, et beaucoup de chœurs dramatiques, tels que ceux de la *Vestale*, *De lauriers couvrons les chemins*, *Périsse la Vestale impie*, sont dessinés en *marches*. (*Voyez* Musique militaire.)

Marche, s. f. *Voyez*

Marcher, v. n. Ce terme s'emploie figurément en musique, et se dit de la succession des sons ou des accords qui se suivent dans un certain ordre.

La basse et le dessus marchent *par mouvemens contraires*. Marches *de basse*, marches *de quinte et quarte*, *de septième*, marches *d'harmonie*.

Marches, s. f. On nomme ainsi les touches de la vielle. On renforce ou l'on diminue le son en pressant plus ou moins ces *marches* qui portent la corde sur la roue-archet.

Masses, s. f. plur. *Masses*, en musique, se dit de plusieurs parties considérées comme ne faisant qu'un seul tout. Les arpèges des violons et des violes, liés par les tenues des instrumens à vent, forment de belles *masses* harmoniques. Un solo de hautbois plane et se dessine avec grâce sur les *masses* de l'orchestre.

MAXIME, adj. Nom de tout intervalle plus grand que le majeur pour ceux qui n'admettent pas le degré de *augmenté*, et plus grand d'un demi-ton que l'*augmenté* pour ceux qui admettent ce degré de plus.

La seconde augmentée étant comme *ut ré* ♯, la seconde *maxime* est comme *ut* ♭ *ré* ♯.

La tierce majeure étant comme *ut mi*, et n'admettant pas l'épithète d'*augmentée*, la tierce *maxime* est comme *ut mi* ♯.

Ces intervalles ne sont point employés dans la musique. Il est facile de voir que la seconde *maxime* est une tierce majeure, et la tierce *maxime* une quarte.

MAXIME, s. f. C'est une note faite en carré long horizontal, avec une queue au côté droit, laquelle valait huit mesures à deux temps, c'est-à-dire deux longues, et quelquefois trois, selon le mode.

Cette sorte de note n'est plus en usage depuis qu'on sépare les mesures par des barres, et qu'on marque avec des liaisons les tenues ou continuité des sons.

Dans l'ancienne musique, les notes, quoique figurées de même, n'avaient pas toujours la même valeur : quelquefois la *maxime* valait deux longues, quelquefois elle en valait trois ; cela dépendait du mode. (*Voyez* MODE, VALEUR DES NOTES.)

MÉDIANTE. C'est la corde ou la note qui partage en deux tierces l'intervalle de quinte qui se trouve entre la tonique et la dominante : l'une de ces tierces est majeure, l'autre mineure, et c'est leur position relative qui détermine le mode.

Quand la tierce majeure est au grave, c'est-à-dire entre la *médiante* et la tonique, le mode est majeur ; quand la tierce majeure est à l'aigu et la mineure au grave, le mode est mineur.

Dans le plain-chant, la *médiante* est la note sur laquelle se forme le repos que l'on place au milieu de chaque verset, en psalmodiant les psaumes et les cantiques.

On marque ce repos par un astérisque *.

MÉDIATION, s. f. Partage de chaque verset d'un psaume en deux parties, l'une psalmodiée ou chantée par un côté du chœur, et l'autre par l'autre. Cette *médiation* est marquée par un astérisque sur la plupart des livres d'église.

MÉDIUM, s. m. Lieu de la voix également distant de ses deux extrémités au grave et à l'aigu. Le haut de la voix est plus éclatant, mais il est quelquefois forcé ; le bas est grave et majestueux, mais il est plus sourd. Un beau *médium*, auquel on suppose une certaine latitude, donne les sons les mieux nourris, les plus mélodieux, et remplit plus agréablement l'oreille.

MÉLODIE, s. f. Succession de sons qui flatte l'oreille par des modulations agréables. Une romance exécutée par une voix ou une flûte seule, un chœur religieux chanté et accompagné à l'unisson, sont des *mélodies*. (*Fig.* 25.)

La *mélodie* appartient toute entière à l'imagination ; elle est le résultat d'une heureuse inspiration, et non des calculs de la science. En effet, on n'apprend pas à avoir de l'esprit et du sentiment. Les traits vigoureux et sublimes, les pensées fines ou naïves, le charme délicieux que l'on rencontre dans Corneille et Racine, Molière et La Fontaine, ne sont point les fruits de l'étude. L'art peut embellir l'œuvre du génie; il est presque toujours étranger au don de créer que nous recevons directement de la nature.

Avec de l'imagination et du goût, tout homme peut former des *mélodies*. Dans les champs de la Provence, le laboureur en suivant ses bœufs, le pâtre du Léberon en gardant ses troupeaux, chantent des airs qu'ils composent quelquefois à l'instant même. Dans ces *mélodies* irrégulières et peu variées, on rencontre souvent des traits de caractère, des tours originaux, des passages dont le charme frappe si vivement le musicien, qu'il s'empresse de les recueillir. Les forêts et les montagnes ont aussi leurs compositeurs : les airs russes, helvétiens, écossais, tyroliens, morlaques, italiens, provençaux, et ceux des muletiers de l'Estramadoure, ont tous été trouvés par de rustiques chanteurs.

Plusieurs littérateurs français ignorant les règles de la composition, nous ont donné des romances charmantes, des vaudevilles piquans, des hymnes d'une grande beauté. Maître Adam et Beaumarchais, J.-J. Rousseau et Rouget de l'Isle sont de véritables Troubadours; ils ont inventé, et leurs chants mélodieux resteront, la nature les a dictés. Henri IV n'était point musicien; il a cependant composé une des meilleures romances que l'on connaisse.

Cette faculté de créer ne s'étend pas pourtant au-delà du cercle rétréci de la romance et du petit air. Celui qui compose d'instinct serait aussi embarrassé dans la conduite de ses *mélodies*, et des diverses modulations qu'exige un cadre plus étendu, que s'il s'agissait de les ajuster sur une harmonie régulière. La modulation appartient déjà à l'art; l'harmonie est toute dans son domaine. L'oreille peut faire deviner la première; la seconde est un mystère impénétrable à celui qui ne s'est point fait initier.

La *mélodie* est, à proprement parler, le discours musical; chaque partie a sa *mélodie*, son chant ou son discours à part, qui concourt, selon ses moyens, à l'effet du discours principal, que l'on nomme le *dessus*, le *chant*, ou la *mélodie*. La partie ou voix qui exécute le chant le plus saillant, ou ce qu'on nomme l'*air* d'un morceau, est la partie principale, parce que c'est celle qui est chargée de l'exécution du discours de celui-ci, auquel on donne plus spécialement le nom de *mélodie*.

La *mélodie* peut passer tour à tour d'une voix ou d'un instrument à un autre. On la place ordinairement au-dessus des accompagnemens. Il est pourtant des cas où ceux-ci la dominent, dans les récits de basse, par exemple. La *mélodie* concourt avec l'harmonie à tous les effets de la musique, et la réunion de ces deux puissances musicales forme l'objet de la composition.

On étudie l'harmonie et la composition; mais la *mélodie* étant l'œuvre immédiat du génie, on n'a pas cru devoir lui assigner des règles fixes. (*V*. Mélopée.)

Le mot de *mélodie* vient du grec, il est formé de *mélos*, vers, et *ode*, chant; ce qui fait *chant de vers*. On en a fait *mélodie*, pour exprimer les charmes de la musique, parce qu'en effet, de beaux vers en belle musique sont tout ce qui existe de plus agréable à entendre.

Mélodieux, adj. Qui donne de la mélodie. *Mélodieux*, dans l'usage, se dit des sons agréables, des voix sonores, des chants doux et gracieux, etc.

On donne souvent l'épithète d'*harmonieux* à ce qui est *mélodieux* ou de *mélodieux*, à ce qui est harmonieux; confondre les accords avec les chants, ou ceux-ci avec les accords, est une méprise familière aux poëtes.

Mélodiste, adj. Celui qui a reçu de la nature la faculté de créer de belles mélodies, et celui qui en est amateur passionné.

Dire qu'un musicien est *mélodiste*, c'est laisser entendre qu'il n'a pas fait de bonnes études en harmonie. S'il réunissait à un degré éminent le génie créateur et la science des accords, on l'appellerait compositeur. Aussi le titre de *mélodiste* se donne à ceux qui ont obtenu de faciles succès à la faveur de leurs mélodies bien ou mal ajustées, et que les connaisseurs ne veulent pas mettre au rang suprême où brillent les Mozart, les Haydn, les Cimarosa, les Méhul, les Chérubini, et autres.

L'harmoniste privé de la faculté de créer n'est donc pas compositeur? Non sans doute, si vous supposez que pendant sa vie entière il n'aura pas un moment d'inspiration; mais s'il est assez heureux pour rencontrer cette inspiration, un seul morceau écrit pendant ce moment, un seul morceau dans lequel la mélodie la plus suave s'unit à de savans accords, vient le placer soudain au rang des compositeurs. L'*O salutaris* de Gossec n'a qu'une page, et cette page est un plus beau titre de gloire musicale que les cinquante opéras de tel ou tel *mélodiste*.

Un instant d'inspiration change l'harmoniste en compositeur : le *mélodiste* le plus fécond ne produira jamais rien de bon; il est même démontré qu'il ne peut pas faire bien, puisque rien ne saurait lui révéler les mystères du contre-point. Cela s'apprend et ne se devine pas.

MÉLOMANE, s. m. Celui qui a la manie de la musique. (*Voyez*

MÉLOMANIE, s. f. Manie de la musique.

On a fait plusieurs pièces sur la *mélomanie*, le caractère du mélomane n'a pas été traité encore d'une manière convenable. Nous invitons les auteurs d'opéras comiques, à nous donner sur ce sujet un opéra que l'on puisse décemment placer à côté de *la Métromanie* et de *la Dansomanie*. On trouve quelquefois du nouveau, en exhumant les anciennes pièces, témoins *Joconde*, *Cendrillon*, *Stratonice*, *Aline*, *la Vestale*.

MÉLOPÉE, s. f. C'était, chez les anciens, l'art ou les règles de la composition du chant, desquelles la pratique et l'effet s'appelait *mélodie*.

Mélopée signifiait donc la composition des chants, et *mélodie* des chants composés. Beaucoup de littérateurs ont employé indifféremment ces deux termes, en se servant du nom de la cause, à la place de celui de l'effet.

La mélodie étant l'œuvre immédiat du génie, les modernes n'ont pas cru devoir lui assigner des règles fixes. Tout chant peut paraître bon tant qu'on le présentera comme simple mélodie; ses défauts graves ne se montreront à découvert que quand on voudra l'ajuster sur une harmonie régulière; et dans ce cas il sort du domaine de la *mélopée* pour entrer dans celui de l'harmonie. L'instinct, le goût, l'exercice de la bonne musique, les exemples donnés par les grands compositeurs, voilà les seuls maîtres que nous consultons pour la création et la conduite de nos mélodies.

Nous n'avons point de *mélopée* écrite, mais elle existe dans les partitions des Handel, des Mozart, des Sarti, des Cimarosa, des Chérubini, des Méhul.

MÉLOPHARE, s. m. Fanal à trois, quatre, ou six petites fenêtres à rainures qui, au lieu de vitres, reçoivent des feuilles de papier sur lesquelles on écrit de la musique. Le *mélophare* repose sur un grand pied, comme un pupitre, et la lumière qu'il renferme, arrivant à l'œil à travers les feuilles de papier, donne à chaque exécutant le moyen de lire, pendant la nuit, la partie qui lui est destinée.

On se sert du *mélophare* pour les sérénades; comme elles ne se composent que d'airs de peu d'étendue, chaque feuille contient ordinairement quatre ou cinq morceaux de musique de différens caractères, disposés de manière à former un petit concert nocturne. On change de feuilles toutes les fois que l'on veut jouer une autre sérénade.

Il est essentiel que ces feuilles soient d'un papier fort, et réglé avec de l'encre bien noire. On aura soin de n'écrire que sur un côté, et de les huiler ensuite.

Je n'assurerais pas que le *mélophare* ait été inventé en Provence, mais il est certain qu'il y a été perfectionné par les amateurs de musique; ils en font un usage fréquent pendant les belles nuits d'été.

Mélophare, c'est-à-dire fanal qui sert à la mélodie.

MÉNESTREL ou MÉNESTRIER, s. m. Dès le huitième siècle ce titre était connu en France, mais dans une acception différente de celle qu'il eut dans la suite. Le maître de chapelle du roi Pépin, père de Charlemagne, s'appelait *ménestrel* ou *minstrel*. On nomma ensuite ainsi le chef de toutes les troupes de musiciens. Enfin, par laps de temps, le pouvoir de la musique sur la munificence publique s'étant affaibli par le grand nombre de ceux qui n'avaient pas d'autre subsistance, ces troupes sans chef furent composées de chanteurs, de jongleurs et de *ménestrels* ou *ménestriers*, qui partageaient par égales parts les gains qu'ils pouvaient faire.

Les *ménestrels* ou *ménestriers*, succédèrent ensuite aux troubadours ; ils chantaient des romances et des chansons en s'accompagnant à l'unisson de la harpe, de la vielle, du rebec ou de la viole.

Nous appelons maintenant *ménétriers*, les musiciens qui jouent les airs de danse dans les bals.

MENUET, s. m. Air d'une danse de même nom, d'un mouvement modéré et à trois temps. Les *menuets* d'Exaudet, de Fischer, de Grétry, ont eu une grande vogue. Celui que Mozart a placé dans le premier finale de *Don Juan*, est d'un goût exquis et plein de franchise.

Le *menuet* ne se danse plus dans les bals, quelques pas de *menuet* y servent seulement de prélude et d'introduction à la gavotte. Le *menuet* était d'origine française, il se dansait à deux, et avait autant de grâce que de noblesse ; on aime à le retrouver dans le ballet de *la Dansomanie*.

Les compositeurs de l'ancienne école introduisaient des gavottes, des *menuets*, des allemandes, des gigues dans les sonates, les duos et autres pièces de musique instrumentale. Cet usage ne s'est conservé que pour le *menuet*. Les premiers *menuets* placés dans des quatuors, des sonates, des symphonies, dûrent naturellement avoir le mouvement et les formes du *menuet* dansé : on peut en faire la remarque dans les œuvres de Boc--

chérini. Les Allemands ont donné à cette sorte de composition la prestesse et la vigueur qui la caractérisent maintenant. Sa mesure est toujours à trois temps, mais elle est si rapide, que l'on ne peut en battre qu'un seul.

Le *menuet* de symphonie, de quatuor, de sonate, est ordinairement un morceau d'école, dont l'harmonie recherchée, et les effets singuliers, quelquefois même bizarres, contrastent avec l'amabilité gracieuse de l'andante qui le suit ou le précède.

Le *menuet* se compose de deux parties, la première comprend trois reprises ; la seconde appelée *trio*, n'en a le plus souvent que deux. Toutes ces reprises se répètent la première fois. Au *da capo*, on va de suite jusqu'à la fin de la première partie, que l'on reprend toujours après le trio. Certains *menuets* ont une queue ou *coda*, et alors on les écrit tout au long pour éviter les méprises que des renvois trop multipliés pourraient causer.

Les *menuets* de Haydn, de Mozart, de Beethowen, sont admirables. (*Voyez* CODA, TRIO.)

MERLINE, s. f. Orgue à cylindre, qui sert à siffler les merles et les bouvreuils. Il est plus fort que celui que l'on emploie pour le serin, parce que la voix des bouvreuils et des merles est plus grave.

MESSE, s. f. OEuvre de musique composé sur les paroles de certaines prières de la *messe*, savoir : le *kyrie*, le *gloria*, le *credo*, le *sanctus* et l'*Agnus Dei*

Les Italiens se bornent quelquefois au *kyrie* et au *gloria*.

La *Messe des Morts* ou de *Requiem* diffère de la *Messe solennelle* par son introït *requiem œternam*, que l'on met en musique et qui précède immédiatement le *kyrie*, le graduel *requiem œternam* etc., la prose *dies iræ*, l'offertoire *Domine Jesu Christe* y remplacent le *gloria* et le *credo*. Viennent ensuite le *sanctus* et l'*Agnus Dei* qui sont suivis de *lux œterna* qui termine la *Messe des Morts*.

Les paroles de la *Messe* sont fort belles et très favorables à la musique; elles présentent tous les caractères nobles et fournissent des contrastes dont un compositeur habile sait tirer parti. Le *kyrie* est une prière affectueuse, le *gloria* s'ouvre par un début éclatant. Le *Credo*, majestueux d'abord, passe de l'expression d'un sentiment tendre à celle de la plus profonde tristesse. Les effets bruyants du *Resurrexit* contrastent avec l'abattement de la douleur, la trombe du jugement fait entendre ensuite ses accens terribles et solennels, et le discours musical a pour péroraison un finale brillant et rapide dans l'*et vitam*, qui est ordinairement traité en fugue. Le *Sanctus* et l'*Agnus Dei* sont deux prières, l'une a le caractère imposant et pompeux, l'autre est d'une expression pleine de suavité. Voilà déjà beaucoup de musique, cependant les jours de grande fête, on ne laisse pas d'ajouter encore à la *Messe* un morceau d'offertoire : un *O salutaris Hostia*, et un *Domine, salvum fac Regem*.

Cette espèce de *Messe* reçoit le nom de *solennelle*.

La *Messe des Morts* n'offre pas moins de ressources au musicien ; mais sa couleur est trop uniforme en ce que les paroles en sont tristes d'un bout à l'autre, et que les morceaux communs aux deux espèces de *Messe*, tels que : le *kyrie*, le *sanctus* et l'*Agnus Dei* doivent avoir aussi ce caractère de tristesse. Le *Requiem* de Jomelli, celui de Mozart, celui de Chérubini sont de ces productions sublimes qui se rencontrent rarement dans les fastes de l'art. Une belle *Messe des Morts* est le chef-d'œuvre du genre. Nous ne pouvons faire ici l'énumération de toutes les belles *Messes* mises au jour par les maîtres des différentes écoles ; nous nous bornerons à citer parmi les *Messes solennelles* celle à trois voix de M. Chérubini, dont on a gravé la partition.

Une *Messe* est sans contredit l'œuvre le plus important et le plus difficile de la composition, celui qui peut le mieux assurer la réputation de son auteur; celui que le simple mélodiste ne saurait aborder sans s'exposer à devenir la risée des connaisseurs. A l'église, on ne trouve point comme au théâtre des soutiens officieux, des accessoires qui font valoir le principal, des séductions qui fascinent les yeux, rendent l'oreille indulgente et assurent ainsi le facile succès d'un misérable pastiche, d'une série de chansons triviales que l'on décore du nom d'opéra.

A la chapelle du Roi, on n'exécute des *messes* régulières, qui sont toujours des *grand'messes*, que les principales fêtes de l'année. Les simples dimanches et fêtes, pendant la *messe basse* que le prêtre célèbre, on se borne à chanter un ou plusieurs morceaux de musique sacrée, tels que motets, hymnes, fragmens de *messes*, etc.

On remarquera sans doute que dans les *Messes* anciennes le *gloria* débute par ces mots : *et in terra pax*, et le *Credo* par ceux-ci : *Patrem omnipotentem*. Cela vient de ce que, autrefois, les chanteurs attendaient pour commencer, que le prêtre eût dit ces mots : *Gloria in excelsis Deo*, et *Credo in unum Deum*, comme cela se pratique dans les *Messes* en plainchant où le chœur répond au célébrant. Cet usage n'existe plus relativement à la musique, et le *Gloria* et le *Credo* s'ouvrent maintenant par leur début ordinaire ; ce qui vaut beaucoup mieux pour l'effet.

Mesto, adjectif italien qui signifie triste. *Adagio mesto*, adagio d'un caractère triste.

Mesure, s. f. Division de la durée ou du temps en plusieurs parties égales, assez longues pour que l'oreille en puisse saisir et subdiviser la quantité, et assez courtes pour que l'idée de l'une ne s'efface pas avant le retour de l'autre, et qu'on en sente l'égalité.

Chacune de ces parties égales s'appelle aussi *mesure*; elles se subdivisent en d'autre parties aliquotes qu'on appelle *temps*, et qui se marquent par des mouvemens égaux de la main ou du pied.

La durée égale de chaque temps ou de chaque *mesure* est remplie par plusieurs notes qui passent plus ou moins vite, en proportion de leur nombre, et auxquelles on donne diverses figures pour marquer leurs différentes durées.

Les anciens ont connu la *mesure*; mais elle tomba dans l'oubli, quoique l'intonation fût toujours cultivée, lorsqu'après l'invasion des Barbares, les langues changèrent de caractère, et perdirent leur harmonie. Les premiers qui donnèrent aux notes quelques règles de quantité, s'attachèrent plus aux valeurs ou durées relatives de ces notes, qu'à la *mesure* même ou au caractère du mouvement. Dans la suite, les rapports en valeurs d'une de ces notes à l'autre dépendirent du temps, de la prolation, du mode. Par le mode on déterminait le rapport de la maxime à la longue, ou de la longue à la brève, ou de la brève à la demi-brève; et par la prolation, celui de la brève à la demi-brève, ou de la demi-brève à la minime.

En général toutes ces différentes modifications peuvent se rapporter à la *mesure* double ou à la *mesure* triple, c'est-à-dire à la division de chaque valeur entière, en deux ou en trois temps égaux.

Cette manière d'exprimer le temps ou la *mesure* des notes changea entièrement durant le cours du dernier siècle. Dès qu'on eut pris l'habitude de renfermer chaque *mesure* entre deux barres, il fallut nécessairement proscrire toutes les espèces de notes qui renfermaient plusieurs *mesures*. La *mesure* en devint plus claire, les partitions mieux ordonnées, et l'exécution plus facile; ce qui était fort nécessaire pour compenser les difficultés que la musique acquérait en devenant chaque jour plus composée. Beaucoup d'excellens musiciens seraient embarrassés d'exécuter maintenant bien en *mesure*, des trios d'Orlando et de Claudin, compositeurs du temps de Henri III.

Jusque-là, la raison triple avait passé pour la plus parfaite; mais la double prit enfin l'ascendant et le C ou la *mesure* à quatre temps fut prise pour la base de toutes les autres. Or, la *mesure* à quatre temps se résout en *mesure* à deux temps. Ainsi, c'est proprement à la *mesure* double qu'on fait rapporter toutes les autres, du moins quant aux valeurs des notes et aux signes des *mesures*.

Au lieu des maximes, longues, brèves ou demi-brèves etc., on substitua les rondes, blanches, noires, croches, doubles et triples croches etc., qui toutes furent prises en division sous-double; de sorte que, chaque espèce de notes valait précisément la moitié de la précédente. Cette division paraîtrait insuffisante pour la *mesure* triple si l'on n'avait imaginé le *point* qui, placé à droite de la note, l'augmente de la moitié de sa valeur, et la rend, par conséquent, susceptible d'être divisée en raison sous-triple. En effet, la blanche simple et la blanche pointée donnent toutes les divisions correspondantes à la raison sous-double et à la raison sous-triple.

Quoi qu'il n'y ait dans notre musique que deux *mesures*, on y fait tant de divisions, qu'on en peut compter de treize espèces dont voici les signes.

$$2, \frac{2}{4}, \frac{6}{4}, \frac{6}{8}, 3, \frac{3}{2}, \frac{3}{4}, \frac{3}{8}, \frac{9}{4}, \frac{9}{8}, 4, \frac{12}{4}, \frac{12}{8}.$$

De toutes ces *mesures*, il y en a trois qu'on appelle *simples*, parce qu'elles n'ont qu'un seul chiffre ou signe 2, 3 et 4. Toutes les autres qu'on appelle *composées*, tirent leur dénomination et leurs signes de la *mesure* à quatre temps, ou de la ronde qui la remplit : en voici la règle :

Le chiffre inférieur marque un nombre de notes de valeur égale, faisant ensemble la durée d'une ronde ou d'une *mesure* à quatre temps.

Le chiffre supérieur montre combien il faut de ces mêmes notes pour remplir chaque *mesure* de l'air qu'on va noter.

Par cette règle, on voit qu'il faut trois noires pour remplir une *mesure* au signe $\frac{5}{4}$, et six croches pour une au signe $\frac{6}{8}$, $\frac{3}{4}$, c'est-à-dire trois fois la quatrième partie d'une ronde ; $\frac{6}{8}$, c'est-à-dire six fois la huitième partie d'une ronde.

Les *mesures doubles* sont celles qui tirent leur dénomination et leurs signes de la *mesure* à quatre temps *double*, ou de la carrée qui la remplit. La règle est la même que celle observée pour les *mesures* composées, avec la différence que les valeurs des *mesures* doubles sont doubles.

$$\frac{2}{2}, \frac{4}{2}, \frac{3}{2}, \frac{6}{4}, \frac{9}{4},$$

tels sont les signes qui indiquent les *mesures doubles*.

$\frac{2}{2}$, c'est-à-dire deux fois la moitié d'une carrée, deux rondes; $\frac{3}{2}$, c'est-à-dire trois fois la moitié d'une carrée, trois rondes, etc.

On marque ordinairement la *mesure* à deux temps par un *C* barré, et celle à quatre temps par un *C*. Je pense qu'il serait mieux de se servir des chiffres 2 et 4, attendu que les musiciens peu exercés confondent souvent les signes de ces *mesures*.

Il n'y a véritablement que deux sortes de *mesure* dans notre musique, savoir : à deux et à trois temps égaux ; mais comme chaque temps, ainsi que chaque *mesure*, peut se subdiviser en deux ou trois parties égales, cela fait une subdivision qui donne quatre espèces de *mesure* en tout : nous n'en avons pas davantage. On a cherché vainement à en ajouter une cinquième, en combinant les deux premières en une *mesure* à deux temps inégaux, l'un composé de deux notes, et l'autre de trois, ce qui aurait fait une *mesure* à cinq temps.

Pour mettre un air en *mesure*, il ne suffit pas d'encadrer les phrases dans les barres en les divisant en temps égaux en valeur. Il faut encore que les bonnes notes se trouvent sur les temps forts, et que les repos et les cadences arrivent d'aplomb sur le frappé de la *mesure*, parce que on ne se repose pas en l'air. Si, dans la *mesure* à quatre temps on tolère certains passages écrits à contre-temps, c'est que cette *mesure* étant composée de deux *mesures* à deux-quatre, l'esprit suppose une barre après chaque second temps, et corrige ainsi ce que la cadence paraît avoir de défectueux. (*Fig.* 29.)

Mesuré, part. On se sert de ce mot pour indiquer qu'un fragment de mélodie inséré entre deux récitatifs doit être chanté en mesure. (*Voyez* a Tempo.)

Méthode, s. f. Recueil de préceptes et d'exemples pour l'enseignement du chant vocal ou du jeu d'un instrument. La *méthode* n'apprend rien au professeur habile, mais elle le guide néanmoins, et lui fait mettre plus d'ordre dans ses démonstrations. Un excellent musicien peut apprendre à jouer de certains instrumens, tels que le piano, le basson, la clarinette, avec le seul secours d'une *méthode*.

Les *méthodes* de chant, de violon, de violoncelle, de piano, etc. rédigées par les membres du Conservatoire de France, sont les plus estimées, et leur succès a été prodigieux. Nous possédons des *méthodes* pour le chant et pour tous les instrumens; ces *méthodes* sont généralement suivies, pourquoi donc en publier de nouvelles? espère-t-on faire mieux que le Conservatoire? Non, mais on désire se créer une propriété, l'esprit mercantile préside seul à ces entreprises. Tel marchand qui veut compléter son fonds en ouvrages élémentaires, se fait composer une *méthode* de flûte, de piano, de chant, pour n'être pas obligé de se pourvoir sans cesse au magasin du Conservatoire, et ne vendre ainsi que de la seconde main. Un professeur de chant place autant d'exemplaires d'une *méthode* qu'il a d'élèves, et s'il en est lui-même l'auteur et l'éditeur, on conçoit aisément qu'il aura en profit tout ce qu'il eût fait gagner au graveur du Conservatoire ou à tel autre marchand. La *méthode* de violoncelle de Duport est souvent préférée à celle du Conservatoire. La *méthode* de piano de madame de Montgeroult, celle de flûte de Berbiguier, jouissent maintenant d'une faveur méritée.

Les *méthodes* de flûte, de hautbois, de clarinette, de basson, de flageolet, de trombone même, sont précédées de la tablature de l'instrument qu'elles concernent. On trouve dans celles de hautbois, de basson, de clarinette, un chapitre qui traite de la manière de faire les anches pour chacun de ces instrumens. M. Jwan Müller, qui a perfectionné la clarinette, va publier une nouvelle *méthode* pour cet instrument régénéré.

MÉTHODE, s. f. Manière d'exécuter, style d'exécution. *Ce chanteur a une excellente* méthode. *Les routiniers ont quelquefois du goût, mais leur mé*thode *est toujours mauvaise.*

MÉTRONOME, s. m. Cet instrument est un pendule qui marque, par le degré de lenteur ou de vitesse de ses oscillations, les temps de la mesure. C'est à M. Maëlzel que nous en devons l'invention, ou, pour mieux dire, le perfectionnement. Car le *métronome* existait depuis plus d'un siècle, et était connu sous le nom de *chronomètre*.

Beaucoup de morceaux de musique portent maintenant la désignation du degré du *métronome*, qui correspond au degré de mouvement que l'auteur a voulu lui donner. Cette désignation se fait au moyen d'un numéro et d'une note. Le numéro marque le point sur lequel on doit arrêter le contre-poids sur l'échelle du *métronome*, la note indique la valeur d'une vibration. C'est ce qu'on appelle la *marque métronomique*.

Le *métronome* donne vingt-huit degrés de mouvement. En changeant la valeur musicale des vibrations du balancier, valeur qui peut être celle d'une croche, d'une noire, d'une blanche, et même celle d'une mesure entière quelconque, il résulte une série de près de deux cents mouvemens qui servent à exprimer toutes les nuances perceptibles à l'oreille la plus délicate.

Dans la musique, le mouvement indiqué par le *métronome* est en raison directe de la longueur du balancier; et en raison inverse de la valeur donnée à ses oscillations.

Ainsi, quand un compositeur voudra indiquer le degré de vitesse d'un morceau de musique par le moyen du *métronome*, il saura que le mouvement le plus lent sera celui indiqué par le numéro 50 de l'échelle, si chaque vibration a la valeur d'une croche. Le mouvement sera d'autant plus accéléré, qu'on aura pris un numéro plus élevé, et qu'on aura donné une valeur plus forte à chaque vibration.

Lorsqu'on veut exécuter un morceau de musique, dont le mouvement est indiqué par une croche et le numéro 50, il suffit de placer le contre-poids sur le numéro 50, et de donner à chaque vibration la valeur d'une croche. Il est clair qu'il en doit être de même pour tous les degrés de l'échelle, et les différentes valeurs que peut avoir une vibration.

Le *métronome* est une invention précieuse pour faire connaître dans tous les pays le degré de vitesse qu'un auteur a voulu donner à ses compositions. L'expérience a prouvé cependant que cet instrument devait être rangé plutôt parmi les objets que l'on recherche par curiosité, que parmi ceux dont l'utilité est reconnue. C'est le sentiment qui fait trouver le mouvement de tel ou tel morceau de musique. On dira peut-être que chacun ayant une manière différente de sentir, ce régulateur universel doit amener tout le monde au mouvement adopté par l'auteur. Point du tout : entraîné par la force du naturel, l'homme vif pressera les mouvemens, le flegmatique les ralentira sans s'en douter, et retombera malgré lui dans sa manière de concevoir et d'exécuter la musique, quoique ils se soient l'un et l'autre conformés d'abord aux lois du *métronome*. Ce n'est qu'aux répétitions que l'on peut le consulter, et l'impression qu'il laisse est trop fugitive pour résister aux causes qui se réunissent pour la détruire.

En général, les chefs d'orchestre des théâtres de province donnent trop de prestesse aux mouvemens, et se conforment rarement, sur ce point, aux intentions du compositeur. C'est une faute sans doute, mais elle est involontaire. L'inexpérience du plus grand nombre des comédiens les force à changer en allégretto le cantabilé dont ceux-ci ne sauraient soutenir la marche lente et gracieuse. Comme ils ont tous l'haleine courte, ils respirent dix fois dans une période, et pour épargner aux écoutans une part des hoquets de ces chanteurs asthmatiques, le maître de musique prend le parti de hâter le mouvement, les rondes deviennent des blanches, et l'on escamote ainsi les tenues. Le rhythme devenu plus pressant se fait mieux sentir, tout le monde le suit, et par ce moyen que le bon goût condamne, on arrive à la fin du morceau sans encombre très-apparent.

On sent bien qu'il serait inutile de parler de *métronome* à des mannequins sonores, qui répètent comme ils peuvent le refrain qu'on leur a sifflé. Aussi les maîtres de musique ne le consultent plus, et se laissent mener par des hommes qu'il est impossible de retenir dans la bonne route.

Le *métronome* est un instrument de cabinet très-utile au compositeur, pour lui rappeler au besoin, et avec exactitude, le mouvement d'un morceau de musique conçu et écrit par fragmens à des époques différentes. Par ce moyen il pourra conserver l'unité de mouvement, en rejetant des périodes et des traits dont la marche trop lente ou trop rapide, ne concorderait pas avec ce qui a été composé précédemment. Parmi les pièces dans lesquelles cette unité ne se rencontre pas, je citerai l'ouverture de *Roméo et Juliette*, de Steibelt, et celle de *l'Oncle Valet* de Della Maria. Si l'on donne à leurs débuts toute la prestesse qu'ils semblent réclamer, les violonistes ne pourront pas articuler les passages en triolets et en doubles croches qu'ils rencontreront ensuite. Et si l'on prend un mouvement modéré, qui permette d'exécuter nettement les traits rapides, le début de chacune de ces ouvertures, ralenti dans sa marche, va devenir languissant et froid.

Le mot de *métronome* est emprunté du grec, il se compose de *nomos*, chanson, air, chant; et de *métron*, mesure.

MEZZA ORCHESTRA, demi-orchestre. Ces mots placés au-dessus de certains passages indiquent que la moitié de l'orchestre doit se taire, jusqu'à ce que le mot *tutti* marque le moment de la rentrée générale. On ne se sert guère de ce moyen de diminuer les forces instrumentales, que quand il s'agit de l'accompagnement d'un solo, et encore le *mezza orchestra* ne s'entend que des instrumens à cordes qui seuls peuvent être divisés en deux parts.

MEZZA-VOCE, à demi-voix.

MEZZO-FORTE, à demi-fort.

MI, la troisième des sept syllabes inventées pour nommer les notes en solfiant.

MINERVE était la déesse des sciences et des arts: on lui attribue l'invention de l'art de filer, de broder; ce fut elle qui enseigna aux hommes l'usage des chars, celui de l'olivier; enfin, elle apprit à Apollon à jouer de la lyre. On lui a donné quelquefois le surnom de *musica* ou musicienne, à cause de la statue que Démétrius lui avait faite, où les serpens de la Gorgone résonnaient lorsqu'on jouait d'un instrument devant la statue.

Mineur, adj. Nom que portent les intervalles moindres d'un demi-ton que les majeurs. (*Voyez* Majeur.)

Mineur, se dit aussi du mode, lorsque la tierce de la tonique est *mineure*. (*Voyez* Mode.)

On désigne encore par le nom de *mineur* pris substantivement, la partie d'un air, d'une sonate, d'une symphonie, etc. qui se trouve traitée en mode *mineur*. *Reprenons au* mineur. *La première partie de ce menuet est faible, mais le* mineur *qui la suit est excellent.*

Quelques compositeurs écrivent le mot *mineur* à l'endroit où s'opère le changement de mode. Cette précaution que les faiseurs de contredanses ne négligent jamais, nous paraît parfaitement inutile, quand on écrit pour des musiciens exercés.

Minime, adj. On appelle intervalle *minime* celui qui est moindre que le *mineur*, ou le *diminué* pour ceux qui admettent ce degré de plus.

La tierce diminuée est plus petite d'un demi-ton que la tierce mineure, telle que *ut* ♯ *et mi* ♭, la *minime* serait comme *ut* ♯♯ et *mi* ♭.

L'intervalle *minime* ne peut pas se noter et n'est point admis dans la musique.

Minime, s. f. Par rapport à la durée ou au temps,

est, dans nos anciennes musiques, la note qu'aujourd'hui nous appelons *blanche*.

MINUETTO. (*Voyez* MENUET.)

MISE DE VOIX, en italien *Messa di voce*, est une émission entière de la voix, une tenue faite sur une des notes les plus sonores de son diapason, avec la gradation insensible du pianissimo au forté, et le retour au pianissimo en observant la même gradation.

Le trille final est d'un plus bel effet quand on l'a préparé par la *mise de voix*. Elle sert aussi dans un point de repos à amener une volatine descendante.

Les premières gammes lentes des méthodes de chant ne sont que des suites de *mises de voix* pratiquées sur toutes les notes de l'échelle en montant et en descendant (*Fig.* 56.)

MIXTE, adj. On appelle *modes mixtes* ou *connexes* dans le plain-chant, les chants dont l'étendue excède leur octave et entre d'un mode dans l'autre; participant ainsi de l'*authente* et du *plagal*. Ce mélange ne se fait que des modes compairs, comme du premier avec le second, du troisième avec le quatrième; en un mot, du plagal avec son authente et réciproquement.

MODE, s. m. Dans toute pièce de musique, le repos parfait, le repos final tend à se faire sur un certain son, auquel il serait impossible d'en substituer un autre. Cette tendance provient d'une certaine disposition, que tous les autres sons du système ont relativement à ce son principal. Cette disposition ou arrangement de sons, est ce qu'on appelle e *mode*; on appelle échelle du *mode*, la série des sons du *mode* rangés entre eux dans l'ordre le plus immédiat, en partant du son principal, que l'on nomme *tonique*.

On distingue deux genres de *mode*; le *mode majeur*, dans lequel la troisième note de l'échelle fait une tierce majeure avec le son principal; le *mode mineur* est celui dans lequel la troisième note de l'échelle fait une tierce mineure avec ce même son.

L'échelle du *mode* majeur forme le chant si connu, *ut ré mi fa sol la si ut*. Ici la tierce à compter de la tonique est majeure, ainsi que la 6e et la 7e. Dans le *mode* mineur, au contraire, la 6e et la 7e peuvent être majeures ou mineures, ce qui donne pour échelle générale de ce *mode*, le chant, *la si ut ré mi fa fa ♯ sol sol ♯ la* : mais pour rendre l'intonation plus facile et son résultat plus agréable, on jugea à propos de diviser cette échelle en deux autres, l'une ascendante, dans laquelle la sixte et la septième étaient majeures : *la si ut ré mi fa ♯ sol ♯ la*; l'autre descendante, dans laquelle ces intervalles étaient mineurs : *La sol ♮ fa ♮ mi ré ut si la.*

Depuis vingt ans environ, les professeurs habiles accoutument leurs élèves à chanter la gamme mineure en formant la sixte mineure de la tonique, pour ne pas changer le genre du *mode* et rendre l'échelle ascendante parfaitement conforme à celle qui descend. Ainsi la gamme de *la mineur* s'exécute maintenant en montant *la si ut ré mi fa sol ♯ la*; et en descendant, *la sol ♯ fa mi ré ut si la*. Quand les élèves ont trop de peine à attaquer juste l'intervalle de seconde augmentée, qui existe du *fa* au *sol* ♯, le maître doit faire monter la gamme jusqu'au *fa*, et ensuite la faire descendre jusqu'au *sol* ♯ qui va se reposer ensuite sur le *la*. Il en est de même de toutes les autres gammes mineures.

Tout *mode* majeur a un *mode* mineur qui lui est relatif et réciproquement; c'est-à-dire que tous les *modes* majeurs et mineurs ont deux à deux la même échelle. Chaque *mode* majeur a pour relatif mineur celui de sa sixième note, et chaque *mode* mineur a pour relatif majeur celui de sa troisième note. Ainsi le *mode* mineur de *la* est le relatif du majeur d'*ut*, *si* mineur de *ré majeur* et réciproquement. Outre cela, chaque *mode* a pour *mode* prochain les *modes* pareils de sa quinte inférieure et de sa quinte supérieure, c'est-à-dire, majeur, s'il est majeur et mineur s'il est mineur.

On entend par *modulation* la conduite d'une pièce de musique relativement au *mode*.

Comme la tierce et la sixte sont les intervalles qui caractérisent le *mode*, on peut changer le *mode* mineur en majeur au moyen de l'addition de trois dièses à la clef, ou par la suppression de trois bémols.

Par exemple, si n'ayant rien à la clef vous étiez en *la mode* mineur, mettez trois dièses et vous serez en *la mode* majeur. Si ayant un dièse à la clef vous étiez en *mi mode* mineur, ajoutez-y trois dièses et vous serez en *mi mode* majeur. Si vous avez trois bémols à la clef et que vous soyez en *ut mode* mineur, retranchez les trois bémols et vous serez en *ut mode* majeur. S'il n'y a qu'un bémol à la clef et que vous soyez en *ré mode* mineur, retranchez le bémol et mettez deux dièses, et vous serez en *ré mode* majeur, et ainsi pour les autres tons.

Dans nos anciennes musiques, on appelait aussi *modes*, par rapport à la mesure et au temps, certaines manières de fixer la valeur relative de toutes les notes par un signe général. Le *mode* était à-peu-près alors ce qu'est aujourd'hui la mesure ; il se marquait de même après la clef, d'abord par des cercles ou demi-cercles ponctués ou sans points, suivis des chiffres 2 ou 3 différemment combinés, à quoi l'on ajouta ou substitua dans la suite des lignes perpendiculaires différentes, selon le *mode*, en nombre et en longueur ; et c'est de cet antique usage que nous est resté celui du *C* et du *C* barré. (*Voyez* PROLATION.)

Il y avait, en ce sens, deux sortes de *modes* ; le majeur, qui se rapportait à la note maxime, et le mineur, qui était pour la longue : l'un et l'autre se divisaient en parfait et en imparfait.

Le *mode* majeur parfait se marquait avec trois lignes qui remplissaient chacune trois espaces de la portée, et trois autres qui n'en remplissaient que deux : sous ce *mode*, la maxime valait trois longues.

Le *mode* majeur imparfait était marqué par deux lignes qui traversaient chacune trois espaces, et deux autres qui n'en traversaient que deux ; et alors la maxime ne valait que deux longues.

Le *mode* mineur parfait était marqué par une seule

ligne qui traversait trois espaces; et la longue valait trois brèves.

Le *mode* mineur imparfait était marqué par une ligne qui ne traversait que deux espaces; et la longue n'y valait que deux brèves.

Tout cela n'est plus en usage depuis long-temps, mais il faut nécessairement entendre ces signes pour savoir déchiffrer les anciennes musiques.

MODERATE. *Voyez*

MODERATO, adv. italien. Modéré; mouvement moyen entre le lent et le vite. Les Allemands désignent ce mouvement par *gemässigt*, et les Anglais par *moderate*.

MODULATION, s. f. C'est proprement la manière d'établir et de traiter le mode; mais ce mot se prend plus communément aujourd'hui pour l'art de conduire l'harmonie et le chant successivement dans plusieurs modes, avec autant d'agrément que de correction.

Il y a deux manières de moduler, savoir, celle qui ne sort point du ton et du mode établi, et celle qui passe tour à tour dans d'autres tons et d'autres modes.

Moduler sans sortir du ton et du mode, c'est parcourir tous les tons de la gamme avec un chant agréable, en ramenant souvent, et sans trop d'uniformité, les trois sons principaux, la dominante, la tonique et la sous-dominante.

Moduler dans des tons et modes différens, c'est conduire la mélodie et l'harmonie d'un ton à un autre ton, d'un mode à un autre mode, au moyen des altérations.

Les *modulations* les plus usitées d'un morceau de musique dans le mode majeur, sont disposées de la manière suivante. La première *modulation* se fait à la dominante mode majeur; on module ensuite dans le mode mineur relatif du ton principal; on passe à la médiante mode mineur, ou à la seconde note du ton également mode mineur; on va à la sous-dominante mode majeur, on revient à la dominante, d'où on passe enfin au ton primitif dans lequel le morceau se termine.

Voici la marche que l'on suit pour le mode mineur. La première *modulation* conduit au mode majeur relatif ou à la dominante mode mineur (quelquefois on passe à celle-ci avant d'aller à l'autre); on revient pendant un moment au ton principal pour aller ensuite à la sous-dominante, puis à la sixte; on repasse encore au relatif majeur, d'où on retourne enfin au ton primitif dans lequel on termine le morceau.

Ceci n'est qu'un aperçu de la marche des *modulations*; on ne suit pas toujours scrupuleusement ces manières de moduler, mais on ne s'en écarte guère, quand on veut conduire régulièrement les *modulations*.

C'est à tort que quelques personnes confondent les *modulations* avec les *transitions*. La *transition* n'a lieu qu'au moment où le ton se substitue à un autre, et la *modulation* existe au contraire depuis le début du morceau jusqu'à cette substitution, et une autre *modulation* commence à cette substitution jusqu'à une autre transition.

Moduler. C'est parcourir les cordés d'un ton ou de plusieurs, l'un après l'autre, en les employant mélodiquement ou harmoniquement, ainsi qu'il arrive dans les préludes; ou d'une manière plus régulière, comme dans les morceaux de différens caractères.

Moduler, c'est proprement faire usage d'une modulation ou de plusieurs successivement; car deux modulations ne peuvent exister à la fois, quel que soit le nombre des parties, parce que l'unité de ton ou de modulation est la première chose que l'on doive conserver avec soin.

Monocorde, s. m. Instrument qui sert à chercher les proportions des cordes entre elles : on l'appelle ainsi, parce qu'il ne contient qu'une corde que l'on divise à volonté, au moyen de chevalets mobiles.

La trompette marine est une espèce de *monocorde*.

Monologue, s. m. Scène d'opéra où l'acteur est seul et ne parle qu'avec lui-même. C'est dans les *monologues* que se déploient toutes les forces de la musique, le musicien pouvant s'y livrer à toute l'ardeur de son génie, sans être gêné dans la longueur de ses morceaux par la présence d'un interlocuteur.

Le récitatif obligé est souvent employé avec succès dans les *monologues*.

Monotonie, s. f. C'est une mauvaise répétition de quelques notes : on la trouve souvent dans la composition libre qui n'est pas contrepointée. Cependant il y a de bons maîtres qui, dans le cas de la répétition d'un chant, font une basse différente, ou d'autres parties intermédiaires; ils font des changemens dans les instrumens, ou bien ils mettent le même trait plus haut ou plus bas. Dans l'exemple (*Fig.* 30) l'un et l'autre sont mauvais en contrepoint, quoique le sujet soit varié, mais excellens dans un air d'opéra, ou toute autre composition du style libre.

Monotonie, s. f. C'est, au propre, une psalmodie, ou un chant qui marche toujours sur le même ton; mais ce mot ne s'emploie guère que dans le style figuré.

Monter, v. n. C'est faire succéder les sons du bas en haut, c'est-à-dire du grave à l'aigu : cela se présente à l'œil par notre manière de noter.

Monter, v. a., un instrument à cordes, c'est le garnir des cordes convenables à son accord.

C'est encore l'élever au degré marqué par le diapason, si le ton en était trop bas. *Ce piano est bas, il a besoin d'être* monté *d'un demi-ton.*

Monter un opéra, c'est faire les études, les travaux, les préparatifs nécessaires pour sa mise en scène et sa représentation.

Montre, s. f. Jeu d'orgue dont les tuyaux se *montrent* et paraissent à la façade. Dans les petites orgues, la *montre* est figurée avec des tuyaux muets et postiches; quelquefois les tuyaux d'une *montre* ne parlent pas tous, et plusieurs ne sont placés en avant que pour orner le devant de l'orgue.

La *montre* est de huit pieds, de seize, de quatre, selon la grandeur de l'instrument. Elle est d'étain, et fait partie des jeux à bouche.

MORCEAU, s. m. Portion d'un tout solide et continu. Par le mot *pièce*, on entend une composition entière; on désigne par *morceau* les différentes portions de cette composition. Ainsi l'on dira : *Cette pièce est formée de quatre* morceaux; *l'andante est le plus joli* morceau *de cette sonate; le meilleur* morceau *de cette symphonie est le finale.*

Morceau se prend quelquefois pour une pièce entière qui ne fait point partie d'un tout; et alors il a une signification plus étendue que le mot *pièce*, puisqu'on peut l'appliquer à toutes sortes de compositions. On dira, dans ce sens, *le Requiem de Mozart, la symphonie en* sol mineur *du même maître, l'opéra* d'Orphée, *sont des* morceaux *sublimes.*

MORDANT, part., pris substantivement. Lorsque le trille ne s'achève pas, il prend le nom de *mordant*, en italien *mordente*. Cet agrément n'est pas autre chose qu'un trille tronqué : il se marque avec le signe du trille, *tr*, ou avec une espèce de petit zig-zag. (*Fig.* 51.)

MORENDO, mot italien, qui signifie *en mourant*. (*Voyez* DIMINUENDO.)

MOSSO, adj., ému, animé. Ce mot, joint à celui

qui indique le mouvement d'un morceau de musique, signifie que l'on doit donner un degré de plus en vitesse au mouvement indiqué. *Allegro mosso, andantino mosso*, allégro animé, andantino animé.

Più mosso, plus animé, signifie que l'on doit presser le mouvement quel qu'il soit, en se conformant au caractère du morceau de musique.

Motet, s. m., en italien *motetto*. Ce mot signifiait anciennement une composition fort recherchée, enrichie de toutes les beautés de l'art, et cela sur une période fort courte, d'où lui vient, selon quelques-uns, le nom de *motet*, comme si ce n'était qu'un mot; d'autres croyent que ce nom vient de *motus*, mouvement, parce que la partie du chant devant être fleurie, a un mouvement plus rapide que le chant *simple*, ou le plain-chant, qui lui sert parfois de base.

Aujourd'hui on donne le nom de *motet* à tout morceau de musique fait sur des paroles latines prises dans les psaumes, les hymnes, ou les antiennes.

Motet. Nom donné à la haute-contre, dans le treizième ou quatorzième siècle, attendu que la partie principale du *motet* lui était confiée.

Motif, s. m. Ce mot, francisé de l'italien, *motivo*, signifie l'idée primitive et principale sur laquelle le compositeur détermine son sujet et arrange son dessin.

C'est le *motif* qui, pour ainsi dire, lui met la plume

à la main, pour jeter sur le papier telle chose et non telle autre. Dans ce sens, le *motif* principal doit être toujours présent à l'esprit du compositeur, et il doit faire ensorte qu'il le soit aussi toujours à l'esprit des auditeurs.

On dit qu'un auteur bat la campagne, lorsqu'il perd son *motif* de vue, et qu'il coud des accords ou des chants qu'aucun sens commun n'unit entre eux.

Outre ce *motif*, qui n'est que l'idée principale de la pièce, il y a des *motifs* particuliers qui sont les idées déterminantes de la modulation, des entrelacemens, des textures harmoniques; et sur ces idées, que l'on pressent dans l'exécution, on juge si l'auteur a bien suivi les *motifs*, ou s'il a pris le change, comme il arrive à ceux qui procèdent note à note, et qui manquent de savoir ou d'invention : c'est dans cette acception que l'on dit *motif de fugue, motif de chœur*, etc.

Le premier *motif* annonce le caractère général d'un morceau ; mais un morceau est presque toujours composé de plusieurs *motifs* qui contrastent l'un avec l'autre. Toutes ces idées différentes doivent se rattacher par quelques points au même sujet, pour qu'il y ait de l'unité. Notre âme possède une dialectique fort difficile à expliquer, qui préserve les bons compositeurs de réunir des *motifs* qui n'ont aucune connexité. C'est dans l'imitation des grands maîtres que l'on se forme à l'art profond d'épurer ses idées, et à celui de les associer convenablement.

Moto. (*Voyez* Con moto.)

Mouvement, s. m. Degré de vitesse ou de lenteur que donne à la mesure le caractère de la pièce qu'on exécute. Il y a cinq principales modifications de *mouvement*, qui, dans l'ordre du lent au vite, s'expriment par les mots *largo, adagio, andante, allegro, presto*: chacun de ces degrés se subdivise et se modifie encore en d'autres, dans lesquels il faut distinguer ceux qui n'indiquent que le degré de vitesse ou de lenteur, comme *larghetto, andantino, moderato, allegretto, prestissimo*, et ceux qui marquent, de plus, le caractère et l'expression de l'air, comme *agitato, brillante, appassionnato, strepitoso, con fuoco, con brio*, etc. Les premiers peuvent être sentis par tous les musiciens; mais il n'y a que ceux qui ont du sentiment et du goût qui sentent et rendent les autres.

Quoique généralement les *mouvemens* lents conviennent aux passions tristes, et les *mouvemens* animés aux passions gaies, il y a pourtant souvent des modifications par lesquelles une passion parle sur le ton d'une autre; il est vrai, toutefois, que la gaîté ne s'exprime guère avec lenteur; mais souvent les douleurs les plus vives ont le langage le plus emporté.

Mouvement, est encore la marche ou le progrès des sons du grave à l'aigu, ou de l'aigu au grave; et des diverses parties qui concertent ensemble.

Il y a trois *mouvemens*: le *mouvement direct* ou semblable, le *mouvement oblique*, et le *mouvement contraire*.

Le *mouvement direct* ou semblable, est celui que

font deux parties qui montent ou descendent en même temps.

Le *mouvement oblique*, est celui que font deux parties, dont l'une reste au même degré, pendant que l'autre monte ou descend.

Le *mouvement contraire*, est celui que font deux parties, dont l'une monte pendant que l'autre descend.

Le *mouvement oblique* et surtout le *mouvement contraire*, sont ceux qui offrent le plus de ressources et de richesses dans l'harmonie.

M. Reicha fait une quatrième distinction, en établissant le *mouvement parallèle :* nous pensons que ce *mouvement* a trop de rapports avec le *mouvement direct*, pour en former une classe particulière. (*F*. 32.)

MUANCES, s. f. On appelait ainsi les diverses manières d'appliquer aux notes les syllabes de la gamme, selon les diverses positions des deux demi-tons de l'octave, et selon les différentes routes pour y arriver. Comme Guido n'inventa que six de ces syllabes, et qu'il y a sept notes à nommer dans une octave, il fallait nécessairement répéter le nom de quelque note ; cela fit qu'on nomma toujours *mi fa* ou *fa la*, les deux notes entre lesquelles se trouvait un des demi-tons. Ces noms déterminaient en même temps ceux des notes les plus voisines, soit en montant, soit en descendant. Or, comme les deux demi-tons sont sujets à changer de place dans la modulation, et qu'il y a dans la musique une multitude de manières différentes de leur appliquer les six mêmes syllabes, ces manières s'ap-

MUE.

pelaient *muances*, parce que les mêmes notes y changeaient incessamment de noms. (*Voyez* GAMME.)

Dans le dix-septième siècle on ajouta la syllabe *si* aux premières de la gamme de Guido. Par ce moyen la septième note de l'échelle se trouvant nommée, les *muances* devinrent inutiles, et furent proscrites de la musique.

Muance vient du latin *mutare*, muer, changer. (*Voyez* PROPRIÉTÉ.)

MUE DE LA VOIX. La nature opère un changement dans la voix, à l'époque où les individus des deux sexes passent de l'enfance à la puberté.

L'époque de ce changement n'est point fixe, ni chez les uns, ni chez les autres; ce qui est constant cependant, c'est que la voix des hommes, après la *mue*, change tout-à-fait de nature, en prenant un caractère opposé à celui qu'elle avait, tandis que la voix des femmes n'éprouve point une mutation pareille; car le seul changement qui s'opère en elles consiste à donner à cette voix, sans qu'elle change de nature, plus de force, plus de timbre, et souvent plus d'étendue.

D'après plusieurs observations qui ont été faites, on peut à peu près conjecturer, avant la *mue* de la voix d'un enfant, de l'un ou de l'autre sexe, quel caractère prendra la voix qu'il aura après avoir mué.

Si un garçon et une jeune fille, par exemple, ont l'un et l'autre une voix étendue et sonore, le résultat de la *mue* donnera au premier une voix de ténor, et à la seconde une voix de premier dessus ou soprane.

Mais si l'un et l'autre ont une voix à laquelle il soit plus aisé de descendre que de monter, et dont les sons graves aient plus de force et de timbre que les sons aigus, dans ce cas le résultat de la *mue* donnera une voix de basse ou de bariton au premier, et une voix de contralte ou de second dessus à la seconde.

Telle est la marche de la nature lorsqu'elle n'est point arrêtée ni contrariée par des maladies, par des excès, ou par un exercice forcé pendant la *mue*.

Lorsque la nature est contrariée de l'une ou de l'autre de ces manières, les effets de la *mue* ne sont plus les mêmes, et l'on peut assurer que si les maladies, les excès et l'exercice forcé ne gâtent pas sans retour la voix, il en résulte du moins des voix très-limitées et très-faibles, sans toutefois être mauvaises.

Ce résultat dans les deux genres de voix, les fait ordinairement tomber de l'une des subdivisions dans la subdivision inférieure, c'est-à-dire, qu'il donne aux garçons une voix de bariton au lieu de ténor, ou de basse au lieu de bariton, et aux jeunes filles une voix de second dessus, *mezzo soprano*, au lieu d'une voix de dessus, *soprano*, ou de contralte au lieu de second dessus.

Ces voix sont naturellement très-bornées, soit du côté du grave, soit du côté de l'aigu.

D'après ces expériences, il faut nécessairement établir une méthode par laquelle on puisse préserver la voix de devenir mauvaise après la *mue*, quand même, par des accidens qu'on n'aurait pu empêcher, cette voix serait très-limitée.

MUE.

Lorsque la voix d'un élève commence à muer, on lui défend ordinairement de chanter. Cet usage a été introduit par les anciens maîtres de chant, parce qu'ils craignaient de laisser une trop grande latitude à l'inexpérience qui aurait pu en abuser, en exerçant indistinctement sur toute sorte de solfèges hauts ou bas, la voix d'un élève prête à muer, ou dans la *mue*.

Ils avaient raison sous ce rapport, car il vaut encore mieux ne point faire chanter du tout un élève, que de forcer ses moyens, dans le moment où la voix exige les plus grands ménagemens.

Nous pensons cependant qu'avec beaucoup de précautions on peut faire chanter l'élève, même pendant la *mue*, mais avec modération et sans forcer les sons graves, et surtout les sons aigus de la voix.

Par conséquent le maître doit tous les jours observer et étudier la voix de l'élève, afin de retrancher des exercices qu'il lui fera faire, les sons provenant de la poitrine que la *mue* lui aura fait perdre, et lorsqu'il ne restera plus à l'élève qu'une octave de l'étendue de sa voix, alors il cessera tout-à-fait de le faire chanter.

En suivant scrupuleusement cette méthode, soit à l'égard des garçons, soit à l'égard des jeunes filles, mais plus particulièrement pour les premiers, au lieu de gâter la voix des élèves, non-seulement on la leur conservera, mais aussi par ce moyen, les progrès de la *mue* seront plus rapides, et l'on en obtiendra plus promptement le terme.

Multiple, sous-multiple (*V*. Résonnance.)

Muses, déesses du chant, des vers et de la civilisation donnée aux hommes par le chant et la poésie. Les *Muses* dérivent de la religion orphique, et sont venues de la Thrace, d'où elles passèrent dans la Bœotie, et enfin dans le reste de la Grèce. Il est probable qu'Orphée et ses disciples attribuaient aux *Muses* les chants qu'ils débitaient aux peuplades sauvages de la Grèce. Le plus ancien culte des *Muses* fut introduit par les Aloïdes, fondateurs d'Ascra, et qui leur consacrèrent l'Hélicon. Alors il n'y avait que trois *Muses*, Mélété, Mnémé et Aœdé; ces noms signifient la *réflexion*, la *mémoire* et le *chant*. Dans la suite Piérus de la Thrace introduisit le culte des neuf *Muses*, qu'on regarde communément comme ses filles. Cela nous offre donc trois époques dans l'histoire des *Muses*; Orphée en était l'inventeur, les Aloïdes introduisirent leur culte, et Piérus le régla. Ces dernières neuf *Muses* étaient déjà connues du temps d'Homère. Leurs noms sont Clio, Euterpe, Thalie, Melpomène, Terpsichore, Érato, Polymnie, Calliope et Uranie.

On place les *Muses* à la suite d'Apollon, parce qu'il présidait à leurs concerts; il était regardé comme leur chef; c'est pour cela qu'on le nommait *Musagète*, c'est-à-dire *conducteur des Muses*. Hercule avait aussi la même fonction et le même surnom. Les uns veulent que le nom des *Muses* leur vienne d'un mot grec, qui indique les recherches qu'exigent les sciences qu'elles cultivent; d'autres ne faisant attention qu'à la liaison qui se trouve entre toutes les sciences, croient que le nom de celles qui les protègent, doit venir d'un autre mot grec qui signifie *semblable*. La fonction d'enseigner étant, pour ainsi dire, spécialement attribuée aux *Muses*, le mot grec qui signifie *enseigner*, paraît être la véritable étymologie de leur nom.

Suivant l'opinion la plus générale, les *Muses* sont filles de Jupiter et de la Titanide Mnémosyne.

Euterpe préside à la musique; Clio à l'histoire, Thalie à la comédie, Melpomène à la tragédie, Terpsichore à la danse, Érato aux vers amoureux, Polymnie à la rhétorique, Calliope à la poésie épique et Uranie à l'astronomie.

Un scoliaste d'Apollonius attribue à Polymnie l'invention de la lyre. Cela peut justifier, en quelque manière, l'erreur où sont tombés plusieurs poëtes, qui considèrent cette *Muse* comme présidant à la musique. (*Voyez* EUTERPE.)

MUSETTE, s. f. Instrument de musique à vent et à anches, composé d'une peau de mouton de la forme d'une vessie, de chalumeaux, d'un bourdon, de plusieurs anches et d'un soufflet.

MUSETTE, s. f. Sorte d'air convenable à l'instrument de ce nom, dont la mesure est ordinairement à six-huit, le caractère naïf et doux, le mouvement un peu lent, portant une basse en tenue ou pédale, telle que la peut faire une *musette*, dont on cherche à imiter l'effet avec les instrumens de l'orchestre.

Tout le monde connaît la jolie *musette* de *Nina* de Dalayrac.

Musical, ale, adj. Qui appartient à la musique. *Art musical, phrase musicale.*

Musicalement, adv. Relativement, conformément aux règles de la musique, d'une manière musicale.

Musicien, s. m. Ce nom se donne également à celui qui compose la musique, et à celui qui l'exécute. Le premier s'appelle aussi compositeur.

Musique, s. f. Art de combiner les sons d'une manière agréable à l'oreille. Cet art devient une science et même très-profonde, quand on veut trouver les principes de ses combinaisons, et les raisons des affections qu'elles nous causent.

On suppose communément que le mot de *musique* vient de *musa,* parce qu'on croit que les Muses ont inventé cet art.

Nous ne parlerons point ici de toutes les divisions que les anciens faisaient de la *musique*. Les détails que nous donnerions à ce sujet pourraient peut-être intéresser les savans qui accueillent avec un saint respect tout ce qui vient de l'antiquité, ils ne seraient d'aucune utilité pour le musicien. On sait que la *musique* n'est sortie des lisières de l'enfance que dans les temps modernes. Les idées religieuses des Grecs s'opposaient aux progrès de cet art. La *musique* étant consacrée à la divinité, un novateur hardi qui aurait osé changer quelque chose aux anciens systèmes, eût été sévèrement puni. Therpandre et Timothée furent mis à l'amende pour avoir augmenté le nombre des cordes de la lyre. Les anciens n'ont point connu l'harmonie, et la nature de leurs instrumens nous prouve que leur mélodie était pauvre, traînante et peu variée. Cela n'empêche pas d'ajouter foi à la plupart des merveilles dont on lui fait honneur.

Qu'importent les moyens si l'on parvient à plaire et à séduire? En est-il de faibles sur une âme tout-à-fait neuve aux combinaisons des sons? Faisons une juste compensation de ce que l'art a gagné, et de ce que sa perfection nous a fait perdre en sensibilité, en accoutumant nos organes aux résultats que produit l'union de toutes les puissances harmoniques, et nous pourrons conclure que les effets de la *musique* ont été les mêmes dans tous les temps.

Quel art donne des jouissances aussi pures et laisse dans le cœur une impression plus profonde? Tous les peuples du monde chantent et dansent; il y en a bien peu qui connaissent la peinture et la poésie. Compagne fidèle de l'homme, la *musique* embellit son existence, et l'aide à supporter les fatigues d'un pénible voyage. S'il jouit des faveurs de la fortune, elle vient multiplier ses plaisirs; malheureux, elle le console. Exprimant tour-à-tour ses désirs, son ivresse ou sa reconnaissance, elle entretient dans son cœur le feu sacré de la sensibilité, l'entraîne aux combats, anime son courage par des sons belliqueux, et c'est elle encore qui doit présider aux fêtes triomphales et porter aux cieux l'hommage du vainqueur.

Comme pour les autres arts, les Romains se contentèrent d'imiter la *musique* des Grecs, et cet art dont la superstition et les lois civiles d'Athènes avaient arrêté les progrès, n'en fit aucun à Rome. C'était toujours la même pauvreté d'invention et d'exécution. La simplicité de la *musique* ancienne avait pourtant ses avantages. puisqu'elle permettait au chorège d'employer, sans confusion, un nombre infini de musiciens. Ces grandes masses de son, ces colosses mélodiques produisaient des effets surprenants, et leur immensité démontre la petitesse des moyens dont on se servait pour les obtenir.

Comment imaginer que six mille, dix mille exécutans ont été entendus à la fois, si l'on ne suppose que leur *musique* n'était qu'une lourde et monotone psalmodie? On suit sans peine une mesure qui descend toujours gravement au lieu de tomber avec rapidité.

La *musique*, très cultivée à Rome sous les premiers empereurs, jouit du plus brillant éclat pendant le règne de Néron, qui lui-même était excellent musicien. Mais après sa mort les cinq mille chanteurs ou joueurs d'instrumens qu'il entretenait à ses frais furent congédiés et la *musique* éprouva un déclin sensible. Heureusement les premiers chrétiens en l'admettant dans leurs cérémonies, la sauvèrent de l'abandon qu la menaçait. On peut reprocher cependant aux chrétiens de l'avoir dénaturée en l'appliquant à une prose demi-barbare et à des vers encore plus mauvais. Il en résulta que la *musique*, qui n'avait de rhythme que celui du discours, n'en conserva qu'une faible apparence, et le plus souvent se traîna à pas lents et égaux sur un langage sans harmonie. Néanmoins, dans cet état de dégradation, elle conserva encore des règles constitutives, et une certaine variété dans les tours et le caractère qui la rendait susceptible d'être appliquée à des pièces de différens genres.

On ne sait point au juste quel fut l'état de la *musique* durant les quatre premiers siècles de l'Église. Les principes étaient toujours les mêmes, si l'on en juge d'après un traité que nous a laissé S. Augustin; mais il paraît que la pratique du chant ecclésiastique était tombée dans un grand désordre, et ce fut là ce qui porta S. Ambroise, archevêque de Milan, qui vivait vers la fin du quatrième siècle, à lui donner une constitution fixe. S. Grégoire, deux cents ans plus tard, s'occupa du même objet, composa le Rituel en choisissant les meilleures pièces qui restaient de l'antiquité, et forma le système connu sous le nom de *Chant Romain*, *Chant Grégorien* ou *Plain-Chant*, qui subsiste encore aujourd'hui tel qu'il l'a établi.

Lorsque, au commencement du sixième siècle, tout l'empire d'Occident fut envahi par les Barbares, on négligea, on oublia même entièrement les arts. La *musique* se trouva réduite aux chants d'église et aux chants nationaux de ces peuples. Mais les Goths d'Italie cultivèrent les arts et prirent les mœurs des hommes qu'ils avaient subjugués. Le système moderne prit naissance en se formant peu à peu du mélange des notions musicales des peuples barbares avec le reste de la *musique* des Grecs.

Clovis avait demandé un musicien à Théodoric qui lui envoya le chanteur Acorède, designé par le savant Boëce, comme capable d'enseigner l'art du chant et celui de jouer des instrumens, aux prêtres et aux chantres du roi de France.

En 757, Constantin Copronyme, empereur d'Orient, fit présent d'un orgue à Pepin, père de Charlemagne, qui le donna à l'église de S. Corneille de Compiègne. L'usage ne tarda pas à s'en répandre dans toutes les églises de France, d'Italie et d'Angleterre. L'invention d'un instrument si riche de moyens et p'effets, quoique borné alors au seul jeu de régale qui n'y existe plus, exerça une grande influence sur les progrès de l'art.

Ce fut dans le commencement du onzième siècle en l'an 1022, que l'échelle musicale prit la forme qu'elle a conservée jusqu'à ce jour. Cette révolution est principalement due à Guido, bénédictin du monastère de Pomposa, né à Arezzo, ce qui l'a fait nommer vulgairement parmi nous Guy d'Arezzo. On lui attribue aussi l'invention du contre-point. Cet art quoique bien peu avancé existait pourtant avant lui, et voici quelle fut son origine.

Dès que l'on posséda l'orgue dans les églises, on s'en servit pour accompagner le chant : cet accompagnement se fit d'abord à l'unisson; mais la facilité de faire entendre plusieurs sons à la fois, fit remarquer que, parmi les diverses unions de sons, il s'en trouvait d'agréables à l'oreille, et l'on appelait *organiser* un chant, lorsque dans ses terminaisons on donnait quelques tierces mineures. L'organisation double consistait à faire marcher l'orgue en quarte au-dessous et en quinte au-dessus du chant et de la placer de temps en temps en pédale au grave.

De l'orgue cette méthode passa aux voix, et l'on trouva enfin, après bien des essais et des tâtonnemens le chant à plusieurs parties ; cette harmonie, trésor de la *musique* moderne que les anciens n'ont jamais connue ; cette harmonie dont les combinaisons ingénieuses, les effets ravissans marquent l'immense supériorité de notre *musique* sur le plain-chant lourd et monotone des Grecs. On inventa de nouveaux caractères pour écrire le discours musical qui, au lieu de procéder par notes égales, fut soumis aux lois de la mesure et du rhythme. Vers la fin du treizième siècle, on avait déjà établi la défense de faire deux consonnances parfaites de suite par mouvement semblable, et une foule de préceptes sur la succession des intervalles que l'on suit encore aujourd'hui.

Uniquement occupés des formes de l'art qu'ils avaient à créer, les compositeurs qui ont fleuri pendant les deux siècles suivans négligeaient entièrement l'expression, et dans la *musique* d'église, à laquelle ils se livraient presque exclusivement, ils entassaient tellement les recherches d'harmonie et de dessin, que, ne présentant plus que des effets bruyans ou singuliers, elle devenait un objet d'amusement ou de distraction, au lieu d'inspirer la dévotion ou le recueillement. Plus d'une fois les souverains pontifes avaient formé des projets de réforme. Enfin, le mal étant au comble, le pape Marcel II, qui régnait en 1555, prit le parti de la supprimer tout-à-fait. Le décret allait être promulgué, lorsqu'un jeune compositeur se présente et demande que l'on veuille bien entendre une messe dont il était l'auteur. Le Pape ayant agréé l'offre, Palestrina fait exécuter devant lui une messe à six voix, d'une harmonie pure, d'un dessin savant et correct, d'un caractère religieux et solennel. Cette composition réunit tous les suffrages, le Pape révoque son décret, et charge Palestrina de composer, dans le même style, plusieurs offices pour le service de l'église. Il devint le créateur du genre qui porte son nom, et dans lequel il n'a jamais été égalé. Ses compositions subsistent en Italie, et principalement à Rome, où elles s'exécutent sans cesse. Il est bien à désirer qu'elles soient introduites dans les cathédrales de France. Voilà un exemple à citer à ceux qui prétendent que la *musique* est soumise aux caprices de la mode. Il n'y a que les mauvais ouvrages qui tombent dans l'oubli, le vrai beau est de tous les âges.

Depuis 1440, on représentait des opéras à Rome et à Venise, mais ce ne fut qu'en 1600 que le drame lyrique acquit une certaine régularité entre les mains du poëte Ottavio Rinnucini, et du musicien Giacomo Peri, qui firent exécuter à Florence leurs opéras de *Daphné*, *Eurydice* et *Ariane*. Peri fut le premier qui introduisit des airs dans son *Eurydice*, les drames lyriques étaient auparavant écrits entièrement en récitatif.

D'Italie l'Opéra passa en France, sous les auspices du cardinal Mazarin, qui, en 1645, fit exécuter au Louvre l'*Orfeo* de Zarlin, et ensuite l'*Ercole Amante*. Le succès que ces nouveautés obtinrent fit désirer que l'on composât des opéras français. Perrin et Cambert se chargèrent de ce soin, et furent applaudis dans la *Pastorale*, dont on fit l'essai à Issy, chez M. Delahaye; et dans *Pomone*, le premier opéra français représenté en public. Lulli leur succéda, et fit les délices de la Cour et de la ville jusqu'à sa mort, arrivée en 1687. Campra, Destouches, Montéclair, Lalande, se sont distingués après Lulli. Vint ensuite Rameau, qui débuta en 1733, par *Hippolyte et Aricie*. Aux récitatifs, aux airs simples de Lulli, il substitua un récitatif emphatique, et des airs plus brillans, mais généralement d'un très-mauvais goût, d'une facture embrouillée et peu correcte, quoiqu'il ne manquât ni de science, ni de génie. Ce fut lui qui amena sur ce théâtre le bruit, les cris et les hurlemens, qui y furent connus sous le nom de chant dramatique par excellence. Par bonheur, en 1754, on entendit en France des bouffons italiens chanter la musique de Pergolèse, Galuppi, Jomelli et autres. L'Opéra Comique prit naissance; et, sur des poëmes beaucoup plus raisonnables, d'habiles compositeurs firent entendre une musique faite sur le modèle de celle d'Italie. Duni, Philidor, Monsigny et Grétry, par leurs succès à l'Opéra Comique, préparèrent les voies à Gluck, Piccini, Salieri, Sacchini, qui vinrent à Paris vers 1774, et qui, en réformant la tragédie lyrique, concoururent avec eux pour donner à la France la *musique* la plus véritablement dramatique, dont aucune nation puisse se glorifier.

La *musique* de chambre et la *musique* instrumentale, ont suivi les progrès de la *musique* d'église et de la *musique* dramatique.

La *musique* instrumentale, surtout, est parvenue à un point de perfection qu'elle ne paraît pouvoir que difficilement dépasser. Il doit être permis de considérer les quintettes de Boccherini et de Mozart, les quatuors et les symphonies de Haydn et de Mozart, comme ce que le génie peut enfanter de plus beau dans ce genre.

Parmi les écrivains didactiques nous citerons Franchino Gafforio, qui florissait en 1480 ; Zarlin de Venise, Zanoni, Artusi, Ceronc, Berardi, Tevo, Martini, Zingarelli, Sala, etc., etc. En 1720, Rameau publia son *Traité d'Harmonie*, qu'il fit suivre d'une foule d'autres ouvrages, où dans une multitude de rapsodies, on trouve quelques vérités que l'on a utilisées. Il eut, en France, un grand nombre de commentateurs, entièrement étrangers à l'art, qui eurent le talent de persuader au public qu'il était le créateur d'une science dont il renversait les principes. L'Allemagne a, depuis Maltheson et Marpurg, fourni un grand nombre d'excellens traités sur diverses parties de l'art. Les traités de MM. Catel et Berton, membres de l'Institut, sont devenus classiques, et l'excellent ouvrage dont M. Choron vient d'enrichir notre littérature musicale, se fait remarquer autant par les préceptes que par les exemples choisis parmi ce que les trois écoles ont produit de plus sublime dans tous les genres. Cet ouvrage, qui a pour titre *Principes de Composition des Ecoles d'Italie*, forme à lui seul le corps de doctrine le plus précieux et le plus complet que l'on ait jamais publié sur la *musique*.

Musique d'église. Les messes en latin, les graduels, les offertoires, les psaumes, les hymnes, les antiennes, les motets, les jérémies composés dans le style *a capella*, à quatre, cinq, huit, douze voix, avec ou sans orgue, dans le contre-point sévère ou libre, avec ou sans orchestre, et certains oratorios forment ce que l'on appelle *musique d'église*.

Musique de chambre. Elle consiste dans les morceaux agréables qu'on exécute dans les concerts et les salons, tels que les cantates, les madrigaux, les scènes, les airs détachés, les canons, les quatuors à quatre voix sans orchestre, les romances, les boléros, les barcarolles, les nocturnes à plusieurs voix; les concertos, les concertantes, les sonates, les duos, les trios, les quatuors, les quintettes, les sextuors, fantaisies, caprices, variations, solos pour divers instrumens, et les symphonies à grand orchestre.

Musique de théatre. Cette *musique* comprend les opéras et certains oratorios, ainsi que les diverses parties dont ils se composent, telles que les ouvertures, les récitatifs, les airs, duos, trios, les chœurs, les finales, les marches, les airs de danse.

Musique militaire. Autrefois un régiment défilait au son de deux hautbois faiblement accompagnés, un violon suffisait à dix villages et son infatigable archet réglait tour à tour le pas de la marche nuptiale ou du folâtre rigaudon. Mais tel est le progrès des arts que nos légions sont, aujourd'hui, précédées d'un nombreux orchestre, et que le maire du plus petit hameau se fait annoncer par de bruyantes fanfares. Les clarinettes ont succédé au maigre violon, et le trombone fait retentir les échos accoutumés aux sons de la musette ou du galoubet. Le goût des instrumens à vent est général. Partout la *musique militaire* règne en souveraine, et il faut qu'une ville présente de grandes ressources musicales pour pouvoir y entendre un quatuor de Haydn ou de Mozart purement exécuté. Le violon, fondement de l'orchestre, est si peu cultivé en province que l'on éprouvera bientôt les effets de cet abandon, et les amateurs feront entendre dans leurs réunions l'*harmonie* de *Cendrillon* ou du *Petit Matelot*, au lieu des compositions sublimes des grands maîtres.

Sans nous inquiéter d'avance d'un malheur qui, peut-être, n'arrivera pas, et sans condamner un genre qui plaît, voyons quels sont les avantages de la *musique militaire*, et cherchons à porter remède aux défauts qui se reproduisent le plus souvent dans cette partie de l'art.

Qu'une symphonie, composée exprès pour un orchestre militaire, soit exécutée avec intelligence et précision, rien n'y manquera. Les clarinettes tiennent la place des violons, les bassons font entendre les parties de viole et de violoncelle, le trombone, et le serpent celles de contre-basse. Les traits rapides et aigus peuvent être confiés à la petite clarinette ou aux flûtes ; et tout ce que ces instrumens divers auraient de dur ou d'incohérent sera adouci ou lié par les belles pédales des cors et des trompettes. Des repos ménagés avec art donneront aux musiciens les moyens de prendre haleine, de se raffermir l'embouchure tour à tour pour attaquer en suite avec vigueur. Forté, piano, crescendo, tout sera senti et exécuté. Une telle symphonie ne peut être que d'un effet agréable et l'harmoniste le plus sévère en sera satisfait.

Mais, soit que nos compositeurs regardent la *musique militaire* comme indigne de leurs soins, soit qu'ils ne connaissent pas assez le mécanisme des instrumens à vent, leurs ressources et les rapports qu'ils ont entr'eux, il existe très peu de bons ouvrages de ce genre, et l'on est réduit à exécuter des ouvertures d'opéra arrangées *en harmonie*. Ces ouvertures, composées pour les instrumens à cordes avec lesquels on surmonte les plus grandes difficultés sans gêne et l'on fournit sans fatigue la carrière la plus longue, renferment des marches d'un contre-point serré, des traits, des effets que l'on tenterait vainement de rendre avec des clarinettes. Le violon peut être multiplié dans un orchestre, plusieurs clarinettes marchent difficilement ensemble dans les passages rapides. L'auteur se livre-t-il à des modulations qui l'éloignent du ton primitif? les cors et les trompettes ne pouvant plus parler, laissent un vide que rien ne remplit. Les exécutans obligés de soutenir le discours musical, et de passer tour à tour du chant à l'accompagnement, n'ayant pas, comme dans la symphonie, de longs repos pour raffermir leur embouchure, arrivent au dénouement tout essoufflés; et ce dernier trait, dont la vivacité, la force et la clarté devraient réveiller l'attention, est précisément le plus faible et le plus embrouillé.

On joue aussi des airs d'opéra, dans lesquels la clarinette remplace la voix. Cela pourrait être bon quelquefois, si l'on choisissait avec goût des morceaux d'une harmonie simple et pure, et dont l'effet ne dépendît pas de l'esprit des paroles, d'un jeu de scène ou de la volubilité bouffonne d'un acteur. Que signifient les pétarades de basson qui, dans l'air *udite tutti, udite* du *Mariage secret*, ont été substituées aux accens de Géronimo? Pourquoi conserver des ritournelles qui, ne précédant plus la voix, sont sans objet et deviennent un double emploi fastidieux? Pourquoi donner à la seconde clarinette des traits de second violon, qu'elle ne saurait rendre? Pour bien arranger un air, il faut renverser de fond en comble l'édifice du compositeur, et en élever ensuite un nouveau avec les mêmes matériaux, et d'après le même dessin. Mais cela demande des connaissances que la plupart de nos *arrangeurs* sont bien loin de posséder.

Les airs d'opéra sont charmans pour des sérénades ou d'autres divertissemens de cette nature; ils peuvent donner lieu à d'ingénieuses allusions, par l'expression mémorative qu'ils conservent, quoiqu'on les ait privés de leurs paroles. Mais par la même raison on devrait se faire une loi de ne les exécuter jamais dans les églises. Rien n'est si pauvre, si pitoyable qu'une telle bigarrure d'airs. Au lieu d'ajouter à la pompe du service divin et au recueillement des fidèles, cette musique de ménétriers va leur donner des distractions très-profanes, et les ramener au bal ou à l'Opéra. La musette de *Joconde* met sous les yeux la situation théâtrale, qui rappelle à son tour le récit de La Fontaine, et l'on ne sait pas où l'imagination s'arrêtera.

La marche est la partie la plus brillante de la *musique militaire*, et c'est dans cette partie que l'on remarque les défauts les plus grands. Le compositeur emploie les instrumens de percussion tels que les tambours, cymbales, triangles, sistres, clochettes, beffroi. Ces accessoires s'accordent bien avec le caractère martial de la musique, mais il faut nécessairement que l'harmonie présente des masses capables de soutenir ce poids sans en être écrasée, anéantie. N'imitez pas ces barbares qui font accompagner de faibles clarinettes par une légion de tambours. Ils ont leurs raisons pour cela, mais les tambours se taisent de temps en temps, et laissent à découvert de bizarres compositions. Analysez, s'il est possible, ce fracas discordant que produit la réunion de toutes les hérésies musicales. Chants surannés, basses ridicules, sons heurtés, confusion dans les parties intermédiaires et vide dans les régions de la basse, où le trombone privé, le plus souvent, du secours précieux des bassons, est obligé de jouer des traits d'une exécution aussi désagréable que difficile. Voilà cependant ce que l'on entend presque partout dans un pays où la musique instrumentale est portée à son plus haut degré de perfection. Je sais bien que l'on doit s'accoutumer au médiocre, et supporter quelquefois le mauvais. Mais il faudrait au moins que l'on gardât une certaine décence en ne produisant pas si souvent le dernier degré du détestable.

Tout le mal vient de ce que les marches sont faites par des personnes qui, la plupart, ignorent les premiers principes de l'harmonie. Un chef de musique croirait son honneur compromis, s'il ne donnait pas du sien et toujours du sien. Ses musiciens ne peuvent suffire à jouer les trivialités qu'il leur fournit. Que doit-on espérer de lui? rien. Il ne sait ce qu'il fait; il reproduira sans cesse les mêmes motifs, les mêmes tours; sa plume timide n'oserait hasarder la moindre modulation; ses cors, ses trompettes, rediront les passages mille fois répétés, et qu'une main habile et exercée rejette pour s'éloigner de la route battue par le *servum pecus*, la bande moutonne des ignorans. Il peut avoir une bonne idée, mais ce n'est pas tout de la trouver, il faut encore la mettre en œuvre, la présenter avec art, suivre un motif, en tirer parti, et c'est ce qu'il ne fera pas.

D'où vient que les corps de musique des régimens allemands ont été si fort applaudis dans nos provinces qu'ils ont traversées? c'est que les ouvrages qu'ils jouent sont bien faits, et que l'harmonie, écrite avec correction, en est d'une admirable clarté. On n'exige des exécutans que de la précision, et, avec des répétitions, on finit par l'obtenir. Les personnes qui ont entendu les orchestres de nos régimens d'élite, conviendront sans peine que notre *musique militaire*, en réunissant toutes les qualités de celle des Allemands, vaut beaucoup mieux sous le rapport de la qualité du son, de l'expression, du charme et de l'ensemble, qui est produit par le sentiment, et non par les rigueurs de la discipline.

On pourrait amener peu à peu tous nos musiciens militaires à ce degré de perfection. Il suffirait, pour cela, d'astreindre le chef de musique, qui n'a pas l'instruction nécessaire pour créer, à se pourvoir de bons ouvrages gravés ou manuscrits; il faudrait même qu'il ne lui fût permis de faire exécuter ses productions, qu'après avoir justifié de sa capacité par un certificat authentique délivré par des compositeurs connus; on parviendrait ainsi à donner des résultats satisfaisans, même avec des musiciens médiocres. Chaque répétition les conduirait au but, tandis qu'ils s'en éloignent en étudiant une composition vicieuse. Plus on mettra de soin dans son exécution, et plus les turpitudes du fabricateur deviendront sensibles et choquantes. Nettoyez un mauvais tableau, l'éponge va découvrir cent défauts que la poussière dérobait à vos yeux.

La *musique militaire* a deux systèmes d'accord bien distincts : l'un a pour base le ton de *fa*, et se rapporte parfaitement au diapason de l'orchestre; l'autre a pour base le ton de *mi* ♭, et est un ton plus bas que le même diapason. Le premier admet les flûtes et les petites clarinettes en *fa*, les grandes clarinettes en *ut*, les cors et les trompettes en *fa* ; le second admet les flûtes et les petites clârinettes en *mi* ♭, les grandes clarinettes en *si* ♭, les cors et les trompettes en *mi* ♭. Les bassons, les trombones, les serpens jouent au naturel dans l'un et l'autre système ; et l'on a soin d'écrire leurs parties en double exemplaire, l'un en *fa*, l'autre en *mi* ♭, pour que l'exécutant n'ait jamais à les transposer, s'il se rencontrait qu'elles fussent notées dans un système opposé à celui adopté par le corps de musique dont il fait partie.

Chacun de ces systèmes d'accord a des avantages qui lui sont particuliers. Celui de *fa* est éclatant et martial, mais on peut lui reprocher d'être tant soit peu criard ; il demande par conséquent d'habiles exécutans pour en modifier les sons trop aigus. Celui de *mi* ♭, moins brillant, donne une harmonie moëlleuse, suave et nourrie. Un corps de *musique militaire* bien organisé doit posséder les instrumens propres à chaque système pour jouer les marches dans le ton de *fa*, et se servir du système de *mi* ♭ pour les cérémonies religieuses, les sérénades, la musique de chambre.

Un orchestre militaire se compose de

2 flûtes en *fa*, ou en *mi* ♭ ;
2 clarinettes en *fa*, ou en *mi* ♭ ;
2 premiers hautbois ;
2 seconds hautbois ;
6 premières clarinettes en *ut*, ou en *si* ♭ ;
6 secondes clarinettes en *ut*, ou en *si* ♭ ;
2 trompettes en *fa*, ou en *mi* ♭ ;

4 cors en *fa*, ou en *mi* ♭;
6 bassons;
2 trombones;
2 contrebassons.

On peut réduire cet orchestre, en supprimant la moitié de chacune de ces quantités d'instrumens, et les quatre hautbois.

On remarque maintenant qu'il y a peu de bassons dans nos *musiques militaires*. Les colonels se décident difficilement à payer des bassonistes, attendu que leur instrument fait peu de bruit, et que d'ailleurs on croit en remplacer plusieurs avec un seul trombone : cette parcimonie prive leur orchestre de son charme le plus puissant. Les bassons fournissent aux milieux et forment, avec les cors, ce remplissage riche d'harmonie, ces masses de son sur lesquels le chant se dessine avec élégance, tandis que le trombone et le contrebasson frappent au grave les grosses notes de basse, et marquent ainsi le rhythme et la mesure : car c'est là la véritable et unique destination de ces instrumens; et si, faute de bassons, vous leur faites suivre une marche plus rapide, si vous les forcez à articuler des traits ou même de simples gammes, c'est vouloir tomber dans la barbarie, et imiter les ridicules fanfares des marchands d'orviétan.

On appelle assez généralement *harmonie*, la réunion des musiciens qui précèdent un régiment, ou de ceux qui, dans un orchestre, exécutent les parties destinées aux instrumens à vent. On donne le même nom à la musique écrite pour six, huit, dix instrumens à vent. *L'harmonie de ce régiment est fort bonne. Les instrumens à cordes de cet orchestre sont excellens, mais l'harmonie en est mauvaise. La marche de* Médée *est exécutée par l'harmonie seule. Harmonie à six, à huit, ouverture, airs arrangés en harmonie.*

Aurait-on cru remarquer que l'harmonie, produite par plusieurs instrumens à vent, avait quelque chose de plus mordant et de plus flatteur que celle des violons, pour donner à leur réunion et à leurs résultats le nom d'*harmonie* qui, employé de cette manière et par antonomase, signifie que l'harmonie par excellence est celle des cors, des clarinettes, des hautbois, etc. Et quel titre donnerons-nous aux accords produits par l'union des violons et des basses, ou par des voix mélodieuses et sonores ?

Quoique l'usage ait à peu près consacré cette manière de s'exprimer, nous ne croyons pas devoir l'adopter; rien ne saurait la justifier, elle est vicieuse sur tous les points, inintelligible pour les étrangers à cause des doubles sens qu'elle présente sans cesse, et l'on doit par conséquent l'abandonner à la routine qui a tenté de l'introduire dans le vocabulaire musical.

Un compositeur qui publie un ouvrage, écrit pour les instrumens à vent peut l'intituler : *Marches, Symphonie,* etc. *à grand orchestre militaire. Ouverture arrangée à grand orchestre militaire. Sextuor pour deux clarinettes, deux cors et deux bassons*, etc.

Les flûtes, les hautbois, les clarinettes, les cors, les bassons, etc. sont très-bien désignés dans l'orchestre par le terme collectif d'*instrumens à vent;* ce terme exprime clairement l'idée de celui qui l'emploie, on sait de quoi il s'agit, tandis qu'il sera impossible de comprendre celui qui se servira de la phrase que nous avons déjà citée : *les instrumens à cordes de cet orchestre sont excellens, mais l'harmonie en est mauvaise.* En effet, comment concevoir que l'harmonie soit mauvaise, si les violons, les violes et les basses, fondement de toute bonne harmonie, sont excellens.

La *musique militaire* de la cavalerie ne se compose que d'instrumens à embouchure, tels que trompettes, cors, trombones, sur lesquels on exécute des fanfares, des valses, des polonaises même, avec accompagnement de timbales.

L'accord de cette musique est en *mi* ♭. (*Voyez* FANFARE.)

MUTATION (jeux de). Ce sont les jeux qui ne sont pas au ton d'octave des fonds d'orgue, mais qui en sonnent la quinte ou la tierce. Ces jeux se distinguent en *jeux simples* et en *jeux composés.* Les jeux simples n'ont qu'une rangée de tuyaux comme les jeux ordinaires; les jeux composés en ont au moins trois, et quelquefois jusqu'à sept.

Le cornet, la cymbale, la fourniture, etc., sont des *jeux de mutation.*

Le cornet a quatre tuyaux à chaque touche, et quelquefois cinq.

La cymbale a aussi quatre tuyaux sur marche, et sept reprises.

MUT.

La fourniture a depuis trois jusqu'à sept rangées de tuyaux dans toute l'étendue du clavier, ce qui donne sept tuyaux pour chaque touche. Ce jeu ne va jamais sans la cymbale, lorsque l'orgue comporte celui-ci : la réunion de ces deux jeux soutenue des fonds est appelée *plein-jeu*. (*Voyez* PLEIN-JEU, PRESTANT.)

N.

Nasard, s. m. Jeu d'orgue, ainsi nommé parce qu'il nasille. Ce n'est que dans les anciennes orgues que le *nasard* produit un nasillement désagréable. On lui donne maintenant le même timbre qu'au prestant, dont il sonne la quinte, et on le désigne par le nom de *quinte*, et son octave par celui de *octave de quinte*.

Naturel, adj. Ce mot s'applique aux tons dont les sons se tirent de la gamme ordinaire, sans aucune altération : de sorte qu'un ton *naturel* est celui où l'on n'emploie ni dièse ni bémol. Il n'y a dans chaque mode qu'un seul ton *naturel*, le ton d'*ut* pour le mode majeur, le ton de *la* pour le mode mineur.

Le dièse élève la note d'un demi-ton, le bémol la baisse d'un demi-ton, le bécarre la remet au point de départ, c'est-à-dire à son ton *naturel*.

Les récitatifs se notent toujours au *naturel*, les changemens de tons y étant si fréquens, et les modulations si serrées que, de quelque manière qu'on armât la clef pour un ton, on n'épargnerait ni dièses, ni bémols pour les autres, et l'on se jetterait, pour la suite de la modulation, dans des confusions de signes très-embarrassantes, lorsque les notes altérées à la clef par un signe, se trouveraient altérées par le signe contraire accidentellement.

NECESSARIO, nécessaire, dont on ne peut se passer, ou sans lequel quelque chose ne serait pas entière. (*Voyez* OBLIGÉ.)

NEUME ou PNEUME, s. f. Terme de plain-chant. La *neume* est une espèce de courte récapitulation du chant d'un mode, laquelle se fait à la fin d'une antienne par une simple variété de sons, et sans y joindre aucunes paroles. On autorise ce singulier usage sur un passage de saint Augustin, qui dit, que ne pouvant trouver des paroles dignes de plaire à Dieu, l'on fait bien de lui adresser des chants confus de jubilation. « Car à qui convient une telle jubilation sans paroles, « si ce n'est à l'Être ineffable? et comment célébrer « cet Être ineffable, lorsqu'on ne peut ni se taire, ni « rien trouver dans ses transports qui les exprime, si « ce n'est des sons inarticulés? » (*Voyez* PROSE.)

NEUVIÈME, s. f. Octave de la seconde. Cet intervalle porte le nom de *neuvième*, parce qu'il faut former neuf sons consécutifs pour arriver diatoniquement d'un de ses deux termes à l'autre. La *neuvième* est majeure ou mineure, comme la seconde dont elle est la réplique.

Ce qui distingue la *neuvième* de la seconde, c'est que celle-ci est préparée par la basse, et qu'elle peut se pratiquer à la distance réelle de seconde, tandis que la *neuvième* doit être nécessairement portée à la distance de *neuvième*. (*Fig.* 58.)

NOCTURNE, s. m. Partie de l'office de matines, composée d'un certain nombre de psaumes, de trois leçons, etc., et qui se chante à l'église pendant la nuit. Le premier, le second, le troisième *nocturne*.

NOCTURNE, s. m. Morceau de musique destiné à être exécuté de nuit en sérénade. Le *nocturne* vocal s'écrit à deux, trois ou quatre voix, on le dispose quelquefois de manière à ce qu'il puisse être chanté sans accompagnement. Le *nocturne* étant fait pour ajouter aux charmes d'une belle nuit, et non pour en troubler la tranquillité, son caractère s'éloigne autant de la gaîté vive et bruyante, que de la tristesse et du mouvement impétueux des grandes passions. Une mélodie gracieuse et suave, tendre et mystérieuse, des phrases simples, une harmonie peu travaillée, mais pleine, onctueuse, et sans trivialités, telles sont les qualités que l'on doit rencontrer dans le *nocturne*, et s'il est exécuté par de bons chanteurs, seuls ou soutenus par un guitariste exercé, son effet sera délicieux. Le *nocturne* à deux voix s'écrit pour dessus et ténor ou deux dessus; on y ajoute un bariton s'il est à trois parties, et une basse s'il est à quatre parties. Asioli et Blangini ont composé des *nocturnes* charmans.

On donne aussi le nom de *nocturne* à certains morceaux d'opéra qui ont le caractère du *nocturne*, et se chantent dans une scène de nuit. Ainsi l'on dira : le duo *nocturne*, ou le *nocturne* du *Mariage Secret*, pour désigner le duo *Deh ti conforta, ó cara!* Le *nocturne* de la scène du tombeau de la *Sémiramis* Borghi, est d'une grande beauté.

Nocturne est encore une pièce instrumentale écrite pour harpe et cor, hautbois et piano, flûte et piano. Ces *nocturnes* ne sont, à proprement parler, que des fantaisies dialoguées. On les compose ordinairement avec un air connu, que l'on varie pour les deux instrumens, en le faisant précéder d'une introduction et suivre d'une coda. Ce genre, que l'absence du talent et l'impuissance de créer un bon duo, ont seules pu mettre en crédit pendant un certain temps, est maintenant peu estimé et ne mérite pas de l'être.

Noels, s. m. plur. Airs destinés à certains cantiques, chantés aux fêtes de Noël. Les airs des *Noëls* doivent avoir un caractère champêtre et pastoral, convenable à la simplicité des paroles, et à celle des bergers, qu'on suppose les avoir chantés en allant rendre hommage à l'Enfant Jésus dans la crêche.

La langue provençale convient parfaitement à cette espèce de vaudeville religieux : elle exprime beaucoup en peu de mots, et donne des charmes à une infinité de petits détails que la poésie française ne saurait rendre. Les airs originaux de ces *Noëls* sont modulés avec art, et portent une harmonie excellente ; nous en avons noté un du roi René d'Anjou et un de Saboly, poëte et musicien provençal. (*Fig.* 35.)

Nos organistes jouent beaucoup de *Noëls* pendant les fêtes de la Nativité, et les quarante jours qui les suivent. Cette coutume est générale en Italie, et les *Noëls* obtiennent une préférence si exclusive sur toute autre musique d'orgue, que pendant ces quarante jours

NOT.

l'orgue perd quelquefois son nom, pour prendre celui de la cornemuse dont il imite les effets, et l'on dit *suonar la piva,* jouer de la cornemuse, au lieu de dire jouer de l'orgue, attendu que pareil à la cornemuse l'orgue ne sert qu'à exécuter des chants de bergers, des musettes et des villanelles.

Nœuds, on appelle *nœuds* les points fixes dans lesquels une corde sonore, mise en vibration, se divise en aliquotes vibrantes, qui rendent un autre son que celui de la corde entière. (*Voyez* Corps sonore, Sons harmoniques.)

Noire, s. f. Note de musique qui vaut deux croches ou la moitié d'une blanche. Dans nos anciennes musiques, on se servait de plusieurs sortes de *noires*, *noire* à queue, *noire* carrée, *noire* en losange. Ces deux dernières espèces sont demeurées dans le plain-chant, mais dans la musique on ne se sert plus que de la *noire* à queue.

Non tropo, *pas trop*. Ces mots italiens joints à celui qui indique le mouvement d'un morceau de musique, signifient que l'on doit diminuer la lenteur ou la vitesse du mouvement indiqué. Ainsi, *largo non tropo* est un peu moins lent que *largo. Presto non tropo*, est moins rapide que *presto*.

Note sensible, est celle qui est une tierce majeure au-dessus de la dominante, ou un demi-ton au-dessous de la tonique. Le *si* est *note sensible* dans le ton d'*ut*, le *sol* # dans le ton de *la*.

On l'appelle *note sensible*, parce qu'elle fait sentir le ton et la tonique, sur laquelle, après l'accord dominant, la *note sensible* prenant le chemin le plus court, est obligée de monter.

Noter, v. a. C'est écrire la musique avec les caractères destinés à cet usage, et appelés *notes*. Il faut distinguer *noter* de *copier*. Le musicien *note* ce qu'il compose ou ce qu'il a retenu de mémoire. Celui qui écrit la musique déjà *notée*, et d'après un exemplaire qu'il a sous les yeux, ne fait que *copier*.

Notes, s. f. Signes ou caractères dont on se sert pour noter, c'est-à-dire pour écrire la musique.

Les Grecs se servaient des lettres de leur alphabet pour noter leur musique; les Latins les imitèrent dans cette pratique. Ce ne fut que dans le onzième siècle qu'un bénédictin d'Arezzo, nommé Guido, substitua à ces lettres des points posés sur différentes lignes parallèles, à chacune desquelles une lettre servait de clef. Dans la suite on grossit ces points, on s'avisa d'en poser aussi dans les espaces compris entre ces lignes, et l'on multiplia, selon le besoin, ces lignes et ces espaces. A l'égard des noms donnés aux *notes*, *voyez* Solfier.

Les *notes* n'eurent, pendant un certain temps, d'autre usage que de marquer les degrés et les différences de l'intonation. Elles étaient toutes, quant à la durée, d'égale valeur, et ne recevaient à cet égard d'autres différences que celles des syllabes longues et brèves, sur lesquelles on les chantait : c'est à peu près dans cet état qu'est demeuré le plain-chant jusqu'à ce jour.

Cette indistinction de figures dura, selon l'opinion commune, jusqu'en 1338, que Jean de Muris, docteur et chanoine de Paris, donna, à ce qu'on prétend, différentes figures aux *notes*, pour marquer les rapports de durée qu'elles devaient avoir entr'elles : il inventa aussi certains signes de mesure, appelés modes ou prolations, pour déterminer, dans le cours d'un chant, si le rapport des longues aux brèves serait double ou triple, etc. Plusieurs de ces figures ne subsistent plus, on leur en a substitué d'autres en différens temps, jusques à ce que la division en mesures de valeur égale est venue donner une marche fixe et régulière au chant noté.

Plusieurs savans, et J.-J. Rousseau lui-même, n'ont critiqué avec acharnement notre manière de noter la musique, que pour chercher à mettre en crédit de nouveaux systèmes, plus absurdes les uns que les autres. Il faut être ignorant ou prévenu, pour ne pas convenir que les caractères que nous employons pour écrire la musique, ne laissent rien à désirer pour la précision et la clarté, et qu'il serait impossible d'en trouver de plus propres à exprimer l'intonation, la marche, la durée des sons.

Sans prendre la peine de combattre un système aussi extravagant que celui de Rousseau, sans chercher à prouver que les *notes* valent mieux que les chiffres pour représenter les sons, je dirai aux partisans de ce système, s'il en existe encore, je leur dirai que l'exécution de la musique demande tant de prestesse et de soudaineté, qu'il faut nécessairement parler à l'œil et non à l'esprit, en traçant sur le papier des figures dont l'élévation ou l'abaissement soient en rapport direct et matériel avec les mélodies. Une page de musique est un tableau, la figure et la position des caractères ne sauraient mieux indiquer la marche du motif musical; ils montent ou descendent, se prolongent ou s'arrêtent selon que les sons doivent se porter à l'aigu ou au grave, donner une longue résonnance, ou laisser l'oreille dans un parfait repos. S'il fallait à chaque signe faire un calcul pour connaître si le chiffre 2, qui représente le *ré*, est une ronde, une blanche, une noire, une croche, une double, une triple croche, etc., et si ce *ré* appartient à la seconde ou à la cinquième octave, il n'y a pas de raison pour que le presto le plus rapide ne se changeât en un largo lourd et traînant.

Pour ne pas prolonger d'inutiles raisonnemens, j'invite les prôneurs du système de Rousseau à noter avec ses nouveaux caractères, ses chiffres, ses points, ses barres, non pas une partition, ni une sonate de piano, ce qui serait une vraie table isiaque, mais un air de violon ou de flûte, avec quelques petites variations, et à le faire exécuter ensuite, s'ils trouvent quelqu'un qui puisse le *déchiffrer*.

NOTES DE PASSAGE. (*Voyez* PASSAGE.)

NOURRIR LES SONS, c'est non-seulement leur donner du timbre sur l'instrument, mais aussi les soutenir exactement durant toute leur valeur, au lieu de les laisser éteindre avant que cette valeur soit écoulée.

O.

O. Cette lettre capitale est, dans notre musique ancienne, le signe de ce qu'on appelait temps parfait, c'est-à-dire de la mesure triple ou à trois temps, à la différence du temps imparfait ou de la mesure double, qu'on marquait par la moitié d'un *O* ou un *C* : voilà d'où nous vient le *C* qui nous sert encore pour le même usage.

Le temps parfait se marquait quelquefois par un *O* simple, quelquefois par un *O* pointé en dedans, ou par un *O* barré perpendiculairement par le milieu.

Obligé, adj. On appelle *partie obligée*, celle qui récite quelquefois, celle qu'on ne saurait retrancher sans gâter l'harmonie ou le chant; ce qui la distingue des parties de remplissage, qui ne sont ajoutées que pour une plus grande perfection d'harmonie, mais par le retranchement desquelles la pièce n'est point mutilée. Ceux qui sont aux parties de remplissage peuvent s'arrêter quand ils veulent, et la musique n'en va pas moins; mais celui qui est chargé d'une *partie obligée* ne peut la quitter un moment, sans faire manquer l'exécution.

Lorsque le titre d'une sonate annonce qu'elle a un accompagnement de violon, on peut l'exécuter, si l'on veut, sans violon, à plus forte raison, si l'on a joint ces mots, *ad libitum*. Mais si l'accompagnement est *obligé,* on ne saurait le supprimer sans tronquer le discours musical, à moins que la partie de violon, notée au-dessus de celle de piano, ne fournît à l'exécutant les moyens de la suppléer en quelque manière.

Obligé se prend aussi pour contraint ou assujéti, et l'on dit, dans ce sens, *contrepoint obligé, récitatif obligé.*

OCTAVE, s. f. La première des consonnances dans l'ordre de leur génération. L'*octave* est la plus parfaite des consonnances; elle est, après l'unisson, celui de tous les accords dont le rapport est le plus simple; l'unisson est en raison d'égalité, c'est-à-dire comme 1 est à 1; l'octave est en raison double, c'est-à-dire comme 1 est à 2 : les harmoniques des deux sons dans l'un et dans l'autre s'accordent tous sans exception, ce qui n'a lieu dans aucun autre intervalle; enfin ces deux accords ont tant de conformité, qu'ils se confondent souvent dans la mélodie, et que dans l'harmonie même on les prend presque indifféremment l'un pour l'autre.

Cet intervalle s'appelle *octave*, parce que, pour marcher diatoniquement d'un de ces termes à l'autre, il faut passer par sept degrés et faire entendre huit sons différens.

Il y a trois espèces d'*octaves* comme d'unisson, dont elle est le redoublement; 1° l'*octave* juste, 2° l'*octave* augmentée, 3° l'*octave* diminuée. (*Fig.* 58.)

OCTAVE, est aussi le nom de la petite flûte, attendu qu'elle sonne l'octave de la flûte ordinaire.

Quoique l'on se serve plus communément des termes de *petite flûte* et de *flautino*, je pense qu'il vaudrait mieux adopter celui d'*octave*, ce mot tout seul désigne parfaitement l'instrument dont il s'agit, tandis qu'il en faut deux, si l'on écrit *petite flûte*; et l'on sera obligé d'en mettre deux aussi pour désigner la flûte ordinaire, et dire *grande flûte*, si la petite flûte a déjà été employée dans une même partition.

Comme il importe beaucoup de simplifier ces désignations, nous conseillons aux compositeurs, aux graveurs et aux copistes, de se servir du nom d'*octave* pour indiquer les parties destinées à la petite flûte. (*Voyez* FLAUTINO.)

OCTAVE, *à l'octave*, *ottava*, ou simplement 8^a, écrit au-dessus d'un trait de musique, signifie que ce trait doit être exécuté à l'*octave* haute; et à l'*octave* basse, si l'on a mis *octave basse*, ou 8^a *bassa*. Ces mots sont ordinairement suivis d'une ligne en zig-zag, ou d'une traînée de points qui se prolonge sur tout le passage à transposer à l'*octave* haute ou basse. Le mot *loco*, placé à la fin de cette ligne, marque qu'il faut exécuter ce qui suit au lieu même où les notes sont écrites, sans transposition d'*octave*. (*Fig.* 1.)

Dans la musique de harpe, de piano, de guitare, 8^a signifie que l'on doit doubler les notes avec leurs *octaves* hautes ou basses, selon qu'il est marqué.

Dans la musique de clarinette, le mot *chalumeau* placé sur un trait indique que ce même trait doit être exécuté à l'*octave* basse. (*Voyez* CHALUMEAU.)

Octavier, v. n. Quand on force le vent dans un instrument à vent, le son monte aussitôt à l'octave ; c'est ce qu'on appelle *octavier*. En renforçant ainsi l'inspiration, l'air renfermé dans le tuyau, et contraint par l'air extérieur, est obligé, pour céder à la vitesse des oscillations, de se partager en deux colonnes égales ayant chacune la moitié de la longueur du tuyau ; et c'est ainsi que chacune de ces moitiés sonne l'octave du tout. Une corde de violoncelle *octavie* par un principe semblable, quand le coup d'archet est trop brusque ou trop voisin du chevalet. C'est un défaut dans l'orgue quand un tuyau *octavie* ; cela vient de ce qu'il prend trop de vent.

Il y a dans la flûte, le hautbois, la clarinette, le basson, etc., plusieurs notes dont on ne change pas le doigter pour en faire résonner l'octave ; il suffit de pincer les lèvres pour introduire un vent plus fort dans les tuyaux, et l'instrument *octavie* de lui-même.

Ode, s. f. Mot grec qui signifie chant ou chanson.

OEuvre, s. m. Ce mot est masculin, pour désigner les ouvrages de musique d'un auteur. On dit l'*œuvre* LXXIIe de Haydn, l'*œuvre* Xe de Mozart.

Un air varié, une fantaisie sur des motifs connus, ne doivent pas recevoir le nom d'*œuvre*, puisque le fabricateur n'a fait qu'arranger bien ou mal, pour son instrument, l'*œuvre* composé par un ou plusieurs autres. Mais c'est un moyen facile de grossir la somme de ses productions musicales, et les petits faiseurs croient suppléer en quelque manière à la qualité par quantité : ils se trompent ; mille vers de Chapelain valent-ils un quatrain de Voltaire ?

OFFERTOIRE, s. m. C'est cette partie de la messe qui se trouve entre le *Credo* et le *Sanctus*, pendant laquelle le chœur garde le silence. L'orgue remplit cet intervalle, ou bien on exécute une pièce composée exprès pour y être placée, et qui, à cause de cela, prend le nom d'*offertoire*. Tout le monde connaît le magnifique *offertoire* de Jomelli, *Confirma hoc, Deus*. C'est ordinairement à l'*offertoire* que l'organiste donne son meilleur morceau ; n'étant pas soumis à suivre les tons de l'église, ni borné dans un trop court espace de temps, il peut développer un sujet dans toute son étendue, et se livrer à la fougue de son génie.

OMNES, terme latin qui signifie tous. On le trouve souvent au lieu de *tutti* dans les anciennes compositions religieuses.

ONZIÈME, s. f. Réplique ou octave de la quarte. Cet intervalle s'appelle *onzième*, parce qu'il faut former onze sons diatoniques pour passer de l'un de ces termes à l'autre. (*Fig.* 18.)

OPÉRA, s. m. Spectacle dramatique et lyrique, où l'on réunit tous les charmes des beaux arts, dans la représentation d'une action passionnée, pour exciter, à l'aide des sensations agréables, l'intérêt et l'illusion.

Il faut se rendre à ce palais magique,
Où les beaux vers, la danse, la musique,

L'art de tromper les yeux par les couleurs.
L'art plus heureux de séduire les cœurs,
De cent plaisirs font un plaisir unique.
VOLTAIRE.

On ne saurait mieux définir l'*opéra* ; les paroles, la musique, la danse et les décorations, telles sont les parties qui constituent ce spectacle enchanteur.

Les Italiens distinguent deux sortes d'*opéra*, l'*opéra sérieux* et l'*opéra bouffon*.

Nous avons aussi deux genres de spectacle lyrique, le drame chanté d'un bout à l'autre, que l'on nomme vulgairement *grand opéra*, tel qu'*Orphée, Didon, la Vestale;* et l'*opéra comique*, où le chant se mêle au dialogue parlé : *Sylvain, Joconde, le Calife de Bagdad* sont écrits de cette manière.

Ces distinctions s'accorderaient parfaitement avec celles des Italiens, si le *grand opéra* n'admettait que des sujets sérieux, et que l'*opéra comique* justifiât toujours son titre par l'aimable gaîté de ses productions scéniques. Le nom fastueux de *grand opéra*, que les tragédies et les drames héroïques semblent seuls mériter, est donné à de misérables vaudevilles ; et, par une compensation assez singulière, *Médée, Joseph, Roméo et Juliette*, sont mis au rang des *opéras comiques*. C'est le caractère d'une pièce, et non les manières diverses dont ses parties sont coordonnées, qui devrait la placer dans l'une ou l'autre catégorie.

Puisque l'usage le veut ainsi, laissons le titre de *grand opéra* à *Panurge*, aux *Prétendus*, etc. Ces sortes de pièces sont en si petit nombre, qu'elles peuvent à peine donner lieu à une exception. Mais comme on chercherait en vain le mot, pour rire dans les fureurs de Capulet, et les atrocités de Médée, et qu'il serait absurde de comprendre sous la même dénomination le *Tableau Parlant*, et *Montano*, *Uthal* et l'*Irato*, et de confondre ainsi des pièces dont les élémens sont si différens, nous désignerons par le nom d'*opéra héroïque* les drames qui, n'appartenant point à l'*Opéra comique* par la nature de leurs sujets, ne sauraient être placés sur notre premier théâtre lyrique, qui demande que le discours musical ne soit point interrompu.

L'origine de l'*Opéra* remonte à l'an 1440. C'est vers cette époque que les Italiens songèrent à rétablir les spectacles superbes qui avaient fait les délices de la Grèce et de l'Empire Romain. On savait qu'une tragédie se composait d'une action dramatique, récitée en vers élégans et pompeux, et que la musique, la danse, la peinture, venaient lui prêter leurs secours. On consulte Aristote, et d'après une fausse interprétation de ses principes, on chante les drames composés en suivant la route qu'il avait tracée. C'est ainsi qu'après avoir long-temps cherché, les Italiens trouvèrent l'*Opéra* au lieu de la tragédie grecque. Nous devons nous applaudir de cette erreur, puisqu'elle a donné la naissance à un nouveau genre de spectacle. D'ailleurs les langues modernes ne convenaient point au drame des Grecs, leur rhythme est trop peu sensible pour qu'elles puissent se passer de musique dans les discours exécutés simultanément par un grand nombre de voix.

Comme nos premières tragédies, les premiers *opéras* ont pour objet les mystères. *La Conversion de saint Paul*, de F. Baverini, est représentée à Rome en 1440, sur une place publique. D'autres lui succèdent et toujours sur des sujets tirés de l'Ecriture Sainte. Les *opéras* profanes ne paraissent que vers 1475. On cite à cette époque l'*Orfeo*, d'Ange Politien, et une tragédie en musique exécutée à Rome en 1480, dont le cardinal Riatti, neveu du pape Sixte IV, avait fait les paroles.

Les papes avaient déjà un théâtre à décorations et à machines en 1500, et quand le cardinal Bertrand de Bibiena fit jouer devant Léon X, la comédie de la *Calandra*, on y admira les peintures de Peruzzi.

Alfonso della Viola de Ferrare, Strigio, Malvezzi, Emilio del Cavaliere, Orazio Vecchi de Modène, compositeurs, consacrèrent leurs talens à la scène lyrique pendant le seizième siècle. L'art qui n'était encore qu'à son enfance, fit peu de progrès entre leurs mains, et parmi leurs productions on ne cite rien de remarquable.

En 1597, Jean de Bardi, Pierre Strozzi, et Jacques Corsi, seigneurs florentins, peu contens des essais faits jusqu'alors, et concevant de grandes espérances au sujet du drame chanté, s'efforcent de l'élever à son plus haut degré de perfection, et pour y parvenir, choisissent le meilleur poëte et le meilleur musicien de leur temps, et les engagent à composer, exprès pour eux, un *opéra* que l'on exécute à Florence, dans le palais Corsi. C'était la *Daphné*, d'Ottavio Rinnucini, que Giacomo Peri mit en musique. Cet *opéra* obtint le succès le plus brillant; la conduite de la pièce et la beauté de la musique le firent considérer comme un chef-d'œuvre, et c'est sur ce modèle que les mêmes auteurs, que l'on proclama avec raison les créateurs du genre, composèrent leur opéra d'*Eurydice*, joué publiquement à Florence à l'occasion du mariage de Henri IV, roi de France, avec Marie de Médicis.

Partout le nouvel art inspirait les mêmes transports et le même enthousiasme. Pareils à ceux de la musique grecque, ses miracles s'opéraient avec de bien petits moyens : il n'y avait point d'airs dans les drames lyriques, et ce ne fut qu'en 1600 que Peri en fit entendre, dans son *Eurydice*, que nous venons de citer. Les *opéras* étaient, auparavant, écrits d'un bout à l'autre en récitatifs.

En 1630, Claudio Monteverde établit à Venise un théâtre lyrique, où l'on joue l'*Enlèvement de Proserpine*, dont il était l'auteur. Soriano et F. Cavalli, composent aussi pour la scène; et en 1639 on y représente *les Noces de Pélée*, de ce dernier.

A cette époque on ne possédait encore en France que les grands ballets, dans lesquels les récits et le dialogue succédaient tour à tour à la danse. Le cardinal Mazarin, qui cherchait tous les moyens d'amuser Louis XIV pendant sa jeunesse, fit jouer devant ce monarque et la reine sa mère, plusieurs *opéras* italiens, tels que l'*Orfeo* de Zarlin, et l'*Ercole Amante*;

le succès de ces pièces donna l'idée de composer des *opéras* français, et l'abbé Perrin fit les paroles de *Pomone*, que Cambert mit en musique. Lulli vint après Cambert, secondé par Quinault, il fournit sa carrière de la manière la plus brillante, et fut comblé des faveurs de son souverain. Destouches, Campra, Montéclair, et Lalande, plus connu par de belles compositions religieuses, se sont distingués parmi les successeurs de Lulli. Leurs productions oubliées aujourd'hui, occupèrent la scène jusqu'à la venue de Rameau, qui débuta, en 1733, par *Hippolyte et Aricie*. Aux récitatifs, aux airs simples de Lulli, il substitua un récitatif emphatique, et des airs plus brillans, mais généralement d'un très-mauvais goût, d'une facture embrouillée et peu correcte, quoiqu'il ne manquât ni de science ni de génie. Ce fut lui qui amena sur ce théâtre le bruit, les cris et les hurlemens qui y furent connus sous le nom de chant dramatique par excellence.

Par bonheur, en 1754, on entendit en France des bouffons Italiens chanter la musique de Pergolèse, Galuppi, Jomelli et autres. L'*Opéra comique* prit naissance; et, sur des poëmes beaucoup plus raisonnables, d'habiles compositeurs firent entendre une musique faite sur le modèle de celle d'Italie. Duni, Philidor, Monsigny et Grétry, par leurs succès à l'*Opéra comique*, préparèrent les voies à Gluck, Piccinni, Saliéri, Sacchini, qui vinrent à Paris vers 1774, et qui, en réformant la tragédie lyrique, concoururent avec eux pour donner à la France une musique dramatique à la vérité, mais trop souvent dépourvue des agrémens du chant.

Notre *Opéra comique*, greffé sur le Vaudeville de

la Foire, s'est long-temps ressenti de son origine. Philidor, Duni, Monsigny, Grétry, l'avaient créé; il est rare que celui qui crée perfectionne. Ce n'est que quand les Méhul, les Chérubini, les Daleyrac, les Berton, les Catel, les Boïeldieu, les Nicolo, lui ont fait subir une nouvelle réforme, en lui donnant des ouvrages d'un style brillant et grandiose, qu'il a pu marcher de pair avec le théâtre illustré par Gluck et Piccinni, et se répandre dans l'Europe musicale, qui, jusqu'alors, l'avait dédaigné.

Le théâtre de l'Odéon, où l'on représente les *opéras* étrangers que des traducteurs ont su naturaliser en France, jouit en ce moment de la faveur du public. Le *Barbier de Séville*, la *Pie voleuse*, de Rossini, *Robin des Bois*, de C. M. Weber, etc., ont signalé, de la manière la plus brillante, le commencement de sa nouvelle organisation musicale.

Opéra est un mot italien qui signifie *œuvre*. Le drame lyrique ayant été regardé, lors de son origine, comme l'*œuvre* musical le plus important, l'*œuvre* par excellence, les Italiens lui donnèrent, par antonomase, le nom d'*opéra* qui lui est resté, et qui a passé dans plusieurs langues.

OPÉRA 1^a, 2^a, 3^a, écrit sur un recueil de sonates, de duos, de quatuors, etc., signifie *œuvre* 1er, 2e, 3e, et ces nombres ordinaux servent à distinguer les ouvrages d'un même auteur. (*Voyez* OEUVRE.)

OPÉRETTE, s. f. Mot qui, dit-on, a été forgé par Mozart, pour désigner ces avortons dramatiques, ces compositions en miniature, dans lesquelles on ne trouve que de froides chansons et des couplets de vaudeville. Les *Chasseurs et la Laitière*, le *Secret*, l'*O-*

péra comique, *les Petits Savoyards*, etc., etc., etc., etc., etc., etc., sont des *opérettes*. Mozart disait qu'un musicien bien constitué pouvait composer deux ou trois ouvrages de cette force entre son déjeuné et son dîné.

ORATORIO, s. f. Espèce de petit drame, dont le sujet est une action choisie dans l'histoire sainte, souvent même une pieuse allégorie, et qui est destiné à être exécuté dans l'église par des chanteurs représentant les différens personnages. On voit par là en quoi il diffère du drame sacré, qui peut avoir un sujet du même genre, mais qui doit être joué sur un théâtre. On attribue l'invention de l'*Oratorio* à S. Philippe de Néri, fondateur de la Congrégation de l'Oratoire, en 1548. Ce saint prêtre voulant diriger vers la religion la passion que les habitans de Rome montraient pour l'Opéra, qui pendant les jours de carnaval, surtout, les éloignait de l'église, imagina de faire composer par de très-bons poëtes ces sortes d'intermèdes sacrés, de les faire mettre en musique par les virtuoses les plus fameux, et d'en confier l'exécution à des chanteurs excellens. Son projet réussit complètement; la foule accourut à ses concerts religieux, et ce genre de drame prit le nom d'*oratorio* de l'église de l'Oratoire, où ils étaient exécutés.

Parmi les plus beaux *oratorios* que les diverses écoles aient produits, on distingue *le Messie* de Handel, *la Passion* de Jomelli, *le sacrifice d'Abraham* de Cimarosa, et *la Création* de Haydn.

ORCHESTRE, s. m. C'était, chez les Grecs, la partie inférieure du théâtre; elle était faite en demi-cercle, et garnie de siéges tout au tour. On l'appelait *orchestre*, parce que c'était là que s'exécutaient les danses (1).

Aujourd'hui ce mot s'applique à la musique, et s'entend, tantôt du lieu où se tiennent les musiciens et tantôt de la collection de tous les musiciens : c'est dans ce sens que l'on dit de l'exécution de la musique, que l'*orchestre* était bon ou mauvais, pour dire que les instrumens étaient bien ou mal joués.

Les instrumens d'*orchestre* sont
Le violon,
La viole,
Le violoncelle,
La contre-basse,
L'octave,
La flûte,
Le hautbois,
La clarinette,
La trompette,
Le cor,
Le basson,
Le trombone,
Les timbales,
Les cymbales,
Les tambours.

Tous ces instrumens concourent à la formation de l'*orchestre*, mais en quantités inégales et proportionées à la part qu'ils doivent prendre à l'effet général.

Lorsque les violons avaient le privilège exclusif de

---

(1) *Orchéomaï*, en grec, signifie danser.

se faire entendre au théâtre, l'*orchestre* ne donnant que des sons homogènes pouvait être renforcé ou affaibli à volonté et offrir constamment un tout complet dans son ensemble. Mais quand on eut imaginé d'y introduire les instrumens à vent il fallut nécessairement combiner cet accessoire avec le principal, en distribuer les sons sur tous les degrés de l'échelle, calculer les effets, établir des rapports entre le grave et l'aigu, l'archet et l'embouchure et porter la balance du goût dans les masses harmoniques. Fort de basses et de violons l'*orchestre* faisait déjà retentir les voûtes immenses de nos temples et suffisait à l'exécution de la musique dramatique : il ne s'agissait donc pas d'augmenter sa puissance, mais seulement de varier ses accens au moyen des voix argentines et mélodieuses des hautbois, des flûtes, des cors, etc. Pour rendre leurs charmes plus piquants on eut soin de ne pas les prodiguer. Destinés à brillanter le discours musical et non à le soutenir, les instrumens à vent sont en bien petit nombre en comparaison des violons. Un grand *orchestre* réclamera cent archets et ne leur adjoindra que deux flûtes, deux hautbois, deux clarinettes, etc.

S'il a été reconnu que deux flûtes, deux hautbois, deux clarinettes, etc. fournissent assez de son dans une masse énorme d'harmonie produite par les instrumens à cordes, il est évident que l'équilibre se perd à mesure qu'on réduit le nombre de ces derniers, et qu'il cesse d'exister si l'on n'oppose plus que six maigres violons au fracas des cors, des trompettes et des timbales, et aux sons aigus des hautbois et des flûtes.

Un *orchestre* de théâtre peut tout exécuter avec seize violons, mais on doit regarder le nombre douze comme l'extrême minimum qu'on ne saurait diminuer sans tomber dans une barbare cacophonie.

D'habiles exécutans produiront de l'effet avec peu de moyens. Quatre violons, une viole, un violoncelle, une contrebasse, une flûte, deux hautbois, deux cors, un basson vont former un petit *orchestre* capable de rendre les symphonies de Haydn et de Mozart avec la plus grande perfection. Le flûtiste, le corniste etc., maîtres de leur embouchure et guidés par le sentiment, la doctrine et surtout par l'expérience, ne fourniront juste que le son nécessaire à la masse des violons. Peu importe que l'équilibre ne se trouve pas dans le nombre des virtuoses si leur adresse le fait rencontrer dans les résultats. Depuis le pianissimo jusqu'à l'extrême forté on suit toutes les modifications avec un simple quatuor comme avec un *orchestre* entier. En partant de plus bas on arrive aussi haut, toutes proportions gardées, mais il faut considérer le lieu où l'harmonie doit se faire entendre. Placez ce petit *orchestre* dans un salon, son effet sera ravissant : il va se perdre dans la vaste enceinte d'un théâtre.

Ici la qualité ne saurait suppléer à la quantité et vous aurez besoin de douze violons au moins pour remplir l'espace et soutenir le poids des instrumens à vent. Ceux-ci ne pouvant plus modifier leurs sons avec autant de délicatesse (les mêmes vibrations qui donnent le *piano* dans un salon troubleraient à peine le silence dans un théâtre), comme il faut être entendu, chacun joue à plein-vent, et les faibles violons succombant dans une lutte trop inégale sont écrasés par les clarinettes, les hautbois, les flûtes; et les grosses notes des cors, des trompettes, des trombones, des timbales planant sur les traits des violons, étouffent les mélodies, masquent le dessin musical, en dérobent les contours, et changent les plus brillantes périodes en une suite d'accords plaqués d'un rhythme lourd et bizarre. Le remplissage paraît en première ligne, l'accessoire devient principal dès que celui-ci se laisse dominer, et l'on entend précisément le contraire de ce que le compositeur s'était proposé.

L'*orchestre* du Conservatoire, celui de l'Opéra italien de Paris et celui du théâtre de Munich sont regardés comme les premiers *orchestres* du monde.

L'*orchestre* de l'Académie Royale occupera le même rang quand on voudra changer le système d'exécution qui y règne, et ne plus abreuver de dégoûts les grands artistes qui le composent, en les forçant à exécuter journellement de pitoyables rapsodies qui sont la risée des étrangers et la honte de notre école.

ORCHESTRINO, s. m. (*Voyez* ORPHÉON.)

OREILLE, s. f. Ce mot s'emploie figurément en termes de musique. Avoir de l'*oreille*, c'est avoir l'ouïe sensible, fine et juste; en sorte que, soit pour l'intonation, soit pour la mesure, on soit choqué du moindre défaut, et qu'aussi l'on soit frappé des beautés de l'art quand on les entend. On a l'*oreille* fausse lorsqu'on chante constamment faux, lorsqu'on ne distingue point les intonations fausses des intonations justes, ou lorsqu'on n'est point sensible à la précision de la mesure, qu'on la bat inégale ou à contre-temps.

Ainsi le mot *oreille* se prend toujours pour la finesse de la sensation ou pour le jugement du sens; dans cette acception, le mot *oreille* ne se prend jamais qu'au singulier et avec l'article partitif: *avoir de l'oreille; il a peu d'oreille.*

ORGANISER LE CHANT, v. a. C'était, dans le commencement de l'invention du contre-point, insérer quelques tierces dans une suite de plain-chant à l'unisson: de sorte, par exemple, qu'une partie du chœur chantant ces quatre notes *ut si si ut*, l'autre partie chantait en même temps ces quatre-ci *ut ré ré ut*. *L'organisation* ne se pratiquait guère que sur la note sensible à l'approche de la finale, d'où il suit qu'on n'*organisait* presque jamais que par une tierce mineure. Pour un accord si facile et si peu varié, les chantres qui *organisaient* ne laissaient pas d'être payés plus cher que les autres.

A l'égard de l'*organum triplum* ou *quadruplum*, qui s'appelait aussi *triplum* ou *quadruplum* tout simplement, ce n'était autre chose que le même chant des parties *organisantes* entonné par des hautes-contre à l'octave des basses, et par des dessus à l'octave des ténors.

ORGANISTE, s. des 2. g. Celui ou celle qui joue de l'orgue. Un grand *organiste* n'a pas seulement le talent d'exécuter avec beaucoup de perfection toute la musique qui est propre à cet instrument, mais celui bien plus rare d'improviser tout ce qu'il joue. C'est le musicien des musiciens.

Rameau, d'Aquin, Couperin, Balbâtre, Séjan, Vogel, Nicolo, et bien mieux encore, Mozart, Keller, Bach, Handel, etc., sont des noms fameux dans les fastes de l'orgue.

Autrefois on comptait en France un certain nombre de bons *organistes*. Ils deviennent de jour en jour plus rares, parce qu'on néglige de faire les études qu'un si grand art demande, et que les orages révolutionnaires ayant rendu les orgues muettes pendant vingt-cinq ans, les jeunes musiciens n'ont pas donné leurs soins à un instrument qui paraissait abandonné pour toujours.

Il y a maintenant une classe d'orgue à l'École Royale de musique et de déclamation. Malgré les soins que l'on prend pour former des *organistes* il est bien difficile que l'on y parvienne. Il faut être un foudre de guerre pour réussir sur l'orgue et quand après vingt ans d'études on a atteint le plus haut degré du talent, quand on a été assez heureux pour obtenir la première place d'*organiste* de France, un misérable traitement de cent francs par mois est offert à l'artiste pour prix de ses nobles travaux.

ORGUE, s. m. au sing. et f. au plur. Instrument de musique à vent et à clavier. L'*orgue* est moins un instrument qu'une machine qui en renferme une collection. C'est une sorte d'orchestre mécanique qui est aux ordres de celui qui en connaît le clavier.

L'*orgue* a plusieurs jeux ou registres et un très-grand nombre de tuyaux ; il a un, deux, trois et même quatre claviers, composés de quatre octaves et demie; il y a de plus un clavier de pédales qui contient une ou deux octaves. Le jeu principal que nous nommons vulgairement *bourdon* est en huit pieds, en seize pieds, et même en trente-deux pieds ; l'*orgue* a encore des soufflets, des ventilles, etc., etc.

Ce fut sous le règne de Pépin, père de Charlemagne, que l'on commença à voir des *orgues* en Occident. En 757, l'empereur d'Orient, Constantin Copronyme, en envoya un à ce prince, qui en fit présent à l'Église de S. Corneille de Compiègne. L'usage ne tarda pas à s'en répandre dans toutes les églises de France, d'Italie et d'Angleterre. Cet instrument était alors bien peu étendu puisqu'il était borné au seul jeu de la régale, qui même n'y existe plus ; mais son introduction n'est pas moins remarquable, à raison de l'influence qu'il a exercée sur les progrès de l'art en fournissant des moyens d'exécution jusqu'alors inconnus.

Quoique l'*orgue* ait le même clavier et le même doigter que le piano, un habile pianiste ne pourra se faire entendre sur l'*orgue* qu'après avoir fait une étude particulière de cet instrument, dont les sons se prolongent sous les doigts, tandis que ceux du piano expirent d'eux-mêmes. Il faut d'ailleurs s'accoutumer à remplir la partie grave avec les pieds, la main gauche ne devant servir qu'à fournir aux milieux du dessin harmonique.

Dans les très-grandes comme dans les très-petites

églises, on a de petites *orgues* portatives, avec trois, quatre, cinq, six, ou au plus huit registres; celles-ci n'ont qu'un clavier et point de pédale.

Il serait à désirer que dans le chœur de toutes les églises, il y eût un petit *orgue* d'accompagnement; cet instrument, soutenu d'une contrebasse, produirait une excellente harmonie sur le plain-chant. (*Voy.* Clavier, Jeu, Registre, Soufflet, Tuyaux.)

Orgue a cylindre, est celui qui va par le moyen d'un cylindre, sur lequel on a noté un certain nombre de morceaux de musique avec des pointes. Ces pointes font mouvoir les touches d'un clavier, qui leur est approprié. C'est au moyen d'une manivelle que l'on tourne, que le cylindre se meut et présente successivement, ou plusieurs à la fois, ses pointes aux touches qui répondent aux tuyaux. Les *orgues d'Allemagne*, les *orgues de Barbarie*, dont les chanteurs des rues s'accompagnent, les serinettes, les merlines, sont des *orgues à cylindre*. Lorsque l'on a joué un air avec ces orgues, et que l'on veut en faire entendre un autre, on fait avancer ou reculer le cylindre d'un ou plusieurs degrés, en consultant une table qui porte le nom et le numéro de chaque air, et le cylindre changeant de position, présente aux touches un nouvel arrangement de pointes.

M. de Castellet d'Arles a construit trente-deux cylindres, de quatre pieds de diamètre, et les a adaptés à l'orgue de Saint-Césaire de cette ville. Des versets de toute espèce, des accompagnemens pour les psaumes, les cantiques et les hymnes, des pièces d'offertoire, d'élévation, etc., étaient notés sur ces cylindres, non tels que l'organiste aurait pu les exécuter, mais en grande partition, et avec la variété de discours et de jeux de l'orchestre. Dans les tutti de l'ouverture d'*Iphigénie en Aulide*, on distinguait parfaitement les traits des premiers violons et des hautbois, les arpèges des seconds violons et des violes, la marche de la basse, les tenues des cors, des bassons et des flûtes, les grosses notes des trompettes, des trombones et des timbales. Ce que l'organiste ne rend qu'imparfaitement, puisqu'il ne peut pas donner plus de trois ou quatre parties qui se doublant sur elles-mêmes, présentent des dessins uniformes dans des octaves différentes. Cet orgue a été détruit pendant la révolution.

Le répertoire des *orgues de Barbarie* varie de temps en temps: les personnes qui les promènent de rue en rue, pour le tourment de ceux qui sont condamnés à les entendre, ont soin de faire noter sur leur cylindre les airs nouveaux qui obtiennent le plus de faveur; mais elles semblent avoir contracté un lien indissoluble avec l'ouverture de *la Caravane*, et il est fort heureux pour elles que Grétry l'ait composée.

ORGUE HYDRAULIQUE, celui dont les soufflets, ou les cylindres et les soufflets, sont mis en jeu par le moyen de l'eau.

Comme l'humidité est extrêmement nuisible aux orgues, ce moyen n'est plus employé.

ORPHÉE était fils d'Æagre, roi de Thrace, et de la

Muse Calliope, père de Musée, et disciple de Linus. D'autres l'ont dit fils d'Apollon. Il avait cultivé un des premiers la cithare : pour prouver combien il excellait dans cet art, on publia qu'il l'avait reçue d'Apollon ou de Mercure, et qu'il avait ajouté deux cordes aux sept premières. On lui attribuait aussi l'invention du vers hexamètre. L'union de la poésie, de la musique avec les sciences les plus sublimes de ce temps, fit d'*Orphée*, non-seulement un philosophe, mais aussi un grand théologien.

Orphée perdit sa jeune compagne Eurydice, qu'un serpent caché sous des fleurs avait mordue; il en fut inconsolable, et par un dévouement de l'amour conjugal, il osa pénétrer dans les enfers. Les sons de sa lyre attendrirent les démons; Proserpine et Pluton lui permirent de ramener Eurydice sur la terre, à condition qu'il ne la regarderait pas qu'il n'y fût parvenu. *Orphée* promit, mais il ne put résister au désir de revoir plus tôt son épouse chérie, il la regarda, elle s'évanouit, et il la perdit pour jamais. Cette fable est le sujet d'un superbe épisode des Géorgiques de Virgile, d'un opéra sublime de Gluck, et d'un grand nombre de beaux tableaux.

Quelques auteurs font périr *Orphée* d'un coup de foudre, en punition d'avoir révélé à des profanes les mystères les plus secrets. Suivant une autre tradition, les femmes de Thrace, irritées de ce que leurs maris les abandonnaient pour le suivre, lui dressèrent des embûches, et malgré la crainte qui les retint pendant quelque temps, elles le firent mourir.

Les poésies d'*Orphée* étaient fort courtes et en petit nombre. Les Lycomides, famille athénienne, les savaient par cœur, et les chantaient en célébrant leurs mystères. Ces hymnes le cédaient pour l'élégance à ceux d'Homère; cependant la religion ayant adopté les premiers, n'a pas fait le même honneur aux derniers; au reste, nous n'avons plus aucun ouvrage de cet ancien poëte. On disait, pour faire connaître l'étendue de son talent, que les sons de sa lyre attiraient autour de lui les bêtes les plus farouches, qui venaient le caresser.

Dicitur lenire tigres rabidosque leones.

Une urne de marbre, posée sur une colonne, tel était le tombeau d'*Orphée;* il était en Macédoine près de la ville de Dion. Les Thraces disaient que les rossignols qui avaient leurs nids près du lieu où était ce monument, chantaient avec plus de mélodie et plus de force que tous les autres.

Plusieurs pierres gravées représentent *Orphée*, jouant de la lyre, et entouré de divers animaux. Celles où on lui a donné un violon au lieu d'une lyre, ne sauraient être antiques.

Amphion et Linus tiennent le premier rang parmi les musiciens des temps fabuleux.

ORPHÉON, s. m. Instrument de musique monté avec des cordes de boyau, que l'on fait parler au moyen d'un clavier, et d'une roue qui porte un archet: il a la forme d'un très-petit piano. Ce même instrument, perfectionné par M. Poulleau, a été appelé *orchestrino*, petit orchestre.

Ouvert. (*Voyez* TUYAUX.)

Ouverts. (*Voyez* TONS OUVERTS.)

Ouverture, s. f. Symphonie éclatante, passionnée, imposante, harmonieuse, qui sert de début aux opéras et aux ballets.

Quelques musiciens se sont imaginé bien saisir les rapports qui existent entre l'ordonnance d'une *ouverture*, et celle du corps entier de l'ouvrage, en rassemblant d'avance dans l'*ouverture* tous les caractères exprimés dans la pièce, comme s'ils voulaient exprimer deux fois la même action, et que ce qui est à venir fût déjà passé. Ce n'est pas cela : l'*ouverture* la mieux entendue est celle qui dispose tellement les cœurs des spectateurs, qu'ils s'ouvrent sans effort à l'intérêt qu'on veut leur donner dès le commencement de la pièce. Voilà le véritable effet d'une bonne *ouverture*, voilà le plan sur lequel il la faut traiter.

L'*ouverture* doit se conformer au drame d'une manière générale, et se lier surtout aux premières scènes qui la suivent immédiatement, sans recourir à des imitations mesquines, à des images énigmatiques qui ne tendent qu'à montrer l'impuissance de l'art, et le mauvais goût de l'artiste. L'*ouverture* fera connaître d'abord le caractère de l'opéra qu'elle précède, et donnera ensuite des pressentimens sur la nature des événemens, la violence des passions qui doivent occuper la scène, et quelquefois même sur les personnages, le lieu et le temps où se passe l'action. Ainsi, les *ouvertures* d'*Iphigénie en Aulide* et de *la Clémence de Titus*, nous disposent à une action vive, intéressante, et d'une grande noblesse. Celles de *Démophoon* et de *Montano* nous donnent l'expression du délire impétueux des passions. Nous trouverons la majesté patriarchale, la solennité religieuse, dans l'*ouverture* de *Joseph;* celle de *Jean de Paris* a la couleur chevaleresque; celle de *Don Juan*, quelque chose de bizarre et de fantastique qui convient bien au drame qu'elle précède; celles des *Noces de Figaro* et du *Mariage Secret* sont pleines d'esprit, d'enjouement et de beautés harmoniques; on ne saurait préluder d'une manière plus brillante aux jeux d'Euterpe et de Thalie.

L'*ouverture* d'*Henri IV* annonce une bataille; le pizzicato placé dans celle de *l'Amant Jaloux*, fait prévoir la sérénade qui noue si bien l'intrigue à la fin du second acte. Les *ouvertures* de *Richard*, de *Barbe Bleue*, du *Château de Monténéro*, rappellent le bon vieux temps; celles de l'*Épreuve Villageoise* et de *Joconde* nous conduisent dans un hameau riant; et celles des *Bayadères* et de *Gulistan* nous transportent aux Indes et à Samarcande.

Un allégro de symphonie, rapide, brillant ou passionné, succédant à une courte introduction d'un mouvement grave, telle est la coupe généralement adoptée pour les *ouvertures*. Gluck en a donné le premier modèle dans son merveilleux chef-d'œuvre, et les compositeurs de toutes les nations l'ont suivi.

Dans le style comique, on débute le plus souvent par l'allégro sans aucune préparation, comme on peut en faire l'observation dans les *ouvertures* de *Panurge*, des *Noces de Figaro*, *d'une Folie*.

Presque toutes les *ouvertures* sont écrites dans le ton de *ré*, qui est très-éclatant, et propre aux grands effets d'orchestre. (*Voyez* INTRODUCTION, MUSIQUE MILITAIRE, TON.)

P.

P, par abréviation, signifie *piano*, c'est-à-dire *doux*.

PP, signifie *pianissimo*, c'est-à-dire *très-doux*.

PANDORE, s. f. Instrument de musique à cordes, de la famille du luth, mais dont le chevalet était oblique, ce qui rendait les cordes inégales dans leur longueur. Le dos de cet instrument était plat comme celui de la guitare. La *pandore* a été délaissée depuis long-temps comme le luth et le théorbe.

PANTALON, s. m. Instrument de musique de l'espèce du tympanon, mais beaucoup plus grand, puisqu'il a près de quatre pieds de large. Le *pantalon* est garni d'un grand nombre de cordes d'acier, que l'on touche avec deux petites baguettes de bois. Albrechts Berger nous dit que c'est un instrument superbe, mais très-rare.

PAPIER RÉGLÉ. On appelle ainsi le *papier* préparé, avec les portées toutes tracées, pour y noter la musique.

Il y a du *papier réglé* de deux espèces, savoir : celui dont le format est plus long que large, et que l'on appelle *papier réglé à la française*; et celui dont le format est plus large que long ; ce dernier est le seul dont on se serve en Italie, et on le désigne comme étant *réglé à l'italienne*.

On se sert de l'un ou de l'autre, selon le nombre des portées que demande la musique que l'on a à écrire. On préfère le *papier à la française*, pour les parties séparées, attendu qu'il tient moins de place sur le pupitre. On emploie celui *à l'italienne*, pour de petites partitions, des fragmens d'opéras, des airs avec accompagnement de piano ou de guitare.

PARFAIT, adj. Ce mot, dans la musique, a plusieurs sens; joint au mot *accord*, il signifie un accord qui comprend toutes les consonnances sans aucune dissonance; joint au mot *cadence*, il exprime celle qui porte la note sensible, et de la dominante tombe sur la finale; joint au mot *consonnance*, il désigne un intervalle juste et déterminé, qui ne peut être altéré sans cesser d'être consonnant; ainsi l'octave et la quinte sont des consonnances *parfaites*, et ce sont les seules. Joint au mot *mode*, il marquait dans l'ancienne musique la mesure à trois temps.

PARODIE, s. f. Air de chant sur lequel on a mis de nouvelles paroles, ou morceau de symphonie, dont on a fait un air chantant, en y ajustant des paroles. Dans la musique composée sur le poëme original, le chant est fait sur les paroles, et dans la *parodie*, les paroles sont faites sur le chant.

PARODIER, v. a. C'est ajuster à un air de chant, de nouvelles paroles dont le sens n'a souvent pas le moindre rapport avec celles qu'il avait d'abord. Il suffit que le parodiste se conforme au caractère des morceaux de musique, et s'applique surtout à calquer son dessin sur celui du musicien, pour qu'il y ait une parfaite concordance dans les images.

O toi qui des Hébreux,   trio de l'oratorio de *Saül.*
Suis-je assez malheureux ?   air des *Noces de Figaro.*
Quel plaisir d'être en voyage.   air de *Jean de Paris.*

ont été *parodiés* sur la musique de

O salutaris hostia !   de Gossec.
Aprite un pò que gl' occhi,   air des *Noces de Figaro.*
Chassez de votre cœur,   air de *Télémaque.* (Boïeldieu.)

Marmontel a souvent aidé Grétry pour faire reparaître dans de nouveaux opéras de bons airs qui appartenaient à d'autres compositions oubliées ou restées en portefeuille; Quinault rendait le même service à Lulli, en transformant en air de chant ses chaconnes, et ses passepieds.

Les paroles primitives n'étant comptées pour rien dans une parodie, on peut donc *parodier* les airs de symphonie comme ceux de chant. Il faut pour cela connaître assez le mécanisme de la phrase musicale, pour l'analyser à l'instant, et choisir le mètre lyrique, les césures, et les cadences qui lui conviennent. L'homme exercé à ce genre de travail, ne trouve pas plus de difficulté à ajuster des paroles sur un quatuor de Haydn, sur l'ouverture de *Démophoon,* que de *parodier* les airs de *la Pipe de tabac,* ou de *Femmes, voulez-vous éprouver,* dont les timbres sont connus, et qui portent huit vers de huit syllabes à rimes mêlées, et dans un ordre différent. Les motifs exécutés par les instrumens ont la même coupe et le même dessin que ceux destinés aux parties vocales, puisque le chanteur répète quelquefois les mélodies que la flûte ou le hautbois viennent de faire entendre, et les repos de la phrase musicale sont plus rapprochés que ceux des vers alexandrins. Les auteurs de vaudevilles ont mis des paroles à un grand nombre d'airs de danse d'*Armide*, de *Chimène*, etc., à des marches et à des fragmens d'ouvertures et de symphonies. Le morceau le plus parfait en ce genre est la chanson suivante, que Favart a *parodiée* sur le menuet d'Exaudet.

    Cet étang
    Qui s'étend
    Dans la plaine,
  Répète, au sein de ses eaux,
  Ces verdoyans ormeaux,
  Où le pampre s'enchaîne.
    Un ciel pur,
    Un azur
    Sans nuages
  Vivement s'y réfléchit,
  Le tableau s'enrichit
    D'images.

Mais tandis que l'on admire
Cette onde où le ciel se mire,
    Un zéphir
    Vient ternir
    Sa surface :
D'un souffle il confond les traits ;
  L'éclat de tant d'objets
    S'efface.

> Un désir,
> Un soupir,
> O ma fille !
> Peut ainsi troubler un cœur
> Où règne le bonheur,
> Où la sagesse brille :
> Le repos,
> Sur les eaux,
> Peut renaître ;
> Mais il s'enfuit sans retour
> Dans un cœur dont l'amour
> Est maître.

PAROLES, s. f. plur. C'est le nom que l'on donne au poëme petit ou grand, drame ou chanson, que le compositeur met en musique. (*Voyez* POEME.)

PARTIE, s. f. La musique étant une langue où plusieurs discours peuvent se faire entendre à la fois, non-seulement sans se nuire, mais en se servant mutuellement, s'ils ont été disposés d'après les règles de l'art ; il s'ensuit que chacun de ces discours n'est pas un tout, mais la portion d'un grand tout, qui se forme de leur réunion. De là vient le nom de *partie*, donnée à chacune des portions de ce tout, et qui est elle-même un tout plus ou moins complet, selon l'importance de la *partie*, et selon la manière dont elle est conçue.

La *partie* principale s'établit généralement dans les sons les plus aigus du système musical, parce que ces sons plus perçans, et par-là plus faciles à distinguer, sont aussi ceux qui peuvent être entendus en plus grande quantité, et plus long-temps sans fatigue et sans ennui. Il existe deux *parties* principales, la plus aiguë et la plus grave.

Le dessus et la basse sont les deux principaux objets de la sollicitude du compositeur.

La basse est en quelque sorte la racine, et le dessus la fleur de la tige harmonique.

Le dessus doit généralement être en harmonie avec la basse, mais ce n'est souvent qu'à l'aide d'une *partie* intermédiaire qu'il s'accorde avec elle.

Dans le style sévère on écrit à neuf, et jusqu'à vingt et trente *parties* toutes différentes. Mais dans la musique d'orchestre, on en compte rarement plus de quatre qui se multiplient, en se doublant les unes les autres, avec des changemens qui portent seulement sur la valeur des notes et les dessins mélodiques.

Il y a des *parties* qui ne doivent être chantées que par une seule voix, ou jouées que par un seul instrument, et celles-là s'appellent *parties récitantes*. D'autres *parties* s'exécutent par plusieurs personnes, chantant ou jouant à l'unisson, et on les appelle *parties d'orchestre* ou *parties de chœur*.

On appelle encore *partie*, le papier sur lequel est écrite la *partie* séparée de chaque musicien : plusieurs jouent ou chantent sur le même papier.

PARTIE, s. f. Portion d'un grand morceau d'une sonate, d'un concerto, d'une symphonie, d'une ouverture, d'un air, d'un chœur, etc.

Tout morceau de musique régulier se divise en deux *parties*; dans la sonate, le duo, le trio, le quatuor, le quintette, le sextuor instrumental, cette division est marquée par des reprises. La première *partie* du grand morceau d'une sonate, d'un quatuor, etc., s'exécute deux fois; on répète rarement la seconde *partie*, quoiqu'elle soit aussi précédée et suivie par le signe qui marque la reprise.

Les deux *parties* dont se forme le grand morceau d'un air, d'un chœur, d'une ouverture, d'un concerto, ne sont point séparées l'une de l'autre, attendu que ces compositions doivent s'exécuter sans interruption et sans répétition, à moins qu'elles ne soient dessinées en rondeau. Mais la cadence sur la dominante ou le relatif indique la fin de la première *partie*, et la seconde commence immédiatement après ce grand repos. Elle s'ouvre assez ordinairement par diverses modulations et des recherches harmoniques: les motifs déjà présentés y reparaissent sous des formes plus resserrées et avec une plus riche parure. Dans la seconde *partie* d'un morceau, le compositeur doit déployer les connaissances acquises, et prouver qu'il sait tirer parti de ses motifs: c'est sur la manière dont il l'aura traitée qu'il sera jugé. Tel qui s'est montré avec avantage dans la première, échoue complétement dans celle-ci: l'une peut être produite par l'imagination seule, l'autre exige la réunion du génie au talent.

La seconde *partie* de l'ouverture de *la Flûte enchantée* est d'une beauté ravissante; celle de l'ouverture des *Noces de Figaro* est peut-être trop simple et trop peu développée.

Partimenti, s. m. plur.; au sing. *partimento*. On désigne, par ce mot italien, des basses disposées de manière à amener toutes sortes de marches d'harmonie, et sur lesquelles sont posés les chiffres et les signes qui indiquent les accords qu'elles doivent porter. Les *partimenti* sont écrits par les maîtres, pour servir de canevas aux élèves qui en remplissent l'harmonie, ou d'exercices d'accompagnement, pour leur apprendre à lire couramment les basses chiffrées, et les familiariser avec les signes qui représentent les accords et les diverses faces sous lesquelles ils peuvent s'offrir aux yeux de l'accompagnateur.

Fenaroli, Sala, Cotumacci, etc., ont composé de très-belles suites de *partimenti*, dont M. Choron a enrichi son excellent *Traité de Composition*.

Partition, s. f. Collection de toutes les parties d'une pièce de musique, où l'on voit, par la réunion des portées correspondantes, l'harmonie qu'elles forment entre elles. On écrit, pour cela, toutes les parties, portée à portée, l'une au-dessous de l'autre, avec leurs clefs, de manière que chaque mesure d'une portée soit placée perpendiculairement au-dessus ou au-dessous de la mesure correspondante des autres parties, et enfermée dans les mêmes barres prolongées de l'une à l'autre, afin qu'on puisse voir d'un coup d'œil tout ce qui doit s'entendre à la fois.

Quelque ordre que l'on donne aux parties dans une *partition*, celle de la basse doit être au-dessous de tout, et celle du chant vocal immédiatement au-dessus de celle de la basse et de celle de violoncelle, s'il y en a une pour cet instrument. Plusieurs compositeurs placent les parties de violon en tête d'une *partition*, les Italiens y mettent les cors et les trompettes. Voici l'ordre qui me paraît le plus favorable pour le maître de musique et l'accompagnateur.

    Flûtes,
    Hautbois,
    Clarinettes,
    Trompettes,
    Cors,
    Bassons,
    Trombones,
    Timbales,
    Tambour et Cymbales,
    Triangle,
    Beffroi,
    1ers Violons,
    2mes Violons,
    Violes,
    Dessus,
    2e *Dessus,*
    Contralte,
    Ténor,
    Bariton,
    Basse,
    Violoncelles,
    Contrebasses.

En disposant une *partition* de cette manière, le

quatuor de violons, fondement de l'orchestre, embrasse étroitement les parties vocales, et présente au bas de la page, dans le lieu le plus rapproché de l'œil, les objets du plus grand intérêt. Les parties des flûtes, dont les notes s'élèvent toujours au-dessus des lignes, ne sauraient être mieux placées qu'en tête de la *partition*; les autres instrumens à vent leur succèdent dans l'ordre de leurs diapasons : les timbales et les autres instrumens de percussion, qui viennent les réunir aux violons, sont précisément ceux dont les parties, peu chargées et souvent vides, laissent un intervalle qui sépare, en quelque sorte, le groupe des instrumens à cordes de celui des instrumens à vent.

En écrivant une *partition*, et même en la gravant, il est essentiel de faire usage des abréviations pour la notation de la musique, afin de ne pas attirer inutilement l'œil sur diverses parties qui marchent à l'unisson. Il est fort inutile d'écrire tout au long la partie de second violon, si elle reproduit exactement à l'unisson ou à l'octave, les périodes dont l'exécution est confiée au premier.

La diversité des clefs est un moyen excellent pour donner de la clarté à une *partition*. Les clefs d'*ut* signalent le basson et la viole; les clefs de *sol* sans dièses ni bémols, indiquent sur-le-champ les parties des cors et des trompettes. Les voix se trouvent classées selon leurs diapasons, et l'œil ne les confond jamais, grâce à la physionomie particulière de chaque clef. Ceux qui ont voulu réduire le nombre des clefs, ne songeaient point sans doute aux difficultés que l'uniformité de ces signes aurait fait naître. Donner la même figure à vingt parties diverses, c'est le moyen de n'en distinguer aucune. Parmi les différens projets mis en avant par les novateurs, celui de supprimer cinq ou six des sept clefs adoptées, doit être regardé comme le plus extravagant.

La *partition* réunit en faisceau les forces vocales et instrumentales, tout est classé avec ordre, et chaque partie suit parallèlement celles qui concertent avec elle. Le chef d'orchestre embrasse tout d'un coup d'œil, et s'attache particulièrement aux voix et aux instrumens qui récitent. Sans ce précieux secours, on ne peut exécuter la musique de théâtre, les symphonies, les messes, les cantates, les oratorios. La *partition* est le contrôle qui fait connaître les fautes du copiste ou de l'exécutant, décèle les coupables, et motive les corrections ou les réprimandes.

On réunit quelquefois les parties principales à celle du premier violon, quand c'est un violoniste qui dirige l'orchestre.

Pour la commodité des exécutans, on note la basse en *partition* avec les parties vocales. Les deux parties d'un duo chantant s'écrivent en *partition* dans chaque partie séparée; et dans les parties d'orchestre on a soin, pour les récitatifs, de noter toujours la partie vocale en *partition* avec celle de l'instrument, afin que, dans ces alternatives de récitatif et de symphonie mesurée, l'exécutant attaque avec précision les traits qui lui sont confiés.

La *partition* d'un morceau destiné à un orchestre

militaire, présente un aspect singulier; il faut être très-exercé pour la lire couramment, à cause du système d'accord qui est différent pour la plupart des instrumens qui doivent l'exécuter, par exemple:

Dans une marche en *mi* ♭,

Les flûtes jouent en *ré* majeur deux ♯ à la clef.

La petite clarinette joue en *ut*, rien à la clef.

Les grandes clarinettes jouent en *fa*, un ♭ à la clef.

Les trompettes et les cors jouent en *ut*.

Les bassons et les trombones jouent en *mi* ♭, trois ♭ à la clef.

C'est par la lecture des *partitions* des grands maîtres, qu'un jeune compositeur doit terminer ses études musicales; elles lui apprendront tout ce que l'on ne peut enseigner à l'école, et lui formeront le style et le goût. Quelle jouissance que cette lecture, pour celui qui parvient peu à peu à la saisir! et quel plaisir plus grand pour celui qui est tellement familiarisé avec cette opération, qu'elle est plus facile pour lui, qu'il ne l'est aux musiciens ordinaires de lire une seule partie; car, non-seulement alors on embrasse toute la *partition* d'un coup d'œil, mais on en sent tellement les effets, qu'aucune exécution ne peut être aussi parfaite que le sentiment intime qu'on s'en procure.

PARTITION, s. f. Est encore chez les facteurs d'orgues et de pianos, une règle pour accorder l'instrument, en commençant par une corde ou tuyau de chaque touche, dans l'étendue d'une onzième prise vers le milieu du clavier, et sur cette onzième ou *partition* l'on accorde, après, tout le reste. Voici comment il faut s'y prendre pour former la *partition*.

Après avoir accordé sur le diapason le quatrième *la* du piano, compté du grave à l'aigu, vous descendez à l'*ut*, qui se trouve immédiatement au-dessous, et vous mettez cette note en rapport avec ce *la* sa sixte majeure. Vous partez ensuite de l'*ut*, sur lequel vous accordez le *sol*, quinte aiguë de cet *ut*. Du *sol* vous descendez sur le *ré*, quarte du même *sol*. De *ré* vous montez au *la*, quinte aiguë du même *ré*. Du *la* vous descendez sur le *mi*, quarte de ce *la*, et ainsi de suite, *mi si*, *si fa* ♯, *fa* ♯ *ut* ♯, *ut* ♯ *sol* ♯ (*la* ♭), *la* ♭ *mi* ♭, *mi* ♭ *si* ♭, *si* ♭ *fa* ♮, *fa ut* ♮ ; après avoir accordé cet *ut*, vous le faites sonner avec son octave basse qui est votre point de départ : s'il est parfaitement d'accord avec elle, la *partition* est bonne, et vous accordez le reste du clavier par octaves en montant et en descendant.

On voit que la *partition* n'est qu'une suite de quintes, auxquelles les quartes intermédiaires servent de point d'appui. Si l'on faisait toutes ces quintes justes, il y aurait surabondance, et les octaves seraient trop élevées ; il faut donc y remédier par le tempérament, en affaiblissant tant soit peu les trois ou quatre premières quintes, et l'on obtiendra un bon accord. (*Voy*. Tempérament.)

Pas de deux, danse exécutée par deux danseurs. C'est le duo de la danse. Le pas russe est un *pas de deux*.

PAS DE HACHE. On donne ce nom à une danse fortement caractérisée, à cette espèce de pyrrhique moderne, qui est exécutée par une troupe de soldats, de Scythes, de Sauvages, de Cyclopes ou de Bacchantes, armés de toutes pièces ou couverts de peaux de bêtes, et tenant des haches, des massues ou des thyrses à la main. Les airs des *pas de hache* sont rhythmés avec force et d'un caractère fier, martial ou sauvage; on les accompagne d'instrumens de percussion, tels que timbales, tambours, cymbales, triangle, tambours de basque, dont les frappemens rhythmiques, les vibrations argentines, donnent l'éclat le plus brillant à ces compositions.

Les danses des soldats romains dans *la Vestale*, celles des Scythes dans *Iphigénie en Tauride*, l'entrée des Africains dans *Sémiramis*, la bacchanale des *Danaïdes*, sont des *pas de hache*.

PAS DE TROIS, danse exécutée par trois danseurs. C'est le trio de la danse. La gavotte d'*Armide* est un *pas de trois*, dansé par un homme et deux femmes.

PAS DOUBLE. (*Voyez* MARCHE.)

PAS-REDOUBLÉ (*Voyez* MARCHE.)

PAS SEUL, danse exécutée par un seul danseur. C'est le solo de la danse.

PASSACAILLE, s. f. Espèce de chaconne, dont le chant était plus tendre et le mouvement plus lent que dans les chaconnes ordinaires. Cet air de danse, que l'on retrouve encore dans les opéras de Gluck, n'est plus en usage.

Passage, s. m. Ornement que l'on ajoute à un trait de chant. On appelle encore ainsi chaque portion d'un morceau qui présente un sens. On dit : Ce *passage est joli, ce trait est charmant. Trait* et *passage*, ont une sorte de synonymie en ce cas.

Maintenant qu'on a généralement plus d'inspiration et de goût qu'autrefois, parce qu'on est plus et mieux exercé, les instrumentistes et les chanteurs qui ont du mérite, brodent ordinairement les *passages* qui se répètent pour éviter les redites et la monotonie, et faire connaître leur imagination et leur goût.

Passage (Notes de) les *notes de passage* sont ainsi appelées, attendu qu'en remplissant les intervalles qui se trouvent entre des notes qui procèdent par degrés disjoints, elles servent de point d'appui, de liaison pour *passer* plus aisément de l'une à l'autre. Elles donnent les moyens de varier la mélodie par des suites de notes, des roulades composées alternativement des notes de l'accord, et de celles qui les séparent. De là vient que cette roulade ou tout autre trait de chant, est désigné par le nom de *passage*.

Je suppose que les notes de la mélodie soient *ut mi sol si* ♭, elles marchent par degrés disjoints; mais en les liant chacune avec la note de l'échelle qui la suit immédiatement, ou *passera* de l'une à l'autre d'une manière agréable à l'oreille, et l'on formera le *passage ut ré mi fa sol la si* ♭.

Les *notes de passage* s'emploient au temps faible de la mesure, ou à la partie faible du temps.

Elles sont étrangères aux accords sur lesquels elles ne font que glisser, sans s'identifier avec eux.

Elles servent à remplir le vide d'un intervalle de tierce, de quarte, de quinte, etc.

Elles doivent toujours avoir une marche diatonique, c'est-à-dire qu'elles doivent marcher par degrés conjoints, soit en montant, soit en descendant.

La règle qui défend de faire deux quartes, deux quintes, ou deux octaves, de suite, est applicable aux *notes de passage*, comme si elles faisaient partie de l'harmonie. (*Fig.* 33.)

PASSEPIED, s. m. Air d'une danse de même nom, dont la mesure était à trois temps. Cet air n'est plus en usage.

PASTICHE, s. m. (*Voyez* CENTON.)

PASTORALE, s. f., opéra champêtre dont les personnages sont des bergers, et dont la musique doit être assortie à la simplicité de goût et de mœurs qu'on leur suppose. La *pastorale* ne sera pas indigne de nos premiers théâtres lyriques, si l'on sait l'écrire avec une élégante simplicité; composer une *pastorale*, dans le style des airs champêtres que l'on admire dans *Don Juan*, n'est pas chose facile. Toutes nos opérettes seraient reléguées dans la poudre des bibliothèques, si l'on voulait se persuader une fois pour toutes, que la niaiserie n'est pas la naïveté; et si l'on avait assez de jugement et de goût pour ne pas appeler simple ce qui est pauvre, et familier ce qui est ignoble, plat et trivial.

Une *pastorale* est aussi un morceau de musique instrumentale, dont le chant imite celui des bergers, en a la douceur, la tendresse, le naturel, et nous rappelle les effets de leurs instrumens rustiques, tels que la musette, le chalumeau, le hautbois.

Le troisième concerto de piano de Steibelt est terminé par une *pastorale* dont le sujet est une danse villageoise interrompue par un orage. Ce morceau plein d'esprit et de verve a eu le plus grand succès. L'ouverture de *Joconde* débute par une *pastorale* d'une naïveté charmante.

PATHÉTIQUE, adj. Genre de musique dramatique et théâtrale, qui tend à peindre et à émouvoir les grandes passions, et plus particulièrement la douleur et la tristesse.

PATE A RÉGLER, s. f. On appelle ainsi un petit instrument de cuivre, composé de cinq petites rainures également espacées, attachées à un manche commun, par lesquelles on trace à la fois sur le papier, et le long d'une règle, cinq lignes parallèles qui forment une portée.

On a des *pates* à deux, à quatre, à six, à dix portées; il y en a même qui en contiennent seize et vingt et servent ainsi à régler une page entière d'un seul coup.

Les graveurs se servent d'une *pate* de fer pour régler les planches d'étain; ils l'appellent *tire-ligne*.

Brossard donne le nom de *rostrum* à la pate.

PAUSE, s. f. Intervalle de temps qui, dans l'exécution, doit se passer en silence par la partie où la *pause* est marquée.

Le nom de *pause* peut s'appliquer à des silences de différentes durées, mais communément il s'entend d'une mesure pleine. Cette *pause* se marque par un trait très court mais fortement marqué, qui longe la quatrième ligne de la portée et dont l'épaisseur prend la moitié de l'espace compris entre cette ligne et celle qui est immédiatement au-dessous. Quand on a plusieurs *pauses* à marquer on barre la mesure avec un trait horizontal ou incliné de droite à gauche et l'on met au-dessus et en chiffres le nombre des *pauses* à compter.

A l'égard de la *demi-pause*, qui vaut une blanche ou la moitié d'une mesure à quatre temps, elle se marque comme la *pause* entière, avec cette différence que la *pause* tient à la quatrième ligne par le haut, et que la *demi-pause* tient à la troisième par le bas.

Il faut remarquer que la *pause* vaut toujours une mesure juste, dans quelque mesure qu'on soit; au lieu que la *demi-pause* a une valeur fixe et invariable : de sorte que, dans toute mesure qui vaut plus ou moins d'une ronde ou de deux blanches, on ne doit point se servir de la *demi-pause* pour marquer une demi-mesure, mais des autres silences qui en expriment la juste valeur. (*Fig.* 51.)

PAVANE, s. f. Air d'une danse ancienne du même

nom, laquelle depuis long-temps n'est plus en usage. Ce nom de *pavane* lui fut donné parce que les figurans faisaient, en se regardant, une espèce de roue à la manière des paons. L'homme se servait, pour cette roue, de sa cape et de son épée qu'il gardait dans cette danse; et c'est par allusion à la vanité de cette attitude qu'on a fait le verbe réciproque, *se pavaner*.

PAVILLON, s. m. C'est la partie évasée en forme d'entonnoir qui termine certains instrumens à vent, tels que le cor, la trompette, le trombone, le hautbois, la clarinette.

PAVILLON CHINOIS. Instrument de musique de percussion. C'est, dans sa forme, une espèce de chapeau de laiton, terminé en pointe, et garni de plusieurs rangs de clochettes. Le *pavillon chinois* est fixé sur une tige de fer au moyen d'une coulisse. Celui qui veut en jouer le tient d'une main par cette tige, et lui donne avec l'autre un mouvement de rotation sur lui-même; ou bien il le secoue fortement en cadence, de manière que toutes les clochettes frappent ensemble sur le temps fort de la mesure.

Le *pavillon chinois* nous vient de la Chine. On l'emploie avec succès dans la musique militaire.

PÉDALE, s. f. On appelle ainsi chaque touche du clavier des pieds que l'orgue contient. On dit *le clavier des pédales*; ce clavier se compose d'une ou de deux octaves.

On nomme aussi *pédales* les jeux qui répondent à

ce clavier. *Pédale de bombarde, pédales de huit, de seize pieds.*

Pédales se dit aussi des petits leviers qui font mouvoir la mécanique de la harpe et de ceux qui servent à modifier le son du piano. Ces divers leviers ont été nommés *pédales*, parce que ce sont les pieds qui les font agir.

Dans la harpe, les *pédales* figurent à côté de la cuvette. Il y en a quatre à droite pour le pied droit, et trois à gauche pour le pied gauche. Les crans pratiqués autour de la cuvette servent à fixer les *pédales* quand on veut les accrocher.

Il y a des harpes qui ont une quatrième *pédale* pour le pied gauche, laquelle sert à ouvrir de petites portes ou volets placés en dedans et le long du dos de l'instrument : on l'appelle *pédale de la soupape*. Les harpes ouvertes par derrière, sans volets, n'ont pas de *pédale* de cette espèce.

Une *pédale* fait mouvoir tous les sabots qui appartiennent aux mêmes octaves : ainsi la *pédale* du *la* augmente d'un demi-ton tous les *la* qui sont sur la harpe; ainsi des autres.

Accrocher la pédale, c'est la fixer dans un des crans de la cuvette, afin que la note à laquelle elle correspond soit augmentée d'un demi-ton pendant un certain temps, et même pendant l'exécution de tout le morceau.

Les *pédales* du piano sont au nombre de quatre. On les désigne de la manière suivante, savoir :

La première à gauche se nomme *sourdine*, attendu

qu'elle produit l'effet d'une sourdine. En pressant cette *pédale* on imite, sur le piano, le son du luth ou de la harpe.

La seconde lève les étouffoirs, et fournit le moyen de prolonger les sons.

La troisième fait avancer des languettes de peau de buffle entre les cordes et les marteaux; et, par ce moyen, rend les sons plus doux et plus flatteurs : c'est ce qui a fait donner à cette *pédale* le nom de *céleste*, et à ses résultats celui de *jeu céleste*.

La quatrième porte auprès des cordes une réglette couverte d'un papier ou d'un morceau d'étoffe, laquelle vibrant contre les cordes, fait que l'on imite sur le piano le jeu du basson.

La cinquième enfin, qui ne se rencontre que très-rarement, met en jeu un tambour de basque et des clochettes; on l'appelle *pédale de la musique militaire*.

PÉDALE, est un son prolongé à la basse, sur lequel on fait passer des accords qui lui sont étrangers, mais qui, de temps en temps, doivent contenir la note prolongée, sans quoi l'effet de la *pédale* serait désagréable.

La *pédale* se fait sur la tonique et sur la dominante.

La *pédale* de tonique reçoit plus particulièrement l'accord de 7e dominante, de 7e de sensible et de 7e diminuée, par la raison que tous ces accords faisant leur résolution sur la tonique, le son de la *pédale* se trouve souvent faire partie de l'harmonie.

On peut moduler sur la *pédale*, en la considérant tantôt comme tonique, et tantôt comme dominante.

La *pédale* sur la dominante reçoit toutes les marches consonnantes et dissonantes : elle doit commencer par le repos à la dominante, et finir par la cadence parfaite, ou par le repos à la dominante.

La *pédale* se fait à la partie la plus grave, et l'harmonie placée au-dessus doit s'en éloigner le plus possible.

Cependant il est des cas où une *pédale* peut être transportée au milieu de l'harmonie, et même à l'aigu, pourvu que le son prolongé fasse partie de l'accord suivant.

Quand une *pédale* intérieure ou à l'aigu forme un intervalle de seconde ou de septième avec une des notes de l'accord, cette note ne doit pas se réunir au son de la *pédale* par l'unisson ni par l'octave, mais elle doit s'en séparer par un intervalle consonnant.

Nous indiquerons trois exemples des différentes *pédales* dans les œuvres de M. Chérubini. *Pédale à la basse* dans l'*Agnus Dei* de sa messe à trois voix; *pédale intérieure* dans le début du finale des *Deux Journées*; *pédale à l'aigu* dans le finale du premier acte d'*Elisa* : cette *pédale* est soutenue par la cloche et les cors.

Ce mot de *pédale* vient de ce que, dans l'orgue, c'est la *pédale* qui tient la note prolongée, tandis que les deux mains font entendre des chants diversement figurés.

PERCUSSION, s. f. Choc de la dissonance frappant

sur le premier temps de la mesure. On distingue, dans l'emploi de la dissonance au temps fort, trois circonstances remarquables. savoir : la préparation, la *percussion* et la résolution.

Percussion (Instrumens de). (*V.* Instrumens.)

Perdendo si, en se perdant. Quand ce mot est écrit sous un passage de musique, on doit l'exécuter en faisant succéder le pianissimo au piano avec une gradation insensible, et laisser évaporer le son peu à peu, de manière à finir par n'être plus entendu; car c'est là le véritable sens de ces mots : *Perdendo si.*

Perfidia, *perfidie*, signifie, en musique, une obstination à faire toujours la même chose et à suivre le même dessein. *Contrapunto perfidiato*, *fuga perfidiata*, sont des contrepoints et des fugues où l'on s'obstine à suivre le même dessein : telles sont les basses contraintes que l'on employait autrefois dans les chaconnes. On en peut voir beaucoup d'exemples dans les *Documenti Armonici* d'Angelo Berardi. Cela s'appelle aussi *pertinacia*, opiniâtreté, selon Zarlin.

Périélèse, s. f., terme de plain-chant. C'est l'interposition d'une ou de plusieurs notes dans l'intonation de certaines pièces de chant, pour en assurer la finale et avertir le chœur que c'est à lui de reprendre et poursuivre ce qui suit.

La *périélèse* s'appelle autrement, *cadence* ou *petite neume*, et se fait de trois manières, savoir : 1° par *circonvolution*, 2° par *intercidence* ou *diaptose*, 3° ou par simple *duplication*. (*Voyez* ces mots.)

Période, s. f. Phrase musicale composée de plusieurs membres dont la réunion forme un sens complet. La *période carrée* est proprement celle qui est composée de quatre membres; mais on ne laisse pas d'appeler *période carrée*, toute *période* nombreuse et formée avec de bons élémens bien ajustés ensemble. Le solo de hautbois de l'ouverture de *la Caravane* est une belle *période* musicale. (*Fig.* 61.)

Péroraison, s. f. Ce terme, emprunté de la rhétorique, signifie la conclusion d'un discours d'éloquence : on l'emploie dans le même sens à l'égard du discours musical. Les *péroraisons* de Mozart sont d'un effet ravissant; celle de l'ouverture de la *Flûte enchantée*, de l'ouverture des *Noces de Figaro*, du premier finale de *Don Juan*, doivent être rangées parmi ce que l'art a produit de plus sublime en ce genre.

On ne doit pas confondre la *péroraison*, qui est une partie essentielle du discours musical, avec le *coup de fouet*, qui ne se compose que d'un dernier trait dans lequel le musicien réunit les effets les plus rapides, les plus forts et les plus éclatans, pour terminer son air, son ouverture, son finale, d'une manière brillante. (*Voyez* Coup de fouet.)

Phrase, s. f. Suite de chant ou d'harmonie qui forme sans interruption un sens plus ou moins achevé, et qui se termine sur un repos par une cadence plus ou moins parfaite.

Il y a deux espèces de *phrases* musicales. En mélodie, la *phrase* est constituée par le chant, c'est-à-dire par une suite de sons tellement disposés, soit par rapport au ton, soit par rapport au mouvement, qu'ils fassent un tout bien lié, lequel aille se résoudre sur une corde essentielle du mode où l'on est.

Dans l'harmonie, la *phrase* est une suite régulière d'accords tous liés entre eux par des dissonances, laquelle se résout sur une cadence : et selon l'espèce de cette cadence, selon que le sens est plus ou moins achevé, le repos est aussi plus ou moins parfait.

C'est dans l'invention des *phrases* musicales, dans leurs proportions, dans leur entrelacement, que consistent les véritables beautés de la musique. Un compositeur qui ponctue et phrase bien, est un homme d'esprit ; un chanteur qui sent, marque bien ses *phrases* et leur accent, est un homme de goût : mais celui qui ne sait voir et rendre que les notes, les tons, les temps, les intervalles, sans entrer dans le sens des *phrases*, quelque sûr, quelque exact d'ailleurs qu'il puisse être, n'est qu'un croque-note.

Pour écrire correctement on n'est pas obligé de carrer toutes les périodes et toutes les *phrases* ; il suffit de donner une coupe régulière aux motifs principaux, sans s'attacher à mettre trop de symétrie dans les incises ou les passages qui les lient ensemble.

La *phrase* de huit mesures ayant un repos à la quatrième, est regardée comme la plus parfaite : elle est d'un usage universel. Celle de six a de la véhémence dans les mouvemens rapides; celles de dix, de neuf, de sept, de cinq, peuvent être tolérées : il est fort aisé de les corriger, en retranchant ou en ajoutant une ou deux mesures. Supprimez la première mesure de l'allégro de l'ouverture de *Pierre-le-Grand*, la *phrase* deviendra régulière de vicieuse qu'elle est. C'est par un semblable artifice que M. Spontini a su ajuster deux motifs de *la Vestale*, et leur donner, au moyen d'un *bis*, les développemens que l'oreille et le goût réclamaient. (*Fig.* 60.)

PHRASER, v. a. C'est, dans l'exécution de la musique, présenter la période musicale avec élégance et noblesse, l'orner de tous les agrémens inspirés par le goût et prescrits par l'école qu'elle peut admettre, et la conduire avec art depuis son début jusqu'à sa conclusion, sans rien négliger de ce qui peut contribuer à son effet.

PIANO, doux. C'est l'opposé de *forte*, fort. Ce mot a été adopté dans notre langue, ainsi que son diminutif *pianissimo*, très-doux. *Piano* se marque par *P.*, et *pianissimo* par *PP*.

PIANO, s. m. Instrument de musique à cordes et à clavier, qui a succédé au clavecin. Dans le clavecin et l'épinette, les cordes étaient pincées par un bec de plume ou de cuir; dans le *piano*, c'est un marteau mis en jeu par la touche et divers échappemens, qui vient les attaquer. La corde pincée donnait des sons trop uniformes, tandis que le marteau est aux ordres de celui qui sait le maîtriser, et que le son acquiert plus ou moins d'intensité, selon que la corde est frappée avec plus ou moins de vigueur. Dès le moment de son invention, le *piano* remporta une victoire complette sur le clavecin qui disparut tout-à-fait de l'horizon musical. Le nouvel instrument donnant des moyens d'expression jusqu'alors inconnus dans les instrumens à clavier, et modifiant ses sons du *piano* au *forte* par degrés imperceptibles, reçut d'abord le nom de *piano-forte*, ou *forte-piano*, comme exprimant les deux qualités qui le distinguaient. On l'appelle aujourd'hui tout simplement *piano*.

Si le *piano* ne peut se montrer avec avantage dans une vaste enceinte, et au milieu d'une foule d'instrumens, il prend bien sa revanche dans les salons où il forme à lui seul une harmonie complette. Soit qu'une main brillante exécute les sonates de Clementi ou de Mozart, ou qu'un habile accompagnateur soutienne la mélodie de la voix. Si le violon est le souverain des orchestres, le *piano* est le trésor de l'harmoniste et du chanteur. À la ville, à la campagne surtout, que de soirées dérobées à l'ennui et embellies des charmes de la musique! On chercherait envain à former un quatuor : le *piano* est là, c'est le point de ralliement : deux ou trois voix exercées, une partition de Gluck, de Mozart ou de Cimarosa, et voilà tout de suite un concert délicieux.

Il y a près de soixante-dix ans que le premier *piano* a été construit en Saxe, par un facteur d'orgues nommé Silbermann; cet instrument existe encore à Strasbourg chez le petit-fils de l'inventeur. Les Français et les Anglais ont considérablement perfectionné le *piano*.

La musique de *piano* s'écrit à deux parties, comme celle de harpe. On emploie la clef de *sol* pour la première partie, et celle de *fa*, quatrième ligne, pour la seconde.

L'étendue du piano est maintenant de six octaves; on donne à cet instrument la forme d'un carré long, ou d'un triangle rectangle. Cette dernière était celle des clavecins : elle est sans contredit la plus pittoresque et la plus favorable pour l'effet de l'instrument, et la position du pianiste. (*Voyez* CLAVIER, PÉDALE, TRANSPOSITEUR.)

PIANISTE, s. des 2 g. Musicien qui joue du piano.

PIÈCE, s. f. Ouvrage de musique instrumentale d'une certaine étendue, composé de plusieurs morceaux, formant un ensemble et un tout fait pour être exécuté de suite. Une symphonie est une *pièce*, une sonate est une *pièce*. Ce mot ne s'applique guère qu'à des compositions destinées à l'orchestre ou à l'orgue, au piano, à la harpe. *L'orgue est d'un effet merveilleux quand il accompagne les psaumes et les cantiques, mais la* pièce *d'orgue est souvent froide. Ce pianiste est excellent accompagnateur, mais il n'est pas assez fort pour jouer la* pièce.

PINCER, v. a. C'est employer les doigts, au lieu de

l'archet, pour faire sonner les cordes des instrumens qui n'ont ni touches ni archet, et dont on ne joue qu'en les *pinçant;* tels sont la harpe et la guitare : mais on *pince* aussi quelquefois ceux où l'on se sert ordinairement de l'archet, comme le violon et le violoncelle ; et cette manière de jouer s'indique par le mot *pizzicato.* (*Voyez* JOUER.)

PIQUÉ, ÉE, adj. Notes *piquées* sont des suites de notes montant ou descendant, ou rebattues sur le même degré, sur chacune desquelles on met un point allongé pour indiquer qu'elles doivent être marquées égales par des coups de langue ou d'archet secs et détachés. (*Fig.* 15.)

PIU, adv. Plus. *Più presto*, plus vite, *più lento*, plus lent, *più stretto,* plus serré.

PIU TOSTO, adv. Plutôt. Andantino *più tosto* allegretto. Andantino ou *plutôt* allégretto marque un mouvement intermédiaire qui tient plus de l'allégretto que de l'andantino.

PIZZICATO. Ce mot qui signifie *pincé*, avertit qu'il faut *pincer* les cordes du violon ou du violoncelle, de la viole ou de la contre-basse au lieu de les faire résonner avec l'archet. Ces mots *col arco* ou simplement *arco* marquent le lieu où l'on doit se servir de l'archet.

L'accompagnement de la romance du Page dans *les Noces de Figaro* est tout en *pizzicato*, ce qui imite parfaitement le jeu de la guitare.

Plagal, adj. Ton *plagal*. C'est une règle fondamentale, que toute pièce de plain-chant doit être renfermée dans l'étendue d'une octave, ou tout au plus d'une neuvième. Cela observé, il peut arriver deux cas, savoir, que la finale occupe le plus bas degré de cette octave, ou qu'elle en occupe le milieu. Dans le premier cas le ton est authentique ou authente : et lorsque la finale occupe le milieu, le ton est appelé *plagal* ou collatéral.

Dans le ton authentique la quinte est au grave et la quarte à l'aigu, et dans le ton *plagal* la quarte est au grave et la quinte à l'aigu.

L'étendue des voix, et la division des parties ont fait disparaître ces distinctions dans la musique ; et on ne les connaît plus que dans le plain-chant. On y compte quatre tons *plagaux* ; savoir, le second, le quatrième, le sixième et le huitième ; tous ceux dont le nombre est pair.

Plagiat, s. m. Est le nom que l'on donne à un larcin d'idées musicales.

On appelle *plagiaire* celui qui s'en rend coupable.

En musique comme en littérature il faut distinguer les idées créées, les phrases filles de l'imagination et qu'on ne saurait s'approprier sous aucun prétexte, d'avec les lieux communs de l'école. Les marches de septièmes, de quintes et quartes, les motifs obtenus par les diverses combinaisons des trois notes de l'accord parfait, les phrases faites appartiennent à tout le monde.

Seigneur, on vous attend pour la cérémonie.

Celui qui placerait ce vers d'Alzire dans un drame ou tout autre poëme serait-il regardé comme plagiaire? l'*Aurore avec ses doigts de rose ouvrait les portes de l'Orient*. Vingt auteurs ont dit cela; cent autres le rediront encore sans rien voler à leurs prédécesseurs.

Mais lorsque Dalayrac dans l'air de bravoure de l'*Amant Statue* empruntera un motif trouvé et mis au jour par Grétry dans *la Caravane*, et qu'il le reproduira encore avec quelques modifications dans le duo de *la Maison isolée*, on aura raison de crier au voleur.

Sans que le *plagiat* soit bien à découvert on trouve néanmoins les élémens de tel motif dans un air que le compositeur a imité sans le vouloir et par réminiscence. Ainsi le vaudeville des *Chevilles de Maître Adam* a pu donner l'andanté du premier air de *Joconde*, et l'air du *Bouquet de Romarin* les couplets du *Bouffe et le Tailleur*.

Quelquefois le *plagiat* ne portera pas sur les idées, mais seulement sur leur arrangement; c'est le plan, la marche, le cadre d'un morceau que l'on aura imité. Della Maria a calqué son ouverture de l'*Opéra-Comique* sur celle du *Prisonnier*.

Le reproche le plus grave qu'un journaliste puisse faire à un compositeur est celui de *plagiat*. Je veux bien admettre que ce journaliste ait le tact et l'expérience nécessaires pour faire toutes ces distinctions;

aura-t-il la tête assez bien meublée pour rapprocher à l'instant le motif de Mozart, de Haydn, de Jomelli, de Sarti, de Handel, de Beethowen, de Philidor, de Gossec, etc. etc. de celui que l'on nous donne comme neuf. L'accusation de *plagiat* tombe d'elle-même si l'on ne cite pas la source où le nouvel auteur a puisé. (*Voyez* BRAVO, INVENTION.)

PLAIN-CHANT, s. m. C'est le nom que l'on donne au chant ecclésiastique. Ce chant, tel qu'il subsiste encore aujourd'hui est un reste bien précieux de l'ancienne musique grecque.

Le *plain-chant* est un genre de musique ou plutôt une sorte de chant dans lequel on n'emploie que la mesure à deux temps et des notes de valeurs égales. La portée sur laquelle on écrit le *plain-chant* n'a que quatre lignes et l'on ne se sert que des clefs d'*ut* et de *fa*.

Comme le *plain-chant* jouit, quant à l'intonation, d'une constitution particulière, je vais essayer de l'exposer.

On sait que, dans toute pièce de musique proprement dite, la terminaison doit se faire dans l'harmonie de la première note de l'échelle du mode, soit majeur, soit mineur, et que la basse en particulier doit finir sur cette note essentielle. Il n'en est pas de même du *plain-chant*, et dans cette sorte de mélodie toutes les notes de la gamme naturelle, à l'exception de la septième *si* peuvent être prises pour finales ou notes de repos, sans que l'on introduise dans l'échelle d'autres altérations que certaines altérations accidentelles nécessaires pour éviter la quarte augmentée, qui est sévèrement exclue de ce chant.

C'est une règle fondamentale, que toute pièce de *plain-chant* doit être renfermée dans l'étendue d'une octave, ou tout au plus d'une neuvième. Si la finale occupe le plus bas degré de cette octave, le ton est authentique ou authente, si elle en occupe le milieu, le ton est plagal ou collatéral. D'après ce que nous venons de dire, il est clair que l'on doit avoir douze tons de *plain-chant* marchant toujours deux à deux, savoir : un authentique avec un plagal qui a la même finale que lui, comme on peut le voir *fig.* 36.

Mais il faut remarquer, qu'à cause du bémol que l'on place ordinairement sur le *si*, dans les deux premiers, et dans le cinquième et le sixième tons, ces tons deviennent chacun à chacun absolument semblables aux quatre derniers; c'est pourquoi ceux-ci ne sont regardés que comme une transposition des autres à la quinte en haut, et l'on est dans l'usage de ne compter en tout que huit tons de *plain-chant*, qui sont les huit premiers de notre tableau. Ces huit tons sont ce que l'on appelle les tons réguliers. Il y a outre cela les tons mixtes et les tons irréguliers. (*Voyez* TONS DE L'ÉGLISE.)

Outre sa finale, chaque ton a encore une note très-remarquable, qui sert à le caractériser : c'est sa dominante sur laquelle se fait toute la psalmodie.

Tout mode ou ton impair authente a sa dominante à la quinte au-dessus de sa tonique ou finale, excepté le troisième qui l'a à la sixte.

Tout mode pair ou plagal a sa dominante à la tierce, au-dessous de celle du mode impair ou authentique qui lui correspond, excepté le huitième, qui a pour dominante la seconde au-dessous de la dominante de l'authente qui lui correspond. Voyez le tableau des finales et des dominantes de chaque ton. (*Fig.* 36.)

On compose en *plain-chant* toute sorte de pièces, pour le service de l'église, comme messes, psaumes, antiennes, répons, hymnes, versets, etc. Chacune de ces pièces a un caractère et des tournures particulières.

Saint Ambroise, archevêque de Milan, est regardé comme l'inventeur du *plain-chant*; c'est-à-dire qu'il donna le premier une forme et des règles au chant ecclésiastique, pour l'approprier mieux à son objet, et le garantir de la barbarie et du dépérissement où tombait, de son temps, la musique. Saint Grégoire, surnommé le Grand, pape, le perfectionna, et lui donna la forme qu'il conserve encore aujourd'hui à Rome, et dans les églises où se pratique le chant romain.

PLANCHE, s. f. Se dit d'une plaque de cuivre ou d'étain, sur laquelle on grave la musique. On distingue trois principales sortes de *planches*, savoir :

La *planche d'opéra*, ainsi nommée attendu qu'elle est employée assez généralement pour les partitions d'opéra.

La *planche de symphonie*, dont le format plus grand, convient aux parties d'orchestre.

Et la *planche de grande symphonie*, dont le modèle est le plus grand de tous, on la destine aux ouvrages de luxe, tels que les éditions des quatuors de Haydn et de Mozart, et des quintettes de Bocchérini, publiées par MM. Pleyel et Janet.

La collection des chefs-d'œuvre dramatiques des écoles étrangères, que nous avons traduits en français, en y conservant néanmoins le texte italien, est aussi exécutée sur *planches de grande symphonie*.

La *planche de guitare* est une *planche de symphonie* prise en travers, sur laquelle on a gravé deux pages au lieu d'une. (*Voyez* GRAVEUR.)

PLEIN-JEU. C'est, dans l'orgue, la réunion des jeux de cymbale et de fourniture. Pour que le *plein-jeu* produise un effet satisfaisant, il faut qu'il soit soutenu par de bons fonds, c'est-à-dire par le bourdon de seize pieds, la montre et les prestans.

On se sert du *plein-jeu* pour accompagner le plain-chant, faire des préludes, et même pour exécuter des fugues.

PLIQUE, s. f. *Plica*, sorte de ligature dans nos anciennes musiques. La *plique* était un signe de retardement ou de lenteur (*signum morositatis*, dit Muris.) Elle se faisait en passant d'un son à un autre, depuis le demi-ton jusqu'à la quinte, soit en montant, soit en descendant; et il y en avait de quatre sortes. 1° La *plique* longue ascendante est une figure quadrangulaire avec un seul trait ascendant à droite, ou avec deux traits dont celui de la droite est le plus grand.

2° La *plique* longue descendante a deux traits descendans dont celui de la droite est le plus grand. 3° La *plique* brève ascendante a le trait montant de la gauche plus long que celui de la droite. 4° Et la descendante a le trait descendant de la gauche plus grand que celui de la droite.

Pochette, s. f. Petit violon de *poche* qui a le même manche que le violon, et dont les maîtres de danse se servent comme étant plus commode à porter. Il sonne l'octave du violon ordinaire.

Lorsqu'un violoniste ne tire qu'un son faible et grêle de son instrument, on dit qu'il a un jeu de *pochette*.

Poco, adv. Peu. *Poco a poco*, peu à peu. *Poco forte* ou *poco f.*, un peu fort. *Crescendo poco a poco* ou *cres. poco a poco*. Crescendo peu à peu.

Poëme, s. m. Ouvrage écrit en vers, ou en prose mêlée de vers, et destiné à être mis en musique.

On ne donne le nom de *poëme* qu'à des ouvrages d'une certaine étendue, tels qu'un opéra, un oratorio, une cantate ; tandis que le mot de *paroles*, qui signifie la même chose, s'applique également à un opéra et à une chanson.

L'opéra de Stratonice est remarquable autant par le poëme *que par la musique.*

Point, s. m. Le *point* augmente la note qui le précède de la moitié de sa valeur ou durée. Quand il y a plusieurs *points* de suite, le second ne vaut que la moitié du premier, le troisième la moitié du second.

On appelle *notes pointées* celles qui sont suivies d'un ou de plusieurs *points*.

Le *point* que l'on place au-dessus des notes ne change rien à leur valeur, il indique que l'on doit les détacher.

Point d'arrêt. (*Voyez* Arrêt.)

Point d'orgue, passage brillant que fait la partie principale, dans un solo réel ou accompagné. Le *point d'orgue* se place sur un repos, ou vers la fin d'un morceau de musique. Les airs de bravoure de l'Ecole Italienne se terminaient autrefois par un *point d'orgue* ou *cadenza*; cet usage s'est perdu peu à peu. On n'en place même plus à la conclusion du premier allégro des concertos et des symphonies concertantes; ce repos refroidissait les écoutans, et le *point d'orgue*, quoique difficile et bien rendu, n'excitait pas autant l'admiration et l'enthousiasme que le simple trille, succèdant sans interruption à un trait rapide et véhément.

Pointu, ue, adj. On se sert de ce mot figurément et dans la conversation familière, pour désigner une voix qui ne donne que des sons grêles, et n'a de développement que dans la partie aiguë.

Une voix *pointue*, des sons *pointus*.

Polacca, polonaise. (*Voyez* Polonaise.)

Polonaise, s. f. Air de chant et de danse mesuré à trois temps et d'un mouvement modéré. La *polonaise* nous vient de Pologne, ainsi que l'indique son nom:

elle se distingue par un rhythme boiteux, que l'on obtient en syncopant les premières notes de la mesure. Les ritournelles de la *polonaise* sont du plus grand éclat, on y emploie ordinairement tous les instrumens à vent et les timbales; c'est un morceau dont l'exécution demande beaucoup de brillant et de légèreté. *On dit que j'ai de grands défauts*, du *Trente et Quarante* est une jolie *polonaise*. M. Paër en a fait de fort belles. Celle de Trento, *sento che son vicino*, se chante beaucoup maintenant.

On fait un grand usage de la *polonaise* dans le style instrumental.

POLYMNIE, Muse de la rhétorique. Elle est couronnée de fleurs, quelquefois de perles et de pierreries, avec des guirlandes autour d'elle, habillée de blanc; la main droite en action pour haranguer, et un sceptre dans la gauche. Souvent, au lieu d'un sceptre, on lui donne un rouleau, sur lequel est écrit : *suadere*, parce que le but de la rhétorique est de persuader. D'autres rouleaux qui sont à ses pieds portent les noms de Cicéron et de Démosthène.

Un scoliaste d'Apollonius lui attribue l'invention de la lyre. Cela peut avoir donné lieu à l'erreur de divers poëtes, qui ont considéré cette Muse comme présidant à la musique. (*Voyez* EUTERPE.)

POMPE, s. f. C'est dans le cor et la trompette, un fragment de tuyau en forme de fer à cheval qui, par ses deux extrémités, vient s'emboiter avec justesse sur les deux bouts formés par une section faite, vers le milieu du corps de l'instrument, et les recouvre entièrement.

En enfonçant plus ou moins cette *pompe*, on allonge ou l'on raccourcit le grand tuyau, ce qui baisse ou élève le ton.

La *pompe* du trombone, quoique d'une forme semblable, a des branches beaucoup plus longues, et qui recouvrent les deux bouts du grand tuyau sur une étendue de trois pieds environ. C'est par la manière dont on gouverne cette *pompe*, en la tirant ou en l'enfonçant, que l'on obtient les différens degrés de l'échelle.

Dans la flûte, la clarinette, le basson, la *pompe* est une emboiture en métal, placée entre les principales pièces pour les réunir, et qui sert aussi à donner un peu plus d'extension à l'instrument, et à baisser par conséquent son intonation.

PONCTUATION, s. f. La *ponctuation* consiste à mettre des points de différentes formes, des virgules et d'autres signes dans un discours écrit, pour en distinguer les périodes et les membres, et le rendre plus aisé à entendre.

Cette *ponctuation*, si nécessaire dans le discours oratoire, cesse de l'être dès que la marche et l'intonation des paroles sont invariablement marquées par des signes musicaux. Puisque la musique a ponctué les paroles, le copiste ne doit pas s'en mêler, car ce serait ajouter des signes que le compositeur s'est chargé de rendre inutiles.

Tel est l'avis de J.-J. Rousseau au sujet de la *ponctuation*. Voici les raisons que l'on peut donner pour le combattre.

Le récitatif n'est pas ponctué musicalement avec autant d'exactitude que le chant mesuré, il est souvent nécessaire d'en presser ou d'en ralentir la marche. Le récitatif tient le milieu entre le chant mesuré et la déclamation oratoire, il paraît indispensable de lui donner les signes employés pour l'un et pour l'autre, afin que les points et les virgules guident le chanteur dans sa récitation, toutes les fois qu'il sera obligé d'altérer la valeur des notes.

Les personnes qui ne sont pas musiciennes se plaisent quelquefois à lire les paroles d'un air, et même tout un opéra sur la partition; il faut donc qu'elles puissent en comprendre le sens. Les Italiens, il est vrai, négligent la *ponctuation* grammaticale, mais les Allemands et les Français l'observent avec soin. Nous avons montré son utilité dans le récitatif, il serait absurde de l'admettre pour ce genre de musique, et de la rejeter pour les airs mesurés. D'après toutes ces considérations, il est bon qu'après avoir ponctué ses morceaux de chant d'après les règles de la *ponctuation* grammaticale, le compositeur en réunisse les signes à ceux de la musique. Cependant chacun peut agir à sa manière: ceux qui suivent ces principes ont raison; mais on ne saurait donner tort à ceux qui les négligent.

PONCTUER, v. a. C'est, en terme de composition, marquer les repos plus ou moins parfaits, et diviser tellement les phrases, qu'on sente par la modulation et par les cadences leurs commencemens, leurs chutes et leurs liaisons plus ou moins grandes, comme on sent tout cela dans le discours, à l'aide de la ponctuation.

PONTICELLO, s. m. chevalet. Ces mots *sul ponticello*, ou simplement *ponticello*, écrits sous un trait de violon ou de tout autre instrument à archet, signifient qu'on doit exécuter ce trait en attaquant les cordes près du chevalet, ce qui donne un son grêle et tant soit peu nasard. Ces mots, *à l'ordinaire*, indiquent le moment où l'on doit quitter ce jeu pour reprendre le jeu ordinaire.

Dans l'accompagnement de la romance de *Tulipano*, les violons jouent *sul ponticello*.

PONT-NEUF, s. m. On appelle *pont-neuf*, de petits airs et même de simples refrains bien gothiques, bien ignobles, sans mesure, sans rhythme, d'une modulation triviale et barbare qui, la plupart, ont été composés et chantés par les mendians qui se placent sur le Pont-Neuf à Paris.

On rencontre encore beaucoup de Français qui, par malice ou par sottise, veulent faire considérer ces bizarres chansons comme musique nationale, et qui n'accordent du mérite aux airs nouveaux, que par le degré de ressemblance que ces airs ont avec elles. Après avoir fait retentir les murs du cabaret, les *pont-neuf* sont admis dans les salons, et il n'est pas rare d'y trouver des beaux esprits, qui débitent à la fin des repas de longues kyrielles de couplets sur l'air *des Pendus*, sur ceux *des Fraises*, *un Chanoine de l'Auxerrois*, etc., etc. Que dis-je? il existe à Paris huit théâtres, où l'on voit tous les jours de fort honnêtes gens et de belles dames ceindre l'épée, revêtir l'habit brodé et la robe de cour, la cuirasse et le vertugadin, pour venir gazouiller d'une voix aigrement fausse toutes les ordures du Pont-Neuf, et les refrains ramassés dans les égouts. Je laisse deviner l'effet que produisent dix rossignols à flon flon, tâchant de marteler et saccader ensemble et à l'unisson, l'air *à demain, demain, demain, demain,* ou les traits rapides d'une valse ou d'une contredanse.

Comment veut-on que le goût de la bonne musique s'établisse généralement en France, si le gouvernement permet que l'on offre sans cesse à la foule ignorante, les indignes objets de son admiration. Les *pont-neuf* ont été quelquefois admis à l'Opéra-Comique, et l'on a applaudi avec transport *Toto Carabo, au Clair de la Lune, Malbrouck,* que d'aimables compositeurs ont daigné mêler à leurs périodes harmonieuses. Le peuple parisien a crié au miracle, et les marchands de musique se sont empressés de multiplier les variations, les fantaisies, les duos, les nocturnes, et autres chefs-d'œuvre de cette force, inspirés par ces refrains de cabaret. Mais les connaisseurs qui ne tolèrent ces sortes d'emprunts, que quand un travail harmonique, élégant et pur, un dessin hardi, audacieux même, vient leur servir d'excuse, ont trouvé que la licence n'avait pas été justifiée.

PORT DE VOIX. C'est ce que les Italiens appellent *portamento.* Il y a deux manières de porter la voix ou les sons; la première, lorsqu'on lie plusieurs sons d'égale valeur, qui procèdent par degrés conjoints et disjoints, comme dans l'exemple. *Fig.* 37. *A.*

Ces sons doivent être articulés également et distinctement, sans les détacher, c'est-à-dire, sans que le gosier fasse des mouvemens trop marqués.

La seconde manière de porter la voix se pratique entre deux sons, qui forment un intervalle plus ou moins grand, et qui procèdent par degrés disjoints seulement. Elle consiste à faire glisser la voix promptement par une liaison fort légère, qui part de l'extrémité de la première des deux notes, pour passer à celle qui la suit, en l'anticipant. (*Voyez Fig. 37. B.*)

Si le *port de voix* se fait du grave à l'aigu, alors on passe du doux au fort de la voix avec un coup de gosier moëlleux et lié; au contraire, lorsqu'il se fait de l'aigu au grave, on passe du fort au doux, afin d'éviter une espèce de son de voix écrasé qui en résulterait, et pour se conformer en même temps à la loi qui oblige le chanteur à donner plus de force aux sons hauts, et moins de force aux sons bas.

Il faut qu'un chanteur use du *port de voix* avec réserve, et qu'il mette de la variété dans son exécution par des oppositions, en employant alternativement le *port de voix* et l'usage d'attaquer les sons sans les lier.

Le *port de voix* ne doit jamais être placé sur la note qui commence un chant. Il est beaucoup de *ports de voix* de mauvais goût qui sont signalés par les méthodes de chant, on doit les éviter avec soin.

Le *port de voix* comme les autres agrémens du chant, est commun au chant vocal et à l'exécution instrumentale.

Portée, s. f. La *portée* ou ligne de musique, est composée de cinq lignes parallèles, sur lesquelles ou entre lesquelles les diverses positions des notes en marquent les degrés. La *portée* du plain-chant n'avait que quatre lignes, on commence à lui en donner une cinquième, dont on a reconnu la nécessité à cause du grand nombre de changemens de clef, que l'insuffisance de la *portée* obligeait de faire.

Ce nom de *portée* a été donné à la ligne de musique, parce qu'elle renferme exactement la *portée* ou l'étendue d'une voix ordinaire. Et l'on donnait une clef différente à chaque voix pour que les chants qui lui étaient destinés, fussent retenus dans les bornes de la *portée*, sans avoir recours aux lignes additionnelles. (*Fig.* 12.)

Posaune, (*Voyez* **Trombone**.)

Positif, petit orgue que l'on place devant le grand orgue, quand il est assez considérable pour être divisé en deux. En France, l'organiste est assis entre le *positif* et le grand orgue, et devant ce dernier qui contient tous les claviers, dont le plus bas répond au *positif*.

Position, s. f. Lieu de la portée où est placée une note, pour fixer le degré d'élévation du son qu'elle représente.

Les notes n'ont, par rapport aux lignes, que deux différentes *positions*, savoir : sur une ligne ou dans un espace, et ces *positions* sont toujours alternatives lorsqu'on marche diatoniquement. C'est ensuite le lieu qu'occupe la ligne même ou l'espace de la portée, et par rapport à la clef qui détermine la véritable *position* de la note, dans un clavier général.

On appelle aussi *position* dans le jeu des instrumens à manche, le lieu où la main se pose sur le manche, selon le ton et le développement des traits que l'on a à exécuter ; on compte six *positions* dans le violon.

Pot-pouri, suite d'airs pris en partie ou en totalité çà et là, dans les compositions de divers maîtres, et même parmi les refrains que l'on chante dans les rues, et cousus les uns aux autres par quelques phrases conjonctionnelles.

Le *pot-pouri* roule ordinairement sur un air favori, qui revient de temps en temps, et se termine par un thème varié.

Quoique ce genre soit le plus à la portée des ignorans, ils n'y réussissent pas mieux pour cela, et le grand nombre des *pot-pouris* qu'ils ont publiés, a fait tomber ce genre dans le discrédit.

Prélude, s. m. Trait de chant qui passe par les principales cordes du ton, pour l'annoncer, pour vérifier si l'instrument est d'accord, commander le silence, et préparer l'oreille à ce qu'on va lui faire entendre.

Ce n'est que dans les réunions particulières que les musiciens préludent avant d'exécuter la sonate ou le concerto. Si le *prélude* est interdit dans les concerts publics et au théâtre, il prend bien sa revanche dans les assemblées d'amateurs ; et ces traits interminables, exécutés en même temps par tous les instrumentistes et dans tous les tons, modes et mesures possibles, forment un charivari que l'oreille la moins exercée ne saurait supporter long-temps.

Le *prélude* ne s'écrit point ; le musicien l'improvise. Handel, Bach, Steibelt et autres ont publié des recueils de *préludes* pour le clavecin ou le piano.

M. Berton a trouvé un moyen fort ingénieux pour apprendre aux jeunes élèves à faire des *préludes* réguliers sur les principales cordes de tous les tons.

Quatre cartes forment ce qu'il appelle *jeu des préludes harmoniques, ou compas et boussoles des gammes, pour tous les tons, par dièse et par bémol, dans les deux modes*. C'est en ajustant de diverses manières la carte appelée *compas* sur celle qui est nommée *boussole*, que l'élève parvient à connaître sur-le-champ la tonique, la dominante, la sous-dominante de chaque ton, et le nombre de dièses ou de bémols accidentels ou posés à la clef, le mode et son relatif, etc. etc.

PRÉLUDER, v. n. C'est, en général, chanter ou jouer quelque trait de fantaisie irrégulier et assez court, mais passant par les cordes essentielles du ton, soit pour l'établir, soit pour disposer sa voix, ou bien poser sa main sur un instrument avant de commencer un morceau de musique.

Mais, sur l'orgue et le piano, l'art de *préluder* est plus considérable : c'est composer et jouer impromptu des morceaux chargés de tout ce que la composition a de plus savant en dessin, en fugue, en imitation, en modulation et en harmonie. C'est tout en *préludant* que les grands musiciens, exempts de cet extrême asservissement aux règles que l'œil des critiques leur impose sur le papier, font briller ces transitions hardies et savantes qui ravissent les auditeurs ; c'est là qu'il ne suffit pas d'être bon compositeur, ni de bien connaître son clavier, ni d'avoir la main bonne et bien exercée, mais qu'il faut encore posséder cette verve, cette fougue de génie, et cet esprit inventif qui font trouver et traiter sur-le-champ les sujets les plus favorables à l'harmonie et les plus agréables pour l'oreille.

PREMIÈRE FOIS. (*Voyez* REPRISE.)

PREMIÈRE INTENTION, *prima intenzione*. Un air, un morceau de *première intention*, est celui qui s'est formé tout d'un coup, tout entier et avec ses parties, dans l'esprit du compositeur, comme Pallas sortit tout armée du cerveau de Jupiter. Les morceaux de *première intention* sont de ces rares coups de génie, dont les idées sont si étroitement liées, qu'elles n'en font, pour ainsi dire, qu'une seule, et n'ont pu se présenter à l'esprit l'une sans l'autre : ils sont semblables à ces périodes de Cicéron, longues, mais éloquentes, dont le sens, suspendu pendant toute leur durée, n'est déterminé qu'au dernier mot, et qui, par conséquent, n'ont formé qu'une seule pensée dans l'esprit de l'auteur. Il y a dans les arts des inventions produites par de pareils efforts de génie, et dont tous les raisonnemens, intimement unis l'un à l'autre, n'ont pu se faire successivement, mais se sont nécessairement offerts à l'esprit tout à la fois, puisque le premier sans le dernier n'aurait aucun sens : telle est, par exemple, l'invention de cette prodigieuse machine du métier à bas, qu'on peut regarder, dit le philosophe qui l'a décrite dans l'*Encyclopédie*, comme un seul et unique raisonnement dont la fabrication de l'ouvrage est la conclusion. Ces sortes d'opérations de l'entendement, qu'on explique à peine même par l'analyse, sont des prodiges pour la raison, et ne se conçoivent que par des génies capables de les produire : l'effet en est toujours proportionné à l'effort de tête qu'ils ont coûté; et, dans la musique, les morceaux de *première intention* sont les seuls qui puissent causer ces extases, ces ravissemens, ces élans de l'âme qui transportent les auditeurs hors d'eux-mêmes; on les sent, on les devine à l'instant, les connaisseurs ne s'y trompent jamais. À la suite d'un de ces morceaux sublimes, faites passer un de ces airs décousus, dont toutes les phrases ont été composées l'une après l'autre, on ne sent qu'une même phrase promenée en différens tons, et dont l'accompagnement n'est qu'un remplissage fait après coup; avec quelque goût que ce dernier morceau soit composé, si le souvenir de l'autre vous laisse quelque attention à lui donner, ce ne sera que pour en être glacé, transi, impatienté. Après un air de *première intention*, toute autre musique est sans effet.

PRÉPARATION, s. f. Acte de préparer la dissonance. (*Voyez* PRÉPARER.)

PRÉPARATION AU CHANT. On donne ce nom aux études du solfége et de la vocalisation, lesquelles servent à former l'élève à la lecture de la musique et à développer sa voix, à la rendre égale sur tous les points, à lui donner du corps et de l'agilité, à affermir son intonation, avant de lui confier l'exécution des compositions vocales. Le succès d'un chanteur dépend en grande partie de ces études préparatoires, dont beaucoup d'élèves ne sentent malheureusement pas l'importance.

PRÉPARER, v. a., est l'action que forme harmoniquement une consonnance avant une dissonance, dans une ou plusieurs parties aiguës ou médiaires sur une note de basse. Je dis action, parce que si l'une des parties, soit grave, soit aiguë, ne se mouvait pas, il n'y aurait réellement pas de préparation pour la note qui marche vers une autre. *Préparer* est donc faire entendre une consonnance entre deux parties, dont l'une reste fixe, tandis que l'autre monte ou descend diatoniquement ou par divers mouvemens pour former dissonance. La préparation se fait à l'aigu comme au grave, attendu que la dissonance peut se trouver indifféremment dans l'une de ces parties ; si le contact se fait d'une manière immédiate ou par renversement, il en résulte que la dissonance a été opérée par la partie qui marche.

Prenons pour exemple (*P*. 44 *bis*) la dissonance de

septième placée à l'aigu, et son renversement qui est la dissonance de seconde placée au grave : on connoîtra facilement, dans l'un et dans l'autre cas, quelle est la partie qui forme la dissonance de l'accord et celle qui la *prépare*.

On peut voir, dans le *Traité d'harmonie* de M. Catel, toutes les préparations et résolutions en usage : c'est, jusqu'à ce jour, l'ouvrage élémentaire le plus méthodique, et celui qui donne les notions les plus exactes sur la préparation et la résolution des dissonances.

PRESTANT, s. m. Jeu d'orgue : il est d'étain et ouvert. Son plus grand tuyau a quatre pieds de longueur ; il sonne l'*ut* à l'octave au-dessus du bourdon de huit. Le *prestant* entre dans presque toutes les associations de jeux de l'orgue. C'est sur le *prestant* que l'on accorde tous les autres jeux, comme étant le plus facile à accorder, et que n'étant ni trop grave ni trop aigu, il sert de terme moyen, et se distingue assez des autres pour n'être pas confondu avec eux dans l'ensemble de l'accord.

Le *prestant*, les bourdons et la montre forment ce que l'on appelle *les fonds d'orgue* ou de l'orgue, attendu qu'ils sont la base du plus grand nombre des associations de jeux.

PRESTO, adv. Ce mot, écrit à la tête d'un morceau de musique, indique le plus prompt et le plus animé des cinq principaux mouvemens de la musique. *Presto* signifie vite ; son superlatif *prestissimo*, très-vite.

marque un mouvement encore plus pressé et le plus rapide de tous.

L'allégro, mené très-vite, a la rapidité du *presto*.

Les Allemands indiquent ce mouvement par *gueschwind*, et les Anglais par *quick*.

Principal, ale, adj., qui est le premier, le plus remarquable. On donne cette épithète à la partie récitante d'un concerto et à celles d'une concertante, pour les distinguer des parties des instrumens de même nature qui ne doivent figurer que dans les accompagnemens. Violon *principal*, clarinette *principale*, cor *principal*, etc.

Comme la harpe n'est pas un instrument d'orchestre, et qu'il n'y a par conséquent pas des harpes d'accompagnement, comme des violons, des clarinettes, des cors d'accompagnement, cette désignation ne s'applique point à la harpe. Le piano la reçoit depuis que l'on arrange des concertos à piano *principal*, avec accompagnement de deux ou trois pianos touchés chacun à quatre mains. M. Zimmerman en a fait entendre aux grandes séances de son Cours d'harmonie et de piano, et l'effet en a été trouvé excellent.

Dans une fanfare, la trompette *principale* est celle qui exécute la première partie : on l'appelle aussi *tromba prima*.

Les Italiens donnent le nom de *principal* au jeu d'orgue que nous appelons *bourdon*, attendu qu'il est le plus essentiel de l'instrument.

Prise du sujet. La *prise du sujet* est l'instant

où une partie s'empare du sujet de la fugue pour faire son entrée.

PROGRÈS DE LA FUGUE. C'est ainsi que l'on appelle la suite de la fugue, à partir du point où toutes les parties ont fait chacune leur entrée, et que tous les fils du discours musical sont liés ensemble.

PROLATION, s. f. C'est, dans nos anciennes musiques, une manière de déterminer la valeur des notes demi-brèves sur celle de la brève, ou des minimes sur celle de la demi-brève. Cette *prolation* se marquait après la clef, et quelquefois après le signe du mode, par un cercle ou un demi-cercle, ponctué ou non ponctué.

Considérant toujours la division sous-triple comme la plus excellente, ils divisaient la *prolation* en parfaite et imparfaite, et l'une et l'autre en majeure et mineure, de même que pour le mode.

La *prolation* parfaite était pour la mesure ternaire, et se marquait par un point dans le cercle quand elle était majeure, c'est-à-dire quand elle indiquait le rapport de la brève à la demi-brève; ou par un point dans un demi-cercle quand elle était mineure, c'est-à-dire quand elle indiquait le rapport de la demi-brève à la minime.

La *prolation* imparfaite était pour la mesure binaire, et se marquait, comme le temps, par un simple cercle quand elle était majeure, ou par un demi-cercle quand elle était mineure.

Depuis on ajouta quelques autres signes à la *prola-*

tion parfaite, outre le cercle et le demi-cercle; on se servit du chiffre $\frac{3}{1}$ pour exprimer la valeur de trois rondes ou demi-brèves pour celle de la demi-brève ou quarrée; et du chiffre $\frac{3}{2}$ pour exprimer la valeur de trois minimes ou blanches pour la ronde ou demi-brève.

Aujourd'hui toutes les *prolations* sont abolies, la division sous-double l'a emporté sur la division sous-triple, et le point donne les moyens de partager une note quelconque en trois autres notes égales.

PROLOGUE, s. m. Sorte de petit opéra qui précède le grand, l'annonce et lui sert d'introduction.

Autrefois tous les opéras étaient précédés d'un long *prologue* consacré à la louange du Roi, et qui, par conséquent, ne tenait point au drame : l'usage en a subsisté plus d'un siècle; il s'est perdu lors de la réforme de notre musique. Dès que le bon goût régna sur la scène lyrique, on ne permit plus au *prologue* de s'y montrer. Rien de si plat et de si froid que ces dialogues dans lesquels tout le protocole de la flatterie est sans cesse reproduit de la même manière. C'est toujours la Sagesse et la Vertu, la Gloire et la Victoire qui viennent célébrer *le plus grand roi du monde*. Il a fallu tout le talent de Quinault pour donner quelquefois un tour spirituel et piquant à ces louanges obligées : plusieurs de ses *prologues;* celui du ballet *des Elémens*, de Roy, se font remarquer par des morceaux de poésie d'une grande beauté.

Dans nos répertoires lyriques il n'existe maintenant qu'un seul *prologue* : c'est celui de l'opéra de *Tarare* ; mais, tel que le *prologue* d'*Amphytrion*, il se lie à l'action de la pièce, et ne peut pas être supprimé.

PROLONGATION, s. f. La *prolongation* en général consiste à continuer une ou plusieurs notes d'un accord sur un ou plusieurs accords suivans.

Lorsque la note prolongée fait partie du second accord (*Fig.* 38, *ex. A*), elle ne fait que suivre sa marche la plus naturelle, et il ne résulte de là rien de particulier; mais lorsque la note prolongée est étrangère à l'accord subséquent, elle retarde nécessairement quelques-unes de ses notes, comme on le voit dans les exemples *B* et *C*. Dans l'exemple *B* 2, la septième retarde la sixte; dans l'exemple *C* 2 la sixte retarde la quinte, de sorte qu'en supprimant les retards on rentrerait dans l'harmonie naturelle; c'est ce que prouve l'inspection des exemples *B* 1, *C* 1.

On conçoit, en général, que les *prolongations* peuvent se faire en toutes sortes de sens; néanmoins, on ne considère ordinairement dans l'harmonie, surtout par rapport au style sévère, que celles dont la résolution peut se faire en descendant diatoniquement, et qui, par leur retard, introduisent dans l'harmonie des dissonances. Ces dissonances sont, pour les parties supérieures, la 7e, la 9e, la 11e et la 13e, et pour la basse, la 2ᵉ : chacune d'elles peut se pratiquer en bien des manières différentes.

Tout ce que l'on a écrit en consonnances peut se traiter ensuite en dissonances au moyen des *prolongations*; et c'est ainsi que de simple ou naturelle, l'harmonie devient composée ou artificielle. En considérant la note prolongée comme la note dont elle tient la place et qu'elle fait désirer, on se rendra compte facilement du mécanisme des *prolongations*.

PROPOSITION, s. f. Terme que l'on emploie pour désigner la première phrase d'une fugue, contenant le sujet et tous les contre-sujets, quel qu'en soit le nombre.

PROPRIÉTÉ, s. f. Disposition de la mélodie dans le chant grégorien ou plain-chant, selon qu'elle procède naturellement, par bémol ou par bécarre.

Avant l'invention de la septième syllabe *si*, la solmisation ne pouvait se faire que naturellement ou par muances, c'est-à-dire par changemens de syllabes, toutes les fois que le chant procédait de *fa* à *ut*, ayant le *si* ♭ intermédiaire, lequel était alors appelé *fa*. Il en était de même lorsque le chant procédait de *sol* à *ré*, ayant le *si naturel* intermédiaire; ce *si* était alors appelé *mi*.

Ces trois manières de solfier se nommaient *déductions*, et le genre de la déduction s'appelait *propriété*.

Il y avait donc trois sortes de *propriété*.

Propriété de nature, comme   UT RÉ MI FA SOL LA

Propriété de bémol, comme qui s'exprimait alors par ces syllabes transportées sur les notes

FA SOL LA SI UT RÉ
ut ré mi fa sol la
fa sol la si ut ré.

Et *Propriété de bécarre*, comme qui s'exprimait aussi par ces syllabes que l'on transportait alors sur les notes

SOL LA SI UT RÉ MI
ut ré mi fa sol la
sol la si ut ré mi.

Beaucoup d'anciens auteurs qui ont traité du plain-chant ou de la musique avant l'introduction de la syllabe *si*, ne sont point compris maintenant par la plupart des musiciens. Les exemples donnés pour l'intelligence du texte y sont disposés d'après les règles des déductions, des muances, et selon leurs *propriétés*. Tout demi-ton qui, dans la musique moderne, se forme au moyen de *si ut* ou du dièse, y est exprimé par les syllabes *mi fa*. Tout demi-ton qui se forme au moyen de *ut si*, *si* ♭ *la*, ou par un bémol, y est exprimé par *fa mi;* ce qui fait que, si, dans la musique moderne, on voulait chanter la gamme chromatique ascendante selon la méthode des muances, on serait obligé de dire continuellement,

ut ut♯ ré ré♯ mi fa fa♯ sol sol♯ la la♯ si ut.
ut mi fa mi fa ut mi fa mi fa mi fa ut.

et en descendant,

ut si si♭ la la♭ sol sol♭ fa mi mi♭ ré ré♭ ut.
fa mi fa mi fa mi fa mi mi fa mi fa mi.

Il n'est donc pas étonnant que l'invention du *si* ait fait époque. La musique devint alors fort aisée à apprendre, et les nombreuses difficultés dont la solmisation était hérissée auparavant disparurent.

Il fallait une longue expérience pour distinguer à quel genre de *propriété* appartenait un passage de mélodie en raison des accidens qu'il comportait. De là le proverbe *ignorant par bémol ainsi que par bécarre*, que Regnard a mis dans la bouche d'Agathe, acte 2e, scène 7e des *Folies Amoureuses*.

Si aux difficultés des muances, on ajoute encore celles que faisaient naître les accidens sous-entendus lesquels, souvent, n'étaient point écrits surtout dans le chant grégorien, on se convaincra que la lecture de la musique et principalement la solmisation offraient autrefois des difficultés que peu de personnes pouvaient surmonter. (*Voyez* DÉDUCTION, GAMME, MUANCES, SOLFIER, SOLMISATION.)

PROSE, s. f. L'*Alleluia* se chantait, anciennement comme aujourd'hui, avec un ton qui marquait la joie. C'est pour cela qu'à la fin on ajoutait une multiplication de notes de plain-chant qu'on appela *pneuma* ou *jubilus*; c'est-à-dire, chant de joie. Il y eut des églises où l'on ajouta dans la suite quelques paroles pour être chantées, ou sur ces notes de plain-chant, ou à leur place; mais toujours d'un ton de joie. Ces paroles furent nommées *sequentia*, suite de l'*alleluia*, et en quelques lieux, *prose*, attendu qu'elles n'étaient pas composées en vers comme les hymnes et autres chants. C'est là l'origine des *proses* qu'on chante les jours de fête solennelle à la messe après l'*alleluia*.

L'usage des *proses* était très-fréquent autrefois. L'office romain n'en a conservé que trois, *Victimæ paschali laudes*, pour le jour et l'octave de Pâques ; *Veni, Sancte Spiritus*, pour la Pentecôte ; *Lauda Sion salvatorem*, pour la fête du St.-Sacrement. On les chante bien souvent en musique.

Si l'on suivait le premier esprit des *proses* dans leur institution on ne devrait point en dire dans les messes des morts, puisqu'à ces messes-là on ne chante jamais l'*alleluia*. Mais la *prose* des morts *Dies iræ* est si belle que les correcteurs des missels n'ont jamais voulu la supprimer ; d'ailleurs son mouvement à notes égales la rend semblable pour l'exécution à toutes les autres pièces de plain-chant.

PROSLAMBANOMÈNE. Nom du *la* ajouté par les Grecs au-dessous du *si*, par lequel commençait leur système. Guido ayant placé un *sol* au-dessous de ce *la*, ce *sol* fut appelé *hypo-proslambanomenos* ; c'est-à-dire *au-dessous de la proslambanomène*.

PROSODIE, s. f. Par ce mot *prosodie*, on entend la manière de prononcer chaque syllabe d'un mot régulièrement, c'est-à-dire suivant ce qu'exige chaque syllabe prise à part et considérée dans ses trois propriétés, qui sont l'accent, l'aspiration, et la quantité.

Le chant vocal étant une déclamation plus libre et plus fortement accentuée que la déclamation ordinaire, le musicien ne peut s'astreindre à suivre strictement les règles de la *prosodie* et à donner à chaque mot un groupe de notes qui s'accorde parfaitement avec la quantité des syllabes qui le composent. Cet asservissement nuirait trop au dessin mélodique. Mais il doit observer de placer les syllabes fortes, ouvertes et significatives sur les bonnes notes et les temps forts en faisant filer les syllabes sourdes et féminines sur les temps faibles. Il doit observer encore de faire concorder le plus possible la quantité des mots avec celle des notes, et le sens du discours oratoire avec celui du discours musical, de manière que l'un ne reste pas suspendu tandis que l'autre est terminé.

PROSODIER. C'est, dans la composition et l'exécution de la musique vocale, observer avec soin les longues et les brèves.

La *prosodie* est le *cadencé* des mots, et le *cadencé* des notes est la *prosodie* de la musique.

Dans le récitatif, les notes marquent l'intonation, mais non pas la durée des sons; le chanteur en règle la marche; il précipite le mouvement ou le retarde, selon que l'expression l'exige; il suit les principes de la déclamation oratoire pour le débit de la phrase poétique et pour l'observation de la prosodie que les divisions des notes rendent souvent d'une manière bien imparfaite. Il use quelquefois du même privilége dans les airs mesurés, en faisant de légères altérations aux valeurs des notes, pour donner plus de grâce et de vigueur à l'accent musical, et corriger sans affectation quelques négligences du compositeur peu familier avec la quantité de notre langue. Cela doit être fait avec un goût exquis, une extrême réserve, et d'après les principes de l'école, pour ne pas porter atteinte aux mélodies. Le chanteur doit se garder surtout d'imiter la manière des acteurs du Vaudeville : un débit sec, martelé, durement prosodique, peut être bon pour des chansons dont on ne doit entendre que les paroles ; ce serait tomber dans la barbarie, que de l'introduire dans le chant figuré.

Il ne faut pas mépriser les lois de la prosodie, comme le font les Italiens ; il ne faut pas non plus en prescrire une trop rigoureuse observation, elle ferait naître des obstacles insurmontables qui nuiraient à la grâce du chant, et feraient peut-être même renoncer à la réunion des paroles à la musique.

Nos virtuoses, qui savent si bien ajuster le second et le troisième couplet d'une romance à l'air composé pour le premier, rectifieront aisément les fautes de prosodie et de déclamation qui se rencontrent quelquefois dans le récitatif et dans le chant mesuré ; cela est d'autant plus essentiel, que ces fautes, déjà si désagréables à l'oreille, peuvent encore altérer le sens grammatical.

Il est bon de faire observer que, quand le discours musical procède par notes égales et d'un rhythme uniforme, les lois de la prosodie ne sont plus suivies, et l'on distribue indistinctement les longues et les brèves sur des notes de même valeur. Je citerai pour exemple le beau chœur de *la Vestale*,

> De son front que la honte accable.

Proverbes musicaux. La musique unie à la poésie

fait une impression si forte sur l'âme, que lors même qu'ils sont dépouillés du charme des paroles, les airs de chant conservent encore leur signification. Ce ne sont que des souvenirs, mais cette expression mémorative agit d'une manière bien puissante. On a donné par analogie le nom de *proverbes musicaux* aux airs ou fragmens d'airs qui rappellent à l'imagination le trait malin, la pensée ingénieuse, la sentence, le compliment, la déclaration d'amour, le serment, l'invocation, l'expression d'admiration, de désir, de joie, de tristesse, etc. que renfermaient les paroles jointes à leur mélodie. Les airs suivans sont donc des *proverbes*.

Que d'attraits, que de majesté!

Où peut-on être mieux qu'au sein de sa famille!

C'est ici le séjour des Grâces.

Quand le bien-aimé reviendra.

Jurons de nous aimer toujours.

Adieu, conservez dans votre âme
Le souvenir de notre ardeur.

La beauté fait toujours voler à la victoire.

Ah! laissez-moi la pleurer!

Venez régner en souveraine.

Du moment qu'on aime,
L'on devient si doux, etc.

Gardez-vous de la jalousie.

Nous braverons pour lui les plus sanglans hasards.

Je n'ai jamais chéri la vie
Que pour te prouver mon amour.

Notre général vous appelle.

La victoire est à nous.

Ah ! je triomphe de son cœur !

Ne va pas me tromper.
Ne crois pas m'échapper.

Lorsqu'on est si bien ensemble
Devrait-on jamais se quitter ?

C'est ici que Rose respire.

Femme jolie et du bon vin :
Voilà les vrais biens de la vie.

Eh mais, oui dà,
Comment trouver du mal à ça ?

Ils sont passés ces jours de fêtes.

Quoi ! c'est vous qu'elle préfère ?

Vive Henri Quatre.

Adieu Marton, adieu Lisette.

Serviteur à monsieur d'Lafleur.

L'Amour est un enfant trompeur.

Ça n' dur'ra pas toujours.

Va-t-en voir s'ils viennent, Jean.

Ces airs que l'on a long-temps répétés et qui sont gravés dans la mémoire de tout le monde, donnent lieu à d'ingénieuses allusions et l'on ne manque jamais d'applaudir le musicien qui les fait exécuter à-propos dans une sérénade, un divertissement, une fête publique. La clarinette fait entendre le motif, et les paroles volent de bouche en bouche. L'emploi de ces airs parlants, de ces *proverbes musicaux* est d'un grand secours pour l'intelligence de la pantomime des ballets. Ils ajoutent au piquant de certains couplets de vaudeville. Il n'est point d'action dans la vie, point de passion qui n'ait son expression dans la musique, et, qui plus est, son expression consacrée. Il faudrait être tout-à-fait étranger à notre scène lyrique pour ne pas comprendre ce que signifient la plus grande partie de ces airs.

Les proverbes reçus dans la conversation nous viennent presque tous des auteurs du premier âge de notre littérature. Ils ont pris les devants, et une fois le mot donné, une fois l'expression consacrée par un long usage, rien ne peut la changer ni la faire oublier. C'est par la même raison que le plus grand nombre de nos *proverbes musicaux* appartiennent aux opéras de l'ancien répertoire.

PSALMODIER, v. n. C'est chanter ou réciter les psaumes et l'office d'une manière particulière, qui tient le milieu entre le chant et la parole. C'est du chant, parce que la voix est soutenue; c'est de la parole, parce qu'on garde presque toujours le même ton, et que l'on y observe exactement le débit oratoire.

PSALTÉRION, s. m. Instrument à cordes fixes, qui a la forme d'un triangle tronqué par en haut, et dont chaque note a deux cordes de laiton ou d'acier. Il se joue des deux mains, en mettant aux doigts des anneaux plats, d'où sort un fort tuyau de plume pointu.

Quelques musiciens ambulans jouent encore du *psaltérion*.

PSAUME, s. m. C'est une partie de l'office divin, composée originairement en hébreu par le prophète David, et que les Juifs chantaient en s'accompagnant de divers instrumens. Zarlin prétend que le pape Léon III en introduisit l'usage dans nos églises, et qu'il en régla lui-même les intonations, les médiations, les terminaisons, et tout ce qui regarde la manière de les chanter, que l'on nomme *psalmodie*.

Les *Psaumes* sont au nombre de cent-cinquante. L'Église en a choisi sept pour servir de prières à ceux qui demandent pardon à Dieu de leurs fautes : on les appelle *Psaumes de la Pénitence*. Le *Miserere*, qui a servi de texte à tant de belles compositions, est un de ces sept *Psaumes*. Le *Miserere* de Leo, le *Miserere* d'Allegri sont des œuvres sublimes; on en peut dire autant de la plupart des *Psaumes* de B. Marcello, sénateur de Venise.

Le style du prophète David étant très-poétique et riche d'images, c'est principalement dans les *Psaumes* que les compositeurs prennent les paroles de leurs motets. Le *Dixit*, l'*Exurgat Deus* de Lalande sont très-estimés par les connaisseurs.

PUPITRE, s. m. Meuble dont on se sert pour poser les livres de musique, les partitions, les parties séparées, dans une situation commode pour être lus. Quoique presque toute la musique instrumentale s'exécute en se servant de *pupitres*, on n'appelle cependant *musique de pupitre* que la musique destinée aux concerts, comme symphonies, quintettes, quatuors, trios, duos, concertos, sonates.

Tel auteur qui s'est fait une grande réputation en composant de la *musique de pupitre*, échoue quelquefois dans le style dramatique.

Q.

Quadruple-Croche, s. f. Note de musique valant le huitième d'une croche. Les *quadruples-croches* sont crochées à quatre crochets, ou à quatre barres qui en tiennent lieu quand elles sont plusieurs de suite. (*Fig.* 51.)

Quantité, s. f. Par *quantité* l'on entend, en grammaire, la mesure de la durée du son dans chaque syllabe de chaque mot. On mesure les syllabes, non pas relativement à la lenteur ou à la vitesse accidentelle de la prononciation, mais relativement aux proportions immuables qui les rendent ou longues ou brèves. Ainsi, ces deux médecins de Molière (1), l'un qui allonge excessivement ses mots, et l'autre qui bredouille, ne laissent pas d'observer également la *quantité*; car, quoique le bredouilleur ait plus vite prononcé une longue que son camarade une brève, tous les deux ne laissent pas de faire exactement brèves celles qui sont brèves, et longues celles qui sont longues; avec cette différence seulement, qu'il faut à l'un sept ou huit fois plus de temps qu'à l'autre pour articuler.

La *quantité* des sons, dans chaque syllabe, ne consiste donc point dans un rapport déterminé de la durée

---

(1) *L'Amour médecin*, acte II, scène 5.

du son, à quelques parties du temps que nous assignons par nos montres, à une minute, par exemple, à une seconde, etc. Elle consiste dans une proportion invariable entre les sons, qui peut être caractérisée par des nombres : en sorte qu'une syllabe n'est longue ou brève dans un mot que par relation à une autre syllabe, qui n'a pas la même *quantité*.

En musique, ce mot n'exprime pas le nombre des notes, mais la durée relative qu'elles doivent avoir. La *quantité* produit le rhythme, le degré de son produit l'intonation, l'accent lui donne la couleur ou la force; du rhythme et de l'intonation résulte la mélodie.

QUARRÉE. (*Voyez* CARRÉE.)

QUART DE SOUPIR, s. m. Valeur de silence qui marque, comme le porte son nom, la quatrième partie d'un soupir, c'est-à-dire l'équivalent d'une double croche. (*Fig.* 51.)

QUART DE TON, s. m. Nous n'avons ni dans l'oreille, ni dans les calculs harmoniques, aucun principe qui nous puisse fournir l'intervalle exact d'un *quart de ton*; et quand on considère quelles opérations géométriques sont nécessaires pour le déterminer sur le monocorde, on est bien tenté de soupçonner qu'on n'a peut-être jamais eu de *quart de ton* juste, ni par la voix, ni sur aucun instrument.

Quelques musiciens appellent aussi *quart de ton*, l'intervalle qui, de deux notes à un ton l'une de l'autre, se trouve entre le bémol de la supérieure et le dièse de l'inférieure. Le tempérament fait évanouir cet intervalle : le calcul pourrait le déterminer, mais on l'a banni de la musique où il ne peut avoir d'emploi.

QUARTE, s. f. La *quarte* étant un renversement de quinte, devrait être considérée comme consonnance ; mais son effet étant moins agréable que celui de la quinte, elle est regardée comme dissonance contre la basse, et comme consonnance entre les parties intermédiaires et supérieures.

Il y a trois sortes de *quartes* : 1° la *quarte juste* ou simplement *quarte*, qui est composée de deux tons et demi ; 2° la *quarte augmentée*, composée de trois tons et que l'on appelait autrefois *triton*, à cause de cela ; 3° la *quarte diminuée*, composée d'un ton et de deux demi-tons.

Une suite de *quartes* est permise en harmonie pourvu qu'on y ajoute la sixte au grave. (*Fig.* 58.)

QUARTE DE NASARD, jeu d'orgue, qui sonne la quarte au-dessus du nasard, et l'octave au-dessus du prestant. Ce jeu est de plomb et fait partie de ceux que l'on appelle *jeux de mutation*.

Les basses sont à cheminée, et les dessus ouverts, ou bien il est fait en fuseau comme le nasard.

QUARTER, v. n. C'était, chez les anciens musiciens, une manière de procéder dans le déchant ou contrepoint, plutôt par quartes que par quintes : c'était ce qu'ils appelaient, par un mot latin plus barbare encore que le français, *diatesseronare*.

QUARTETTO. (*Voyez* QUATUOR.)

QUATORZIÈME, s. f. Réplique ou octave de la septième. Cet intervalle s'appelle *quatorzième*, parce qu'il faut former quatorze sons pour passer diatoniquement d'un de ses termes à l'autre. (*Fig.* 18.)

QUATRE MAINS. On appelle sonate à *quatre mains*, une pièce composée pour être exécutée par deux personnes sur un même piano. Elles se placent l'une à côté de l'autre, et se divisent le clavier par moitié. L'octave ajoutée à cet instrument, ouvre un champ plus vaste à la sonate à *quatre mains*, et donne à chaque exécutant une étendue de trois octaves. Malgré ce précieux avantage, cette espèce de composition produit peu d'effet, et doit être considérée plutôt comme pièce d'étude, que comme morceau de concert et d'apparat. Le chant confié à la partie la plus aiguë qui ne procède que des cordes très-courtes et vibrant peu, est presque toujours étouffé par les trois mains d'accompagnement, qui se servent des cordes les plus sonores de l'instrument. Il existe de très-belles sonates à *quatre mains* de Mozart. On a arrangé des symphonies de Haydn, et des ouvertures d'opéra à *quatre mains* pour le piano.

Les deux parties d'une sonate à *quatre mains* s'écrivent sur le même cahier. La seconde occupe toutes les pages verso, en tête desquelles on écrit ce mot : *secondo*; et la première, toutes celles recto sur lesquelles on lit *primo*. La manière dont les exécutans sont assis devant le clavier, a déterminé cet ordre qui fait marcher le second avant le premier.

M. Zimmerman a arrangé plusieurs ouvertures, et des concertos de Mozart à six et huit mains, pour être exécutés sur deux pianos, et même à treize mains. Un pianiste joue la partie principale sur un seul instrument, et six autres pianistes remplissent les parties d'orchestre sur trois pianos d'accompagnement. Ces morceaux de musique, ainsi arrangés, produisent de l'effet, et donnent les moyens d'accoutumer de bonne heure les jeunes pianistes à jouer ensemble avec précision.

QUATUOR, s. m. Morceau de musique à quatre voix ou à quatre instrumens obligés.

Les quatre voix qui forment le *quatuor* de chant, sont presque toujours accompagnées par l'orchestre ou le piano.

Il faut nécessairement que les parties d'un *quatuor* instrumental concertent entre elles et s'engrènent de manière que l'une dépende toujours de l'autre. Si le chant passe alternativement d'une partie à l'autre, le *quatuor* n'est qu'un solo dialogué. Si le premier violon soutient le discours musical, depuis le commencement jusqu'à la fin, c'est alors une véritable sonate accompagnée de second violon, viole et violoncelle.

On a composé des *quatuors* pour quatre instrumens à vent. D'autres pour flûte, hautbois, clarinette, cor, ou basson, et trois instrumens à cordes. Ces essais n'ont jamais réussi, et l'on ne compte pas un seul bon ouvrage dans ce genre. Le jeu des instrumens à vent demande de fréquens repos, il est bien difficile que l'exécutant puisse fournir successivement au chant et à l'accompagnement, et que le corniste qui vient de faire une batterie au grave, attaque ensuite avec franchise les tons de la quinte aiguë. Si l'on donne à chacun le temps de reprendre haleine, l'harmonie en souffrira parce qu'il n'y a pas de double corde qui vienne suppléer l'acteur qui manque. Je pense que pour obtenir de bons résultats dans ce genre, il faut composer à six ou au moins à cinq parties, pour avoir toujours les moyens de remplacer l'instrument qui se tait.

Quant aux *quatuors* écrits pour un seul instrument à vent, et violon, viole et violoncelle, il ne sera d'un bon effet que si on le traite en sonate accompagnée. La note fournie par l'embouchure ne se marie point à celles que l'archet fait entendre, et ne compte pour rien dans l'harmonie; de quel secours une flûte, un cor, peuvent-ils être dans un menuet fortement intrigué? l'instrument à vent ne plaît, que dis-je! on ne s'aperçoit de sa présence que lorsque, dans un récit brillant et mélodieux, sa voix planc au-dessus de la masse des accompagnemens.

Le *quatuor* par excellence se compose de deux violons, viole et violoncelle. Le mot de *quatuor* seul désigne l'association de ces quatre instrumens, ou une composition qui leur est destinée. *Cet air n'est accom-*

pagné que du quatuor. *On a répété l'opéra nouveau au quatuor. Nous aurons ce soir un bon quatuor et un excellent pianiste.*

Ce quatuor *est d'une belle facture. Les* quatuors *de Haydn, de Mozart, sont admirables.*

Si l'on veut parler d'un *quatuor* vocal, on ajoutera le nom de l'ouvrage d'où il est tiré : le quatuor de *Don Juan*, de *Stratonice*, de *ma Tante Aurore*, etc.

QUEUE, s. f. On distingue dans les notes la tête et la *queue*. La tête est le corps même de la note; la *queue* est ce trait perpendiculaire qui tient à la tête, et qui monte ou descend indifféremment à travers la portée. Dans le plain-chant, la plupart des notes n'ont pas de *queue;* mais dans la musique, il n'y a que la ronde qui n'en ait point. Autrefois la brève ou carrée n'en avait pas non plus; mais les différentes positions de la *queue* servaient à distinguer les valeurs des autres notes, et surtout de la plique.

Aujourd'hui la *queue* ajoutée aux notes du plain-chant, prolonge leur durée; elle l'abrège, au contraire, dans la musique, puisqu'une blanche ne vaut que la moitié d'une ronde. (*Fig.* 51.)

QUEUE. (*Voyez* CODA.)

QUEUE de violon, de violoncelle; c'est la partie de ces instrumens à laquelle les cordes sont attachées par en bas, tandis qu'elles sont roulées par en haut autour des chevilles.

QUICK. (*Voyez* PRESTO.)

Quinte, s. f. La seconde des consonnances dans l'ordre de leur génération. La *quinte* est une consonnance parfaite; son rapport est de 2 à 3. Elle est composée de quatre degrés diatoniques, arrivant au cinquième son, d'où lui vient le nom de *quinte*. Son intervalle est de trois tons et demi; il est le renversé de la quarte juste.

On compte trois espèces de *quinte* : 1° la *quinte juste* ou simplement *quinte;* 2° la *quinte diminuée* que l'on appelait autrefois *fausse quinte;* cet intervalle est composé de deux tons, et deux demi-tons, c'est le renversé de la quarte augmentée; 3° la *quinte augmentée;* cet intervalle est composé de trois tons et de deux demi-tons; c'est le renversé de la quarte diminuée.

La règle fondamentale de la succession des consonnances, est de ne point faire deux consonnances parfaites de suite par mouvement direct. Les deux octaves sont défendues, parce qu'elles ne produisent aucun effet; les deux *quintes*, parce qu'elles en produisent un très-mauvais.

Comme la *quinte* diminuée est dissonante, elle peut succéder en mouvement direct à une *quinte* juste, ou la précéder.

Quinte, jeu d'orgue ainsi nommé, parce qu'il sonne la *quinte* du prestant dont il a le timbre. Son octave s'appelle *octave de quinte*. Ce jeu est le même que l'on désignait autrefois sous le nom de *nasard*. (*Voyez* Nasard.)

Quinte. (*Voyez* Viole.)

Quintes cachées. (*Voyez* Cachée.)

Quinter, v. n. C'était, chez nos anciens musiciens, une manière de procéder dans le déchant ou contre-point, plutôt par *quintes* que par quartes. C'est ce qu'ils appelaient aussi, dans leur latin, *diapentissare*. Muris s'étend fort au long sur les règles convenables pour *quinter* ou quarter à propos.

Quintette, s. m. Morceau de musique à cinq voix, ou à cinq instrumens obligés.

Le *quintette* vocal est toujours accompagné de l'orchestre, ou du piano qui est un orchestre en petit.

Si le *quatuor* instrumental offre à un grand compositeur assez de latitude et de moyens pour montrer quel est son talent et son génie, le *quintette* lui est plus favorable encore, en ce qu'il met à sa disposition un acteur de plus dont il n'est pas embarrassé, comme ceux qui, ne connaissant pas leur art, ne peuvent placer cinq personnages dans un cadre, sans doubler les rôles et détruire l'unité du tableau.

Les morceaux à cinq parties ne sont des *quintettes* qu'autant que ces parties ne se doublent pas entr'elles, et sont toutes obligées. Il est beaucoup de soi-disant quatuors ou *quintettes*, composés pour faire briller un seul instrument; on doit les ranger parmi les sonates accompagnées.

Le *quintette* est composé de deux violons, viole et deux violoncelles, mais on ajuste les parties de manière que le premier violoncelle puisse être remplacé, au besoin, par une viole, et l'on grave maintenant une sixième partie supplémentaire, pour faciliter cette transmutation.

Par le mot *quintette*, on entend l'association des cinq instrumens que nous venons de désigner, et les compositions qui leur sont destinées. Les *quintettes* de Bocchérini jouissent d'une grande réputation, et prouvent que le goût qui varie souvent en musique, ne fait abandonner que les mauvais ouvrages. MM. Janet et Cotelle viennent de publier une superbe édition de ces *quintettes*.

S'il s'agit d'un *quintette* vocal, on ajoute le nom de l'opéra d'où il est tiré. Le *quintette de i Nemici Generosi*, le *quintette de Gulnare*.

M. Reicha a composé des *quintettes* pour flûte, hautbois, clarinette, cor et basson, d'un style élégant et vigoureux, et dont l'effet est ravissant.

QUINTETTO, (*Voyez* QUINTETTE.)

QUINZIÈME, s. f. Intervalle de deux octaves. (*Fig.* 18.)

R.

Racler, v. a. Jouer mal d'un instrument à archet: c'est tirer durement, avec l'archet, des sons aigres d'un violon, d'une viole ou d'une basse.

Racleur, s. m. Joueur de violon, de viole ou de basse, qui se sert de son archet de manière à ne tirer que des sons durs et désagréables de son instrument.

Ramage, s. m. C'est le chant suivi et phrasé que font entendre le rossignol, le pinson, la linotte, le serin, et tous les oiseaux doués d'une voix sonore et propre à la mélodie. Ces oiseaux modifient leur voix de trois manières différentes: le cri de voyage, l'appel et le *ramage*, sont des chants bien distincts. C'est en volant au haut des airs qu'ils articulent le cri de voyage. Perchés sur un arbre, c'est au moyen de l'appel qu'ils en invitent d'autres à s'arrêter, et c'est par le *ramage* qu'ils manifestent leur joie. Philomèle chante ses amours au lever de l'aurore, nous jouissons encore de son *ramage* pendant la journée, si un bosquet touffu lui sert d'abri contre les feux du soleil; elle prolongera même ses délicieux accens pendant la nuit. Le pinson est peut-être l'oiseau qui met le plus de variété et de force rhythmique dans ses chants. Le cri de voyage et l'appel sont communs au mâle et à la femelle, dans toutes les espèces d'oiseaux chantants;

mais les mâles seuls (1) font entendre le *ramage*, et c'est à ce signe qu'on les reconnaît, si l'on ne peut pas en juger d'après leur plumage.

Le *ramage* est le chant le plus brillant et le plus varié de l'oiseau. Ce mot n'a pas la même signification à l'égard de l'homme, en musique on le prend toujours en mauvaise part. *Un* ramage *sans fin, un étrange, un fastidieux* ramage : telles sont les expressions dont on se sert pour désigner les roulades, et les agrémens de mauvais goût que prodigue une chanteuse sans âme et sans style. Il faut avoir recours aux figures poétiques, pour que ce mot ne rappelle pas les manières de parler ironiques, où l'on a coutume de le placer.

RASGADO. s. m. Prélude que les Espagnols exécutent, en attaquant successivement toutes les cordes de la guitare avec le pouce, et en suivant la mesure et le rhythme des boléros et des séguidilles. Le *rasgado* est la ritournelle ordinaire de ces sortes d'airs. (*Fig.* 39.)

Ce mot vient du verbe espagnol *rasgar*, arpéger.

RAVALEMENT, s. m. Le clavier n'était composé d'abord que de quatre octaves, qui commençaient au premier *ut* du piano ; ceux des anciennes orgues n'ont que cette étendue. Lorsqu'on voulut augmenter le clavier des clavecins, on ajouta une quinte en bas, ce qui le porta jusqu'au *fa*, et le fit par conséquent aller *en aval* ; de là on forma ce mot *ravalement*, qui signifie

(1) Il y a pourtant quelques exceptions : le bouvreuil, par exemple.

la même chose que *diapason*, c'est-à-dire la réunion de tous les sons que l'on peut obtenir d'un instrument. Ce mot ne s'emploie que pour les instrumens.

Lorsqu'on ajouta ensuite une quarte à l'aigu, pour faire arriver le clavier jusqu'au *fa*, on aurait pu appeler cette opération *rehaussement*, mais le mot de *ravalement* déjà adopté fut appliqué aux deux opérations inverses.

Le *ravalement* des grands pianos est maintenant de six octaves, de *fa* en *fa*, et dans quelques-uns d'*ut* en *ut*. On ne doit pas chercher à augmenter cette échelle, qui est déjà assez étendue, et à laquelle on ne pourrait ajouter que des sons trop graves ou trop aigus. Quoique le *ravalement* de l'orgue ne comprenne que quatre octaves et demie, la diversité du calibre des tuyaux le porte à huit et demie. Le 32 pieds fait sonner la double octave basse du premier *ut* du violoncelle, et le jeu de flageolet la double octave du *fa* placé au-dessus de la portée de la clef de *sol* avec trois lignes additionnelles.

Ré. La seconde des sept syllabes de notre gamme, laquelle répond à la lettre *D*.

Rebec, s. m. Instrument qui a précédé le violon, et qui lui ressemblait beaucoup. Il n'avait que trois cordes, et on se servait d'un petit archet pour en tirer du son.

C'était l'instrument favori des ménestrels ou ménestriers. Colin Muset, musicien du douzième siècle, s'était rendu célèbre par la manière dont il en jouait.

Récit, s. m. Nom générique de tout ce qui se chante à voix seule. On dit, un *récit* de basse, un *récit* de ténor, de dessus.

Ce qui s'exécute par un instrument seul, s'appelle *solo*.

Réciter, se dit également des voix et des instrumens; *réciter*, c'est chanter ou jouer seul une partie quelconque, par rapport au chœur et à l'orchestre en général, où plusieurs chantent ou jouent la même partie à l'unisson.

Quand une partie vocale ou instrumentale *récite*, on écrit sur cette partie *solo*, pour avertir l'exécutant qu'il va être placé en première ligne, et devenir l'objet de l'attention générale.

Si deux ou trois parties *récitent* à la fois, on écrit *soli*.

Récitant, participe. Partie *récitante*, est celle qui se chante par une seule voix, ou se joue par un seul instrument, par opposition aux parties de symphonie et de chœur, qui sont exécutées à l'unisson par plusieurs concertans.

Récitatif, s. m. Discours récité d'un ton musical et harmonieux. C'est une manière de chant qui approche beaucoup de la parole; une déclamation en musique, dans laquelle le musicien doit imiter, autant qu'il est possible, les inflexions de voix du déclamateur. Ce chant est nommé *récitatif* parce qu'il s'applique à la narration ou récit, et qu'on s'en sert dans le dialogue dramatique.

Chez les Grecs, toute la poésie était en *récitatif*, parce que la langue étant mélodieuse, il suffisait d'y ajouter la cadence du mètre et la récitation soutenue, pour rendre cette récitation tout-à-fait musicale: d'où vient que ceux qui versifiaient, appelaient cela *chanter*. Cet usage, passé ridiculement dans les autres langues, fait dire encore aux poëtes, *je chante*, lorsqu'ils ne font aucune sorte de chant. Les Grecs pouvaient chanter en parlant; mais chez nous, il faut parler ou chanter: on ne saurait faire à la fois l'un et l'autre. C'est cette dinstinction même qui nous a rendu le *récitatif* nécessaire. La musique domine trop dans nos airs, la poésie y est presque oubliée. Nos drames lyriques sont trop chantés, pour pouvoir l'être toujours. Un opéra qui ne serait qu'une suite d'airs, ennuyerait presque autant qu'un seul air de la même étendue. Il faut couper et séparer les chants de la parole, mais il faut que cette parole soit modifiée par la musique. Les idées doivent changer, mais la langue doit rester la même: cette langue une fois donnée, en changer dans le cours d'une pièce, serait vouloir parler moitié français, moitié allemand. Le passage du discours au chant, et réciproquement, est trop disparate, il choque à la fois l'oreille et la vraisemblance: deux interlocuteurs doivent parler ou chanter; ils ne sauraient faire alternativement l'un et l'autre. Or, le *récitatif* est le moyen d'union du chant et de la parole; c'est lui qui sépare et distingue les airs, qui repose l'oreille étonnée de celui qui précède, et la dispose à goûter celui qui suit; enfin c'est à l'aide du *récitatif*, que ce qui n'est que dialogue, récit, narration dans le drame, peut se rendre sans sortir de la langue donnée, et sans déplacer l'éloquence des airs.

On ne mesure point le *récitatif* en chantant. Cette mesure, qui caractérise les airs, gâterait la déclamation récitative. C'est l'accent, soit grammatical, soit oratoire, qui doit seul diriger la lenteur ou la rapidité des sons, de même que leur force ou leur faiblesse. Le compositeur, en notant le *récitatif*, n'a en vue que de marquer l'intonation, de fixer la correspondance du chant et de l'orchestre, et d'indiquer à peu près comment on doit marquer la quantité des syllabes, cadencer et scander les vers.

On ne se sert en général que de la mesure à quatre temps pour le *récitatif*, et on le note au naturel. Les modulations y changent si souvent, que l'on a regardé comme inutile d'armer la clef de signes dont l'effet serait détruit à l'instant par des signes contraires.

Le récitatif est syllabique, c'est-à-dire que chaque note porte sur une syllabe. Chaque syllabe forte du discours doit être rendue forte, et frappée aux temps forts de la mesure. Il semblerait, d'après cela, qu'il ne peut y avoir aucun ornement; les chanteurs habiles savent cependant en placer de très-beaux, lorsque le caractère et le dessin du *récitatif* le permettent.

On distingue plusieurs sortes de *récitatif*.

Le *récitatif simple*,

Le *récitatif accompagné*,

Le *récitatif mesuré*,

Et le *récitatif obligé*.

Le *récitatif simple* est celui qui n'est soutenu que par un accompagnement de basse, exécuté sur le piano : on y ajoute les violoncelles et la contrebasse. Cette espèce d'accompagnement suit toujours le chant à la piste; ce *récitatif* n'est employé que dans les compositions des écoles etrangères.

Le *récitatif accompagné* (qui pour nous est le *récitatif simple*) s'accompagne ordinairement du quatuor, qui soutient des notes longues et liées, en multiplie les vibrations par l'action de l'archet dans le trémolo, ou frappe des notes détachées sur les temps forts. Ce *récitatif* règne presque d'un bout à l'autre dans nos grands opéras.

Le *récitatif mesuré* est un *récitatif* formé des inflexions propres au *récitatif*, mais auquel on joint la mesure. Ce genre s'emploie au milieu d'un *récitatif* ordinaire, pour faire ressortir quelque passage remarquable; dans la même intention on y ajoute souvent quelques instrumens à vent, tels que les cors, les hautbois, les flûtes : ce changement bien ménagé produit de l'effet.

Le *récitatif obligé* est celui qui est accompagné de tout l'orchestre, et qui est entremêlé de ritournelles et de traits de symphonie, en sorte que l'orchestre et le récitant sont forcés de s'attendre l'un l'autre : c'est de cette obligation réciproque, qui est particulière à ce genre, qu'il a pris le nom de *récitatif obligé*. Cette espèce de *récitatif* sert communément d'introduction aux morceaux de chant.

C'est au fameux A. Scarlatti que nous devons l'invention du *récitatif obligé*.

Quoique le *récitatif* ne soit qu'une déclamation notée, et dont les diverses inflexions se reproduisent souvent, il ne faut pas croire, pour cela, qu'il y ait peu de mérite à bien écrire une scène de cette manière; les *récitatifs* des grands maîtres offrent presque autant de beautés que leurs chants mesurés.

Le *récitatif* une fois adopté, on ne devrait le quitter que pour le chant figuré, sans jamais faire succéder la déclamation oratoire aux airs et aux chœurs : nous suivons ce principe à l'égard de l'Opéra sérieux; mais nos opéras comiques sont un mélange de chant et de déclamation. On a préféré un dialogue vif, spirituel et piquant, aux phrases d'un *récitatif* qui n'a point assez de rapidité pour le style comique, et dont les tours sont peu variés, à cause de l'obligation où l'on se trouve de s'en tenir souvent au simple débit. J'ai déjà émis mon opinion à ce sujet, elle est conforme à celle de Rousseau. Cependant, ce qui me ferait penser que la licence que l'on a prise à l'Opéra-Comique est favorable à nos plaisirs, et doit être excusée, c'est que les Italiens, qui dans un temps nous ont donné des lois, commencent à adopter notre manière, en débarrassant leurs opéras bouffons d'un *récitatif* inutile, puisqu'ils ne l'écoutaient pas. (*Fig.* 40.)

RÉCITER, v. a. et n. C'est chanter ou jouer seul dans une musique, c'est exécuter un récit. (*Voyez* RÉCIT.

RÉCLAME, s. f. C'est, dans le plain-chant, la partie du répons que l'on reprend après le verset. (*Voyez* RÉPONS.)

REDOUBLÉ, adj. On appelle *intervalle redoublé* tout intervalle simple porté à son octave. Ainsi la treizième, composée d'une sixte et de l'octave, est une sixte *redoublée*, et la quinzième, qui est une octave ajoutée à l'octave, est une octave *redoublée*. Quand, au lieu d'une octave, on en ajoute deux, l'intervalle est triplé ; quadruplé, quand on ajoute trois octaves.

Tout intervalle dont le nom passe sept en nombre, est tout au moins *redoublé*. Pour trouver le simple d'un intervalle *redoublé* quelconque, rejetez sept autant de fois que vous le pourrez du nom de cet intervalle, et le reste sera le nom de l'intervalle simple : de treize rejetez sept, il reste six ; ainsi la treizième est une sixte *redoublée*. De quinze ôtez deux fois sept ou quatorze, reste un : ainsi la quinzième est un unisson triplé, ou une octave *redoublée*.

Réciproquement pour *redoubler* un intervalle simple quelconque, ajoutez-y sept, et vous aurez le nom du même intervalle *redoublé*. Pour tripler un intervalle simple, ajoutez-y quatorze, etc. (*Voyez* INTERVALLE.)

RÉDUCTION, s. f. Suite de notes descendant diatoniquement. Ce terme, non plus que son opposé, *déduction*, n'est en usage que dans le plain-chant.

RÉDUIRE, v. a. C'est resserrer le dessin harmonique dans ses formes et ses moyens, pour que les exécutans puissent rendre en sextuor, en quatuor, ou simplement sur le piano, la harpe et même la guitare, une symphonie, une ouverture, un accompagnement destinés pour le grand orchestre.

Les symphonies de Mozart ont été *réduites* en septuors par Cimador, et celles de Haydn par Salomon.

Si un opéra réussit, on en publie aussitôt les airs *réduits* avec accompagnement de piano ou de guitare. On se sert pourtant assez généralement du mot *arranger* pour exprimer la même chose, ce qui est une erreur. (*Voyez* ARRANGER.)

REFRAIN, s. m. Terminaison de tous les couplets d'une chanson ou d'une romance, par les mêmes paroles et par le même chant, qui se dit ordinairement deux fois.

RÉGALE. Jeu d'anche, le plus ancien de tous les jeux de l'orgue. Il n'est plus employé dans les orgues modernes. Ses tuyaux étaient si courts, qu'ils n'avaient pour ainsi dire que l'anche, ce qui donnait les moyens de placer un jeu complet de *régale* dans une table.

RÉGALE. (*Voyez* ECHELETTES.)

REGISTRES, s. m. plur. C'est, dans l'orgue, des règles de bois percées d'autant de trous ronds que chaque jeu a de tuyaux. Quand on tire le *registre*, chacun des trous du *registre* du sommier se présente sous l'embouchure d'un tuyau, en sorte que si l'organiste baisse une touche, et par conséquent la soupape qui lui correspond, le vent entre dans le tuyau et le fait résonner. Quand le *registre* du clavier est poussé, le *registre* du sommier barrant le passage au vent, les touches ne parlent plus, même quand on les baisse.

Il y a autant de *registres* que l'orgue a de jeux différens. Un seul *registre* du clavier fait mouvoir tous ceux d'un jeu composé de plusieurs, tels que les cornets, les fournitures.

Registres vient de *regere*, parce qu'ils donnent à l'organiste les moyens de gouverner le vent renfermé dans le sommier, et de l'introduire dans le nombre de tuyaux nécessaire à l'effet qu'il se propose de rendre.

Les *registres* sont mus par de petites pièces de bois à tiroir et à pommeau, qui sont placées à droite et à gauche du clavier de l'orgue, afin que l'organiste les ait tous sous sa main pour en disposer à son gré ; au-dessous de chaque pommeau on écrit le nom du jeu qui lui correspond.

REGISTRES DE LA VOIX. Le mot *registre*, qui sert à indiquer les changemens des jeux de l'orgue, a été adopté pour indiquer aussi le changement de son qui existe dans le même individu, entre la voix de poitrine, la voix de médium et la voix de tête.

Les voix de basse et de contralte n'ont qu'un seul *registre*, celui de poitrine.

Celle de ténor en a deux, celui de la voix de poitrine et celui de la voix de tête.

Les voix de dessus ont trois *registres*, celui de poitrine, celui de médium et celui de la voix de tête.

Les méthodes de chant donnent les moyens, et proposent des exercices pour réunir ces divers *registres*, et rendre ainsi la voix égale sur tous les points.

Règle d'octave. Formule d'harmonie établie d'après la force mélodique des cordes de l'échelle. Cette formule tend à donner à chacune de ces cordes l'harmonie qui lui est propre quant à elle-même, et en raison de celle qui la précède et de celle qui la suit.

La *règle d'octave* n'a été inventée par aucun maître en particulier, elle a été donnée par l'impulsion successive que la tonalité moderne a amenée dans l'harmonie. Dans l'ancienne tonalité, celle des huit tons du plain-chant, il y avait, à proprement parler, une règle d'harmonie pour les cordes essentielles, à l'égard des repos sur lesquels chaque phrase mélodique se terminait. Il en résultait que, presque toujours, la tierce et la sixte étaient placées rigoureusement sur la note qui annonçait celle qui formait repos, et qui portait l'accord parfait. L'introduction de la basse continue, attribuée à Viadana, n'a pas peu contribué à faire connaître que cette loi de placer la sixte sur l'avant-dernière note d'une phrase harmonique, est tellement dans la nature, que telle échelle d'harmonie que l'on voudra former, devra nécessairement avoir pour base l'accord parfait, direct ou renversé. Si dans la *règle d'octave*, employée depuis plus d'un siècle, on a substitué, sur certaines cordes, des accords dissonans aux accords consonnans, ce n'a été qu'en raison du développement d'un système primordial d'harmonie, dont les fausses interprétations ont été poussées trop loin.

On voit bien qu'il s'agit ici de la *basse fondamentale* : elle n'était qu'une puérile et ridicule application de l'acte de cadence finale, dont nous venons de parler, application que Rameau et ses sectateurs ont voulu étendre et attribuer à chaque note de basse, qui existe par elle-même en raison de sa force tonale, ou qui provient de celle-ci d'après le rang qu'elle occupe dans l'échelle. Cette manie de systèmes a possédé pendant un demi-siècle un grand nombre d'auteurs et de philologues distingués, et nous ne craignons pas de la regarder comme la cause qui fit perdre en France la pureté d'école, et la simplicité dans les bases de l'enseignement de l'harmonie. Gossec vint des bords de la Meuse, rétablit les bons principes, et fonda l'Ecole Française qui réunit les grâces de celle d'Italie, aux richesses d'orchestre, à la vigueur d'expresssion de l'Ecole Allemande. Elle a produit les Catel, les Méhul, les Berton, les Boïeldieu, dont le style s'est formé d'après les documens certains de ce patriarche de l'harmonie.

A cette époque, le système de la *basse fondamentale* eût peut-être prévalu de nouveau, si, par un concours d'heureuses circonstances, l'illustre Chérubini n'était venu se fixer en France, et nous prouver par ses compositions sublimes, qu'il ne peut exister qu'une seule et véritable école en musique, celle des mouvemens réunis à la force tonale.

La *régle d'octave* était alors en France la même qu'en Italie et en Allemagne, en ce qui concernait la première, la seconde, la troisième, la cinquième et la septième note de l'échelle, tant en montant qu'en descendant. Mais on reconnaissait les disciples de Rameau, et ceux de la bonne école, à la manière d'accompagner la quatrième et la sixième note en montant. Les premiers donnaient à la quatrième note, *tierce*, *sixte* et *quinte*, dont la note fondamentale, comme note la plus grave de l'accord divisé par tierces, était la sixte. Dans le système de *la basse fondamentale*, cette note était censée devoir descendre de quinte sur la cinquième note du ton, pour former acte de *cadence imparfaite*; ce qui était encore d'accord avec l'Ecole d'Italie; mais dans le cas où cette même quatrième note, dans la basse passait à la cinquième note, accompagnée de sixte et quarte, la sixte de la quatrième note devant monter diatoniquement, était, selon Rameau, une dissonance sur la quatrième note qui était alors la note fondamentale. C'est ce qu'il appelait, mal à propos, *accord de double emploi*; comme si la note fondamentale d'un accord pouvait changer en raison de la marche des parties. Aussi les harmonistes de la bonne école souriaient-ils de pitié en voyant publier en France une infinité de volumes et de pamphlets, preuves irrécusables de la petitesse des vues et des connaissances de leurs auteurs.

La sixième note accompagnée de *tierce*, *quarte et sixte*, appelée par les sectateurs de Rameau *accord de petite sixte*, et chiffrée $\frac{4}{3}$ ou 6, était encore la pierre de touche à laquelle on reconnaissait les *Ramistes* et les *Non-Conformistes* ; car ces messieurs se donnaient réciproquement des épithètes, qui rendaient leurs disputes encore plus plaisantes.

On trouve dans les ouvrages du temps, et même dans le Dictionnaire de Musique de J.-J. Rousseau, aux mots *basse fondamentale*, *sixte*, *règle d'octave*, toutes ces niaiseries de double emploi, de succession imaginaire de basse fondamentale, dont les bases naturelles sont à chaque instant en opposition avec les règles de succession, qui constituent le système de Rameau.

La facilité apparente de ce système, à l'égard de l'emploi des règles de la composition, l'ignorance des musiciens français, qui à cette époque ne voyaient et n'entendaient que leurs pitoyables compositions, contribuèrent également à faire considérer un homme de génie tel que Rameau, comme propre à fonder un système nouveau appuyé par des démonstrations savantes, et par le succès que ses œuvres pratiques obtenaient journellement.

Ce ne fut donc que quand les opéras de Rameau cessèrent d'être goûtés, et que l'on eut entendu à Paris la musique de Pergolèse, de Leo, de Jomelli, et ensuite celle de Duni et de Philidor, que le système de la *basse fondamentale* commença à décheoir. La belle simplicité d'harmonie italienne l'emporta sur le fatras de tant d'ouvrages de théorie qui ne pouvaient point former de bons harmonistes, et encore moins de bons compositeurs. Quelques amateurs ayant apporté d'Italie les *partimenti* de Durante, on commença à sentir, avec ces études, tout le charme qui naît de l'unité de la mélodie et de l'harmonie. Les bons maîtres d'accompagnement, fort rares alors, n'employaient plus pour base de leur enseignement, que la *règle d'octave* dans les trois positions, c'est-à-dire, selon que l'octave, la tierce ou la quinte du premier accord parfait de la première note du ton est placée comme partie la plus aiguë, soit sur le clavier, soit dans la partition. On ne considéra plus la basse fondamentale, que comme ce qu'elle n'a jamais cessé d'être, c'est-à-dire la note la plus grave des accords fondamentaux, marchant à une autre note qui la suit selon les lois naturelles de la mélodie, et la disposition des consonnances et des dissonances, d'après la règle des trois mouvemens.

Plusieurs auteurs de *partimenti* ont considéré, comme première position, celle où la quinte de l'accord parfait en commençant l'échelle, se trouve dans la partie aiguë ; comme seconde, celle qui a pour note aiguë l'octave ; et enfin, comme troisième position, celle où la tierce est dans l'aigu. Mais la force de la tonalité, qui exige que la partie aiguë se termine toujours sur l'octave de la première note placée dans la basse, a amené toutes les opinions à considérer maintenant, comme première position, celle qui commence et finit avec l'octave dans la partie aiguë. Comme seconde position, celle qui commence avec la tierce ; et enfin, comme troisième position, celle qui commence avec la quinte, ainsi qu'on le voit (*Fig.* 40 *bis.*)

Dans la première et la seconde position, les deux octaves qui existent du *sol* au *la*, entre la partie médiaire et la basse, sont tolérées pour ne pas déranger la main, mais il est préférable de ne pas les admettre.

La *règle d'octave* étant la base de l'harmonie, considérée dans l'accompagnement, il est indispensable à ceux qui se livrent à l'étude du chant ou à l'exécution de la partition au clavier, de posséder parfaitement toutes les échelles des modes majeurs et mineurs dans les trois positions, avec d'autant plus de raison qu'elles classent les doigts et les disposent à se placer comme d'eux-mêmes, dans toutes les marches d'harmonie.

La formule de la *règle d'octave* n'est établie que pour servir de base à l'enseignement de l'harmonie, et les compositeurs ne sont point astreints à s'y conformer, toutes les fois que la basse de leurs mélodies marchera diatoniquement, en suivant tous les degrés de la gamme. L'expérience prouve le contraire, et la variété qui doit régner dans le discours musical l'exige.

Régler le papier. C'est marquer sur un papier blanc les portées, pour y noter la musique.

Régleur, s. m. Ouvrier qui fait profession de régler les papiers de musique.

Réglure, s. f. Manière dont est réglé le papier. Cette *réglure* est trop noire. Il y a plaisir de noter sur une *réglure* bien nette.

Relatif. Tout mode majeur a un mode mineur

qui lui est *relatif*, et réciproquement, c'est-à-dire que tous les modes majeurs et mineurs ont deux à deux la même échelle. Chaque mode majeur a pour *relatif* mineur celui de sa sixième note, et chaque mode mineur a pour *relatif* majeur celui de sa troisième note : ainsi le mode mineur de *la* est le *relatif* du majeur d'*ut*, et réciproquement.

Le mode majeur et son *relatif* mineur sont indiqués à la clef par le même nombre de signes, ou par l'absence de ces mêmes signes. Voici comment il faut s'y prendre pour connaître dans lequel des deux on est effectivement.

Le plus simple est de regarder la première et la dernière note du morceau de musique : car il commence et finit presque toujours par la tonique, surtout à la basse.

Le second moyen consiste à voir si la quinte du mode majeur se trouve altérée par un signe accidentel dans le commencement du morceau, soit dans le chant, soit dans une partie quelconque : si cette quinte est altérée, on est dans le *relatif* mineur, dont elle devient note sensible; et si elle ne l'est pas, on est dans le mode majeur.

Par exemple, s'il n'y a rien à la clef, on peut être en *ut* mode majeur, ou en *la* mode mineur; si la quinte d'*ut*, qui est *sol*, est altérée par un dièse accidentel, ce *sol* ♯ devient note sensible, et on est en *la* mode mineur; si le *sol* n'est point altéré, on est en *ut* mode majeur. Il faut appliquer ce moyen à tous les autres tons.

On trouve encore le ton et le mode par les repos ou cadences dans le chant ou dans la basse; mais il faut déjà avoir quelques connaissances en musique pour se servir de ce moyen.

RELATION. s. f. Par le terme de *relation* on entend l'intervalle qui se trouve entre la note prise par une partie, et la note quittée par une autre : ainsi, dans l'exemple *A* (*Fig.* 41) la première note de la partie inférieure est en *relation* de sixte avec la seconde note de la partie supérieure, et la première note de la partie inférieure.

On conçoit, d'après cela, qu'il y a autant de *relations* que d'intervalles. Mais toutes les *relations* ne sont pas également admissibles : celles d'octave superflue et diminuée, celle de quinte diminuée et celle de quarte majeure sont prohibées; en un mot, les *relations* d'octave, de quinte et de quarte ne comportent pas d'altérations, parce qu'étant altérées, elles font paraître fausses les intonations; c'est pour cela qu'on les appelle *fausses relations* ou *mauvaises relations*. Pour mieux en sentir le mauvais effet, il suffit de répéter plusieurs fois les exemples que nous en donnons. (*Fig.* 41.)

RÉMINISCENCE, s. f. Ressouvenir, renouvellement d'une idée presque effacée.

On dit qu'un ouvrage est plein de *réminiscences*, pour faire connaître qu'il s'y trouve beaucoup de choses qui étaient déjà dans d'autres compositions. Les auteurs dont la verve est épuisée reproduisent, sans s'en douter, les phrases, les tours, les marches d'harmonie, les effets d'orchestre qu'ils ont déjà employés dans leurs ouvrages précédens.

REMISSE, adj. Les sons *remisses* sont ceux qui ont peu de force, ceux qui, étant fort graves, ne peuvent être rendus que par des cordes extrêmement lâches, ni entendus que de fort près. *Remisse* est l'opposé d'*intense*. Il existe une différence entre *remisse* et *faible*. Le son faible est celui qui est produit par un instrument qui n'en a pas beaucoup, et le *remisse* par celui qui n'est que faiblement ou lâchement attaqué.

REMPLISSAGE, s. m. Ce mot s'emploie en bonne ou en mauvaise part. Dans le sens favorable, il signifie les parties accessoires qui s'ajoutent entre la basse et le dessus, qui sont censées être formées les premières; et alors on sent que ce *remplissage* est nécessaire.

Le *remplissage* qui est un défaut, parce qu'il embrouille ce qui serait clair sans lui, est la surcharge des parties mal conçues qui se trouvent dans les ouvrages des écoliers. Il est très-embarrassant pour un mauvais fabricateur de musique, d'occuper un plus grand nombre de parties qu'il n'a pu en concevoir : alors le *remplissage* n'est que du fatras, un barbouillage sans harmonie et sans effet. (*Voyez* RIPIENE.)

RENTRÉE, s. f. Retour du sujet, surtout après quelques pauses de silence, dans une fugue, une imitation, ou dans quelque autre dessin.

Toutes les fois qu'une partie a gardé le silence pendant une ou plusieurs phrases, elle forme sa *rentrée*, soit qu'elle reproduise le sujet ou non.

Renversé. En fait d'intervalles, *renversé* est opposé à *direct*; et en fait d'accords il est opposé à *fondamental*.

Renversement, s. m. Changement d'ordre dans les sons qui composent les accords, et dans les parties qui composent l'harmonie; ce qui se fait en substituant à la basse, par des octaves, les sons qui doivent être dessus ou aux extrémités ceux qui doivent occuper le milieu, et réciproquement.

Il est certain que dans tout accord il y a un ordre fondamental et naturel, qui est celui de la génération de l'accord même; mais les circonstances d'une succession, le goût, l'expression, le beau chant, la variété, le rapprochement de l'harmonie, obligent souvent le compositeur de changer cet ordre en renversant les accords, et par conséquent la disposition des parties.

Comme trois choses peuvent être ordonnées en six manières, et quatre choses en vingt-quatre manières, il semble d'abord qu'un accord parfait devrait être susceptible de six *renversemens*, et un accord dissonant de vingt-quatre, puisque celui-ci est composé de quatre sons, l'autre de trois, et que le *renversement* ne consiste qu'en des transpositions d'octaves. Mais il faut observer que dans l'harmonie on ne compte point pour des *renversemens* toutes les dispositions différentes des sons supérieurs, tant que le même son demeure au grave : ainsi ces deux ordres de l'accord parfait *ut mi sol* et *ut sol mi* ne sont pris que pour un même *renversement*, et ne portent qu'un même nom; ce qui réduit à trois tous les *renversemens* de l'accord parfait, et à quatre tous ceux de l'accord dissonant, c'est-à-dire à autant de *renversemens* qu'il entre de différens sons dans l'accord, car les répliques des mêmes sons ne sont ici comptées pour rien.

Toutes les fois donc que la basse fondamentale se fait entendre dans la partie la plus grave, ou, si la basse fondamentale est retranchée, toutes les fois que l'ordre naturel est gardé dans les accords, l'harmonie est directe. Dès que cet ordre est changé, ou que les sons fondamentaux, sans être au grave, se font entendre dans quelque autre partie, l'harmonie est *renversée*. *Renversement* de l'accord, quand le son fondamental est transposé; *renversement* de l'harmonie, quand le dessus ou quelque autre partie marche comme devrait faire la basse. (*Fig.* 21.)

Renversement des parties. On ne renverse pas seulement les accords, et dans le contre-point double, les parties se renversent quelquefois d'un bout à l'autre. La basse devient le dessus et le dessus la basse.

Dans le contre-point triple, les parties peuvent changer de place tour-à-tour, ou toutes à la fois.

Renvoi, s. m. Signe figuré par une *S* inclinée, traversée d'une barre et entourée de quatre points; on place le *renvoi* au-dessus de la portée, lequel correspond à un autre signe semblable, pour marquer qu'il faut, d'où est le second, retourner où est le premier, et de là suivre jusqu'à ce qu'on trouve le point final.

Quelquefois, le *da capo* indique aussi que l'on doit aller au *renvoi*, et dans ce cas on met *da capo al segno*, ou simplement *al segno*. (*Fig.* 51.)

RÉPERCUSSION, s. f. On entend par ce terme de *répercussion*, la première entrée de chacune des parties de la fugue, soit qu'elles fassent entendre le sujet ou la réponse.

RÉPÉTER. (*Voyez* IMITATION.)

RÉPÉTER. (*Voyez*

RÉPÉTITION, s. f. En italien *prova*, essai que l'on fait en particulier d'un opéra, ou d'un morceau de musique que l'on veut exécuter en public. Les *répétitions* sont nécessaires pour s'assurer que les copies sont exactes, pour que les acteurs puissent prévoir leurs parties, pour qu'ils se concertent et s'accordent bien ensemble, pour qu'ils saisissent l'esprit de l'ouvrage, et rendent fidèlement ce qu'ils ont à exprimer. Les *répétitions* servent au compositeur même, pour juger de l'effet de ses ouvrages, et faire les changemens dont ils peuvent avoir besoin.

RÉPLIQUE, s. f. Est tantôt synonyme d'octave, et tantôt de réponse.

RÉPLIQUE, s. f. On appelle encore *réplique*, un fragment de mélodie, et quelquefois une phrase, une période entière prise dans la partie récitante, écrite en petites notes sur une partie secondaire, pour servir de guide à celui qui l'exécute, et lui signaler après un long silence et d'une manière certaine, l'instant de sa rentrée. (*Fig. 42.*)

Tous les silences de la partie de premier violon d'un opéra sont remplis en petites notes, et l'on indique que tel trait, tel groupe, telle note, doivent être rendus par le cor, la clarinette, la viole, les timbales, etc. On y joint même la partie vocale, lorsque c'est elle qui donne la rentrée. Par ce moyen, celui qui joue cette partie principale, suit constamment le fil du discours musical.

Je désirerais que cet usage s'établît à l'égard de la musique de pupitre, tels que les quatuors et les quintettes : cela n'augmenterait pas la dépense de la gravure, et serait d'un grand secours pour les musiciens peu exercés.

Une partie vocale ne se note jamais sans celle de la basse, et l'on y joint encore les *répliques* des instrumens et des parties vocales, qui concertent avec elle.

RÉPONS, s. m. Espèce d'antienne redoublée qu'on chante à l'église, après les leçons de matines ou les capitules, et qui finit en manière de rondeau par une reprise appelée *réclame*.

Le chant du *répons* doit être plus orné que celui d'une antienne ordinaire, sans sortir pourtant d'une mélodie mâle et grave, ni de celle qu'exige le mode qu'on a choisi ; il n'est cependant pas nécessaire que le verset d'un *répons* se termine par la note finale du mode, il suffit que cette finale termine le *répons* même.

Réponse, s. f. C'est, dans une fugue, la rentrée du sujet par une autre partie, après que la première l'a fait entendre; mais c'est surtout, dans une contre-fugue, la rentrée du sujet renversé de celui qu'on vient d'entendre.

La phrase qui précède la *réponse* s'appelle la *demande*, et est parfaitement symétrique avec elle. (*Fig.* 16.) (*V.* Demande, Fugue, Sujet.)

Repos, s. m. C'est la terminaison de la phrase, sur laquelle terminaison le chant se repose plus ou moins parfaitement. Le *repos* ne peut s'établir que par une cadence pleine : si la cadence est évitée, il ne peut y avoir de vrai *repos*; car il est impossible à l'oreille de se reposer sur une dissonance. On voit par là qu'il y a précisément autant d'espèces de *repos* que de sortes de cadences pleines. Et ces différens repos produisent, dans la musique, l'effet de la ponctuation dans le discours. Il est donc parfaitement inutile de joindre la ponctuation grammaticale aux paroles écrites sous la musique et qui doivent être chantées.

Reprise, s. f. Toute partie d'un air, laquelle se répète deux fois sans être écrite deux fois, s'appelle *reprise*. On appelle encore *reprise*, le signe qui indique cette répétition. Il se figure par une double barre perpendiculaire, qui traverse toute la portée, avec deux ou quatre points en dehors de chaque côté.

Cette *reprise*, ainsi ponctuée à droite et à gauche,

marque qu'il faut dire deux fois, tant la partie qui précède que celle qui suit.

Lorsque la *reprise* a seulement des points à sa gauche, c'est pour la répétition de ce qui précède, et lorsqu'elle n'a des points qu'à sa droite, c'est pour la répétition de ce qui suit. (*Fig.* 51.)

Il faut observer que la dernière note d'une *reprise* se rapporte exactement, pour la mesure, à celle qui commence la même *reprise*, et à celle qui commence la *reprise* qui suit, quand il y en a une; que si le rapport de ces notes ne remplit pas exactement la mesure, après la note qui termine une *reprise*, on ajoute deux ou trois notes de ce qui doit être recommencé, jusqu'à ce qu'on ait suffisamment indiqué comment il faut remplir la mesure. Or, comme à la fin d'une première partie on a d'abord la première partie à reprendre, puis la seconde partie à commencer, et que cela ne se fait pas toujours dans des temps ou parties de temps semblables, on est souvent obligé de noter deux fois la finale de la première *reprise*, l'une avant le signe de *reprise* avec les premières notes de la première partie; l'autre après le même signe pour commencer la seconde partie. Alors on trace un demi-cercle ou chapeau depuis cette première finale jusqu'à sa répétition, pour marquer qu'à la seconde fois il faut passer comme nul tout ce qui est compris sous le demi-cercle. Pour ne laisser aucun doute sur la manière dont on doit exécuter ces passages, on met encore sous le demi-cercle ces mots : *Première fois*, et ceux-ci : *Seconde fois*, à l'entrée de la reprise qui suit.

Dans un grand allégro de sonate, de quatuor, de quintette, la modulation de la fin d'une *reprise* ne concorde pas toujours avec son début, et le commencement de celle qui suit : le compositeur interpose alors une phrase conjonctionnelle qui prépare l'entrée de la seconde partie ou ramène au début; il a soin de placer cette phrase sous une ligne qui se termine en demi-cercle des deux côtés, et d'écrire au-dessus ces mots, *Pour recommencer, Pour finir,* selon que l'ordonnance du morceau le demande.

Faire les reprises, c'est exécuter deux fois ce qui est noté entre les *reprises*.

Dans le menuet, qui est toujours écrit en *reprises*, on commence par faire toutes celles du menuet, et ensuite toutes celles du trio qui le suit : mais lorsqu'après avoir exécuté le trio, on reprend le menuet, ainsi que le *da capo* le prescrit, on marche de suite au point final, sans *faire de reprises*, et les signes qui les indiquent sont considérés comme s'ils n'y étaient pas.

C'est le goût qui a dicté cette manière de rendre la musique, et voici la raison qui la justifie.

On revient à ce qui a déjà été entendu deux fois : de nouvelles répétitions seraient déplacées. Il est nécessaire de donner à cette partie une élocution plus libre, une marche plus rapide en la reproduisant. Pour que l'oreille goûte encore les charmes du discours qu'elle connaît, et qui semble se dérober avec coquetterie à son attention, au lieu de la fatiguer par des redites fastidieuses.

Reprise d'un opéra. C'est la représentation que l'on en donne après l'avoir laissé long-temps sans le jouer. Les *reprises* ont souvent toute la solennité des premières représentations ; de nouveaux costumes, de nouvelles décorations, quelquefois même de nouveaux acteurs rajeunissent l'opéra qui reparaît sur la scène. La *reprise* de *Richard Cœur-de-Lion*, en 1802, sera citée dans les annales de l'Opéra-Comique. Plusieurs pièces que l'on avait sifflées dans leur nouveauté obtiennent ensuite succès complet lorsqu'on les reprend, *ma Tante Aurore*, par exemple; d'autres, telles que *Cendrillon*, sont reçues froidement à leur *reprise*, après avoir joui d'abord d'une vogue extraordinaire.

Reprise du sujet. C'est l'instant où une partie, que l'on a fait reposer pendant quelques mesures, reprend le sujet de la fugue pour former de nouvelles entrées. La *reprise du sujet* se fait aussi dans le courant du discours musical, et sans qu'elle soit précédée de silences.

Reprise. Terme de facteur d'orgues. Tous les jeux de l'orgue n'ont pas une marche uniforme dans la succession des tons de l'échelle : les uns, tels que le prestant, possèdent tous les sons du clavier, placés dans leur ordre diatonique; d'autres, tels que la cymbale, ne donnent qu'une octave ou une douzième, qu'ils répètent, autant de fois qu'il est nécessaire, pour remplir toute l'étendue du clavier. On appelle *reprise* le point où cette octave ou cette douzième finit et recommence.

RÉSOLUTION, s. f. La *résolution* consiste en ce que la partie qui était prolongéé aille prendre la note qu'elle retardait. Cette *résolution* se fait le plus souvent en descendant diatoniquement; ainsi le retard de l'*ut* octave par sa neuvième *ré* demande, pour que sa *résolution* s'opère, que le *ré* descende sur l'*ut*, et le réunisse à son octave basse qui le sollicite.

La seconde placée dans la basse, quand cette partie fait le contre-point, se résout toujours sur la tierce en descendant d'un demi-ton ou d'un ton entier. Les trois quartes se résolvent de même sur la tierce, mais dans la partie supérieure; les trois septièmes dans le contre-point supérieur ont leur *résolution* sur la sixte majeure ou mineure, en descendant d'un ton ou d'un demiton; les deux neuvièmes, dans la partie supérieure, se résolvent en descendant sur l'octave; la quarte mineure et la quarte majeure, quand elles font liaison dans la basse, doivent se résoudre en descendant sur la consonnance la plus proche, c'est-à-dire sur la quinte. On appelle aussi *résolution* l'action même de la consonnance sur laquelle descend diatoniquement toute dissonance dans l'harmonie libre. (*Fig.* 44.)

RÉSONNANCE, s. f. Prolongement ou réflexion du son, soit par les vibrations continuées des cordes d'un instrument, soit par les parois d'un corps sonore, soit par la collision de l'air renfermé dans un instrument à vent.

Les voûtes elliptiques ou paraboliques résonnent, c'est-à-dire réfléchissent le son. Les deux grands cratères d'albâtre fleuri que l'on voit au Louvre, dans une des salles du Musée des antiques, offrent un exemple bien étonnant et presque magique des phénomènes de la *résonnance*. Deux personnes, placées chacune auprès d'un de ces cratères, s'entretiennent, à voix très-basse et à une distance de trente pas, sans qu'on puisse les entendre d'aucun point de la salle. Le bruit léger, produit par le balancier d'une montre, est aussi transmis d'un cratère à l'autre par la *résonnance* de ces vases et de la voûte.

Le nez, la bouche, ni ses parties, comme le palais, la langue, les dents, les lèvres, ne contribuent en rien au ton de la voix; mais leur effet est très-grand pour la *résonnance*. Un exemple bien sensible de cela se tire d'un instrument d'acier appelé *guimbarde*, lequel, si on le tient avec les doigts et qu'on frappe sur la languette, ne rendra aucun son; mais si, le tenant entre les dents, on frappe de même, il rendra un son qu'on varie en serrant plus ou moins, et qu'on entend d'assez loin, surtout dans le bas.

Un diapason mis en vibration donne un son bien faible; il va résonner avec force, si vous appuyez ce petit instrument sur la table d'harmonie d'un violoncelle, d'un piano, d'un violon, ou tout autre corps élastique, tel qu'un vase de cristal, une glace : il en est de même de ces petits carillons renfermés dans des montres, des cachets, et dont on augmente la *résonnance* par un semblable moyen.

Dans les instrumens à cordes, tels que le piano, la harpe, le violon, le violoncelle, la guitare, le son vient uniquement de la corde, mais la *résonnance* dépend de la caisse de l'instrument.

On a nommé *résonnance multiple* la propriété qu'a un son d'en faire entendre plusieurs autres, et *résonnance sous-multiple* un phénomène tout contraire, dans lequel deux sons en produisent un troisième. Cette remarque est due au célèbre Tartini : elle consiste à faire entendre en même temps à l'aigu deux sons forts, justes et soutenus, à l'aide de deux hautbois. Outre le son rendu par chacun de ces instrumens, on en distinguera toujours un troisième au grave. Ce son sera tel que, si les deux premiers sont représentés par les nombres les plus simples, le troisième sera représenté par le nombre 2. Ainsi, dans la *fig.* 43, les deux sons représentés par les rondes rendent le son représenté par les noires. Les principes de mécanique rendent raison de la production de ce troisième son, qui résulte du concours des rayons de vibrations simultanées.

RESPIRATION, s. m. La respiration est l'action que font les poumons pour attirer et repousser l'air. Cette action se divise en deux mouvemens alternatifs, l'*aspiration* et l'*expiration*. Dans l'aspiration les poumons se dilatent pour introduire l'air extérieur dans la poitrine ; et dans l'expiration, ils s'affaissent pour le faire sortir.

L'action de respirer pour chanter, diffère en quelque chose de la *respiration* pour parler.

Quand on respire pour parler, le premier mouvement est celui de l'aspiration, alors le ventre se gonfle, et sa partie supérieure s'avance un peu, ensuite il s'affaisse, c'est le second mouvement, celui de l'expiration; ces deux mouvemens s'opèrent lentement, lorsque le corps est dans son état naturel.

Au contraire, dans l'action de respirer pour chanter, en aspirant, il faut aplatir le ventre et le faire remonter avec promptitude, en gonflant et avançant la poitrine.

Dans l'expiration, le ventre doit revenir fort lentement à son état naturel, et la poitrine s'abaisser à mesure, afin de conserver et de ménager, le plus long-temps possible, l'air que l'on a introduit dans les poumons; on ne doit le laisser échapper que peu à peu, et sans donner de secousses à la poitrine : il faut, pour ainsi dire, qu'il s'écoule.

On ne saurait trop recommander aux élèves de s'occuper de la *respiration*; elle est tout pour le chant. Sans un grand volume d'air, qu'on doit savoir comprimer, et ménager long-temps avec adresse, il n'est point de force, ni de timbre dans la voix; de plus, sans cette faculté, il n'est guère possible de bien phraser un chant.

Parmi les nombreux défauts des chanteurs routiniers, celui de ne savoir pas respirer doit être mis au premier rang. Il semble qu'ils sont tous attaqués de l'asthme, tellement ils respirent souvent.

RESSERRER L'HARMONIE. C'est rapprocher les parties les unes des autres dans les moindres intervalles qu'il est possible. Ainsi, pour *resserrer* cet accord *ut sol mi*, qui comprend une dixième, il faut le renverser ainsi *ut mi sol*, et alors il ne comprend qu'une quinte.

Tous les accords peuvent être *resserrés*, mais l'*harmonie resserrée* n'est pas la plus agréable, parce qu'elle a moins de variété dans les sons et moins de grandiose dans l'effet qu'elle produit, ses proportions étant moins spacieuses.

Rester, v. n. *Rester* sur une syllabe, c'est la prolonger plus que n'exige la prosodie, comme on fait sous les roulades; et *rester* sur une note, c'est y faire une tenue, ou la prolonger jusqu'à ce que le sentiment de la mesure soit oublié.

Retard, s. m. On retarde la note d'harmonie par une note de mélodie.

L'art des *retards* est celui de la coquetterie en musique, où les *retards* sont d'aimables rigueurs dont l'objet est d'augmenter des désirs, que l'on satisfait ensuite plus pleinement.

Le *retard* est l'empiètement du levé sur une partie du frappé. Presque tous les *retards* sont produits par l'effet des prolongations.

Le *retard* s'opère en dessus ou en dessous de l'une, ou de plusieurs des notes qui ont fait partie de l'accord, qui est destiné à former le frappé de la cadence.

L'*appoggiature*, ou petite note, est toujours un *retard*. Les Italiens ont nommé *appoggiature*, note d'appui, la note de mélodie que le compositeur ou le chanteur place avant la note d'harmonie, parce que la voix s'appuye sur cette note plus que sur celle qu'elle retarde.

Le *retard* peut avoir lieu par la note diatonique ou chromatique, en dessous de celle qui est retardée, comme par celle au-dessus.

Le *retard* diatonique et le chromatique, peuvent être tous deux employés immédiatement à faire désirer et amener la note de l'accord, dont elles tiennent en partie la place. (*Fig.* 44.)

Rhythme, s. m. C'est, en musique, la différence des mouvemens qui résulte de la vitesse ou de la lenteur, de la longueur ou de la brièveté des temps.

Figurez un passage d'une sonate, ou d'un air quelconque, en frappant avec les doigts sur une table comme vous le feriez sur le clavier; parlez les phrases d'un air en vous servant d'une seule syllabe pour nommer toutes les notes, et suivez exactement la mesure; il n'y aura plus de musique, mais le *rhythme* frappera l'oreille, et suffira pour lui signaler les airs que vous venez de dépouiller du charme de l'intonation et de la mélodie.

Le tambour qui n'a qu'un ton, marque le *rhythme* des airs que le fifre joue, et lorsqu'il est privé du secours de cet instrument, le tambour offre encore le dessin de ces mêmes airs. Il faudrait être bien peu sensible à la cadence, pour ne pas reconnaître *Vive Henri IV*, ou tout autre air *joué* par les tambours seuls. (*Fig.* 47.)

Le *rhythme* est une partie essentielle de la musique,

et surtout de la musique pittoresque. Ses retours tantôt égaux, tantôt variés, donnent un charme de plus à la mélodie, affectent nos âmes, et y portent le sentiment des passions. Le compositeur produit des effets ravissans, en employant à propos cette puissance musicale, soit que toutes les parties de l'harmonie, marchant parallèlement, frappent des notes de même valeur, soit que le chant, libre dans son élocution, repose ses phrases sur un accompagnement contraint, ou qu'une seule partie conserve un *rhythme* égal tandis que toutes les autres suivent des marches différentes.

On composera aisément, sur un même *rhythme*, deux ou plusieurs airs différens. Mais on ne peut changer le *rhythme* d'une phrase musicale, sans la rendre méconnaissable et sans lui faire éprouver une métamorphose complette. Elle ne dira plus ce qu'elle disait, et sa nouvelle expression sera tellement opposée à celle qu'elle avait d'abord, que l'on croira entendre, et l'on entendra réellement une nouvelle phrase, un nouvel air. Le vaudeville de Maître Adam, *Aussitôt que la lumière*, dont le *rhythme* est fortement marqué, et durement cadencé, donnera note pour note la musette de *Nina*, si l'on a soin de l'exécuter avec douceur, en remplaçant les saccades des points, par les molles ondulations du triolet. (*Fig.* 47.)

Les premières mélodies ont été offertes à l'homme par la nature, qui lui a fait connaître ensuite la génération des accords, et c'est encore elle qui lui donne les types du *rhythme*.

Le chant de certains oiseaux est soumis aux lois du

rhythme; la chouette procède par notes isolées; le coucou marque deux temps égaux; la caille femelle, la pintade, deux temps inégaux, dont le premier n'a que la moitié de la valeur du second. Le pinson et la caille mâle, font entendre chacun trois notes, elles sont égales dans l'appel du pinson, mais la première est pointée dans celui de la caille. Ce *rhythme* du chant de la caille mâle est très-musical, il a fourni à Pleyel le motif d'un de ses meilleurs quatuors. (*F.* 49.)

Le *rhythme* du galop a été rendu fort heureusement dans l'air *Pria che spunti*, dans l'ouverture *du Jeune Henri;* et l'on prétend que les coups redoublés des marteaux tombant en cadence sur l'enclume, ont donné à Cimarosa la première idée de l'accompagnement délicieux qu'il a joint à l'air *Sei morelli e quatro bai*.

RHYTHMIQUE, adj. Une musique *rhythmique*, est celle qui est ordonnée avec une parfaite symétrie dans les membres dont se composent ses périodes. L'air de danse des Africains, dans *Sémiramis*, est *rhythmique*.

Un accompagnement *rhythmique*, est celui dans lequel le compositeur fait entendre constamment le groupe uniforme, l'arpège adopté, tandis que l'harmonie varie ses accords. Ce retour plaît également dans le style noble et dans le comique; il peint l'acteur agité par les mêmes sentimens, arrêté sur la même pensée, et donne à son trouble ou à son contentement une expression plus forte.

Gluck, que nous citerons toujours pour le dessin des accompagnemens, nous a donné les premiers modèles dans le genre *rhythmique*. Le duo d'*Armide*, *Esprits de haine et de rage*; l'air du même opéra, *Venez, haine implacable*; (*Fig.* 48.) celui d'*Iphigénie en Tauride*, *Je t'implore et je tremble*, sont accompagnés suivant les lois sévères du rhythme. Nous donnerons encore pour exemple le trio de *Joseph*, *ó mon Joseph*. (*Fig.* 48.) Je pourrais en citer mille, en choisissant dans les œuvres de nos plus célèbres musiciens. Tous ont reconnu la puissance de ce moyen, et l'ont souvent employé dans leurs accompagnemens. Il faut qu'une composition soit dépourvue de toute espèce de charme, pour que la fidélité du rhythme fatigue au lieu d'intéresser.

RICERCARE, RICERCATO, ou RICERCATA, est une espèce de fugue d'imitation, dans laquelle on s'attache plus particulièrement à l'effet musical qu'à la sévérité des formes scientifiques.

Le mot *ricercato*, en italien, signifie recherché. On donne ce nom à tout genre de composition où sont employées les recherches du dessin musical. Ce nom convient à certaines fugues; mais on l'applique plus particulièrement encore aux compositions madrigalesques, qui, outre les recherches du dessin, offrent encore celles du goût et de l'expression. L'Ecole Italienne possède une quantité prodigieuse d'ouvrages, et même de chefs-d'œuvre en ce genre. Les principaux auteurs qui s'y sont distingués, sont Palestrina, L.

Marenzio, Cl. Monteverde, don C. Gesualdo, A. Scarlatti, B. Marcello, J. B. M. Clari, Ag. Steffani, et F. Durante. (*Voyez* Fantaisie, Madrigal.)

Rigaudon, s. m. Sorte de danse dont l'air est à deux temps, d'un mouvement gai, et se divise ordinairement en deux reprises, phrasées de quatre en quatre mesures, et commençant par la dernière note du second temps.

On prétend que le nom de cette danse vient de celui de son inventeur, lequel s'appelait *Rigaud*. On doit donc écrire *rigaudon*, et non pas *rigodon*, comme le prescrit l'Académie.

Rinforzando, *en renforçant*, c'est passer du *piano* au *fort*, ou du *fort* au *très-fort*, non tout d'un coup, mais par une gradation continue, en enflant et augmentant les sons, soit sur une tenue, soit sur une suite de notes, jusqu'à ce qu'ayant atteint le point qui sert de terme au *renforcé*, l'on reprenne ensuite le jeu ordinaire.

Le *rinforzando* produit le même effet que le *crescendo*, mais son emploi est différent. On se sert plus particulièrement de celui-ci dans les grandes périodes, tandis que le *rinforzando* ne s'emploie que pour de petits groupes de notes, et même pour une note seule.

On le marque par son abrégé *rinf*, ou par le signe <, dont la forme présente à l'œil le renflement que doit recevoir le son. *Decrescendo, diminuendo, ca-*

lando, *perdendo si*, qui sont les opposés de *rinforzando*, sont représentés par le signe contraire >.

Ces deux signes réunis <> marquent le *rinforzando*, immédiatement suivi du *diminuendo*. (*F.* 51).

RIPIENE, s. m., et quelquefois adj., vient de l'italien *ripieno*, remplissage. Les *ripienes* sont les parties de chœur et d'orchestre, qui ne s'exécutent que dans les *tutti*, et se taisent pendant les *solos*. Il est facile de remarquer que la partie principale d'un concerto n'est accompagnée que de quelques violons de choix, tandis que les autres violons ne se font entendre que dans les *tutti*.

On appelle parties *ripienes*, celles qui ne devant servir qu'aux instrumens de doublure et de remplissage, ne portent que les seuls passages destinés à ces instrumens. Le copiste lui-même peut faire des *ripienes*, en remplaçant par des silences tout ce qui est réservé à l'accompagnement du *solo*.

On peut jouer en *ripiene* sur une partie écrite tout au long, en ayant soin de n'exécuter que les traits marqués du mot *tutti*, et de passer sous silence ceux désignés par le mot *solo*.

RITARDANDO, *en retardant*, signifie que l'on doit aller en retardant peu à peu la mesure, comme on diminue peu à peu la force des sons dans le *diminuendo*. Alors ce gérondif devient substantif, comme ceux de *crescendo*, *rinforzando*, *diminuendo*, etc.

RITOURNELLE, s. f. Trait de symphonie qui s'emploie en manière de prélude à la tête d'un air, dont ordinairement il annonce le chant; ou, à la fin, pour imiter et assurer la fin du même chant; ou, dans le milieu, pour renforcer l'expression, embellir le morceau, et donner au chanteur le temps de se reposer et de prendre haleine.

Ritournelle, vient de *ritorno*, retour, parce que ce n'est le plus souvent qu'une répétition du motif ou d'une portion du thème, placée à la fin, au milieu ou au commencement du morceau, auquel la *ritournelle* est adaptée.

Les airs de bravoure, les polonaises, ont de brillantes *ritournelles*; dans les airs passionnés, le compositeur maîtrisé par la force de la situation, supprime souvent ce prélude de l'orchestre et débute par le chant vocal.

RÔLE, s. m. Le papier séparé qui contient la musique que doit exécuter un concertant, et qui s'appelle *partie* dans un concert, s'appelle *rôle* à l'Opéra. Ainsi, l'on doit distribuer une *partie* à chaque musicien, et un *rôle* à chaque acteur.

Rôle, signifie tout ce que doit chanter ou réciter un acteur dans une pièce de théâtre.

Il se prend aussi, pour le personnage représenté par l'acteur. Les premiers, les seconds *rôles*; le *rôle* de D. Juan, de Figaro. *Créer un rôle*, c'est le jouer pour la première fois.

ROMANCE, s. f. Air sur lequel on chante un petit poëme du même nom, divisé par couplets, duquel le sujet est pour l'ordinaire quelque histoire amoureuse, et souvent tragique. Comme la *romance* doit être écrite d'un style simple, touchant, et d'un goût un peu antique, l'air doit répondre au caractère des paroles ; point d'ornemens, rien de maniéré, une mélodie douce, naturelle, chevaleresque ou champêtre, et qui produise son effet par elle-même, indépendamment de la manière de la chanter. Il n'est pas nécessaire que le chant soit piquant ; il suffit qu'il soit naïf, qu'il n'offusque point la parole, qu'il la fasse bien entendre, et qu'il n'exige pas une grande étendue de voix. Une *romance* bien faite, n'ayant rien de saillant, n'affecte pas d'abord ; mais chaque couplet ajoute quelque chose à l'effet des précédens, l'intérêt augmente insensiblement, et quelquefois on se trouve attendri jusqu'aux larmes, sans pouvoir dire où est le charme qui a produit cet effet.

Le domaine de la *romance* s'est prodigieusement accru de nos jours : elle a maintenant tous les caractères, et prend tous les tons. Il est vrai que l'on comprend sous ce titre, un infinité de chansons érotiques, des couplets malins et même satiriques, qui n'ont aucun rapport avec la *romance*.

Ce qui multiplie tant les mauvaises *romances*, c'est que tout le monde s'imagine pouvoir en composer. On n'oserait pas s'aventurer dans une grande entreprise ; mais une *romance*, un nocturne, une valse, une marche, sont des opuscules à la portée des plus faibles élèves. L'ouvrage est court, donc il est facile. Belle conclusion ! Une *romance*, une marche, ont un commencement, un milieu, une fin, et plus le dessin est resserré, plus les contours doivent en être purs et dégagés de ces lieux communs, de ce remplissage, qui, dans un travail plus important, déguisent quelquefois la faiblesse. Il n'y a rien de petit dans les arts. Tel quatrain de Voltaire a exigé plus de talent qu'une tirade de *Mahomet;* et l'on reconnaît aussi bien Mozart dans ses valses que dans ses symphonies. Paris fourmille de fabricateurs de *romances*, mais leurs productions éphémères sont la risée des connaisseurs, et si l'on adopte par fois quelques-unes de ces bagatelles, le goût se dirige toujours sur celles qui ont échappé à la plume d'un homme de mérite.

RONDE, adj. pris subst. Note blanche et ronde, sans queue, laquelle vaut une mesure entière à quatre temps, c'est-à-dire, deux blanches ou quatre noires. La *ronde* est de toutes les notes d'un usage habituel, celle qui a le plus de valeur. Autrefois elle était celle qui en avait le moins, et s'appelait *semi-brève*.

RONDE, s. f. Sorte de chanson, pour l'ordinaire mêlée de galanterie, composée de divers couplets qu'on chante dans une réunion nombreuse, debout, formant le rond, en se tenant tous par la main. Chacun chante son couplet, et l'on fait chorus en reprenant le refrain sur lequel on danse en même temps. La *ronde* a été introduite dans nos opéras comiques, où elle fait beaucoup d'effet. On cite les *rondes* d'*Aline*, de *Cendrillon*, du *Chaperon rouge*.

Il y a des *rondes* composées pour être chantées à

table, et qui roulent presque toutes sur des sujets bachiques. Chacun chante son couplet, et les convives qui ne sont pas trop disposés à danser, se contentent de faire chorus au refrain.

Rondeau, s. m. Sorte d'air à deux ou plusieurs reprises, et dont la forme est telle, qu'après avoir fini la seconde reprise on reprend la première, et ainsi de suite, revenant toujours, et finissant par cette même première reprise, par laquelle on a commencé. Pour cela on doit tellement conduire la modulation, que la fin de la première reprise convienne au commencement de toutes les autres, et que la fin de toutes les autres, convienne au commencement de la première.

Les routines sont des magasins de contre-sens pour ceux qui les suivent sans réflexion. Telle est pour les musiciens celle des *rondeaux* : il faut bien du discernement pour faire un choix de paroles qui leur soient propres. Il est ridicule de mettre en *rondeau* une pensée complette, divisée en deux membres, en reprenant la première incise, et finissant par là. Il est ridicule de mettre en *rondeau* une comparaison dont l'application ne se fait que dans le second membre, en reprenant le premier et finissant par-là. Enfin, il est ridicule de mettre en *rondeau*, une pensée générale limitée par une exception relative à l'état de celui qui parle, en sorte qu'oubliant derechef l'exception qui se rapporte à lui, il finisse en reprenant la pensée générale.

Mais toutes les fois qu'un sentiment exprimé dans le premier membre amène une réflexion qui le renforce et l'appuie dans le second; toutes les fois qu'une description de l'état de celui qui parle, emplissant le premier membre, éclaircit une comparaison dans le second; toutes les fois qu'une affirmation dans le premier membre contient sa preuve et sa confirmation dans le second; toutes les fois, enfin, que le premier membre contient la proposition de faire une chose, et le second la raison de la proposition, dans ces divers cas, et dans les semblables, le *rondeau* est toujours bien placé.

Quoique la forme du *rondeau* semble convenir plus particulièrement à l'Opéra Comique, qui fournit plus souvent le motif de cette sorte d'air, il est pourtant des situations tragiques où ses retours produisent un effet surprenant, et excitent dans le cœur des émotions profondes. Une idée touchante, une image terrible nous frappent avec plus de force, chaque fois qu'on les offre à nos sens. *Dieux, qui me poursuivez, d'Iphigénie en Tauride*, est un *rondeau* sublime. *J'ai perdu mon Eurydice*, est plein d'expression et de sentiment. S'il s'agit de persuader quelqu'un, de l'entraîner dans quelque projet, la répétition fréquente de l'idée qu'on veut lui faire adopter, est toute naturelle. *Cruel! et tu dis que tu m'aimes?* de l'*Iphigénie en Tauride*, de Piccini. *Formez de plus aimables nœuds*, d'*Ariodant*. *A peine la souffrance*, de *Béniowsky;* sont des *rondeaux* remarquables, autant par la manière heureuse dont ils sont placés, que par leur mérite musical.

Presque tous les airs de notre ancienne école étaient en *rondeau*, *la Belle Arsène* et le *Déserteur* en fournissent encore la preuve. On faisait si peu d'attention au sens des paroles de ces *rondeaux*, que Monsigny a donné des reprises à l'air de Courtchemin, dans *le Déserteur*, et lui fait recommencer son récit quand il l'a fini et que par conséquent il n'a plus rien à nous apprendre.

Le *rondeau* figure, d'une manière très-brillante, dans la musique instrumentale; les sonates, les duos, trios, quatuors, quintettes, symphonies, se terminent par des *rondeaux* pleins de vigueur et d'amabilité, de véhémence et de folie. Ceux des symphonies de Haydn sont des modèles d'une perfection désespérante.

Doit-on écrire *rondeau*, en conservant l'ancien mot français, ou adopter l'italien *rondo* ? Il y a des autorités pour et contre. J'ai observé que *rondo* était affecté au style instrumental, tandis que nos chanteurs continuaient à se servir du mot français, et que l'on écrivait, assez généralement, *le* rondeau *d*'Orphée, *le* rondeau *du* Prisonnier, et *un* rondo *de symphonie*, *un* rondo *de Haydn*, *de Mozart*.

Rosalie, s. f. On donne ce nom à la répétition d'une même phrase de chant, sur les cordes qui sont un degré plus bas ou plus haut.

On a banni de toutes les compositions de bon goût, ces répétitions fastidieuses et banales, trop faciles à deviner ou à prévoir. On en souffre, cependant, deux encore, mais non pas trois. (*Fig.* 45.)

Rose, s. f. Nom que l'on donne à l'ouverture circulaire, pratiquée sur la table des clavecins, des théorbes, des luths, des guitares.

Roseau, s. m. *Arundo donax*, de Linnée. *Roseau cultivé* de la Flore française. Ce *roseau* croît dans les pays chauds, et les provinces méridionales de la France. Les paysans se servent encore de ses tiges creuses, pour faire des flageolets, des fifres, des flûtes de Pan, etc. Ces tiges furent évidemment les premiers tuyaux dont l'homme chercha à tirer des sons. La flûte n'était d'abord qu'un simple *roseau*, grossièrement façonné en instrument, aussi les anciens lui avaient-ils conservé son nom de *fistula*, *roseau*. Depuis bien des siècles, le *roseau* ne sert plus à la fabrication du corps des instrumens à vent, on l'emploie maintenant à celle de leurs anches. C'est au *roseau* que le hautbois et le basson doivent ce mordant précieux qui joint ses charmes à la douce mélodie de leurs sons.

Les *roseaux* de Fréjus passent en France pour être les meilleurs; ceux qui croissent sur les bords de la Durance, aux environs de Cavaillon, sont aussi très-estimés. L'essentiel est de ne pas les couper avant leur parfaite maturité. Un *roseau* lisse, luisant et roux, est ordinairement bon. La couleur verdâtre désigne un *roseau* qui n'est pas mûr, dont la fibre molle et spongieuse s'imbibera d'eau, et ne donnera, par conséquent, que des sons sourds et désagréables à entendre. (*Voyez* ANCHE.)

ROUE-ARCHET. On appelle ainsi une *roue* pleine, frottée de colophane, qui, dans la vielle, tient lieu d'archet.

ROULADE, s. f. Passage, dans le chant, de plusieurs notes sur une même syllabe. Ce mot vient de ce que la voix semble rouler en passant légèrement d'un son à un autre. (*Fig.* 46.)

La *roulade*, ainsi que le trille, sont, parmi les agrémens du chant, ceux dont l'exécution est la plus difficile. La légèreté de la voix est la première qualité qu'on exige pour la *roulade*; les élèves qui ne posséderont pas naturellement un tel avantage, doivent se le procurer à force de travail.

En faisant la *roulade*, aucune des parties de la bouche ne doit remuer; les sons qui forment la *roulade* doivent être en même temps liés et martelés par le gosier.

Dans une *roulade montante*, la force des sons doit augmenter graduellement : on suivra l'ordre inverse dans une *roulade descendante*. Le son qui commence une *roulade* doit néanmoins être attaqué avec force, afin de servir d'impulsion aux autres sons, lesquels devront être nuancés ensuite selon la règle.

Les élèves, en commençant à s'exercer aux *roulades*, doivent les exécuter lentement, afin d'en assurer l'intonation et les moyens qui les rendent parfaites; ils en accéléreront progressivement le mouvement, à mesure que ces mêmes moyens s'affermiront en se développant.

La *roulade* ne doit se faire que sur les voyelles *a* et *é;* les autres voyelles, et particulièrement l'*i* et l'*u*, donnent à la voix une qualité défectueuse; et ce serait faire preuve de mauvais goût que d'écrire et d'improviser des traits de chant de plus de quatre notes sur les voyelles que nous rejetons.

Le chant ne possède pas d'agrément plus brillant que la *roulade*. Les compositeurs la placent dans tous les morceaux à grand effet, la prodiguent dans l'air de bravoure, et l'introduisent même avec succès dans les chants les plus passionnés et d'une expression mélancolique.

C'est un préjugé populaire de penser qu'une *roulade* soit toujours hors de place dans un chant triste et pathétique : au contraire, quand le cœur est le plus vivement ému, la voix trouve plus aisément des accens que l'esprit ne peut trouver de paroles, et de là vient l'usage des interjections dans toutes les langues. (*Voyez* NEUME.) Ce n'est pas une moindre erreur de croire qu'une *roulade* est toujours bien placée sur une syllabe ou dans un mot qui la comporte, sans considérer si la situation du chanteur, si le sentiment qu'il doit éprouver la comporte aussi.

ROULEMENT, s. m. Le *roulement* s'exécute, sur le

tambour et la timbale, par le mouvement alternatif des deux baguettes, et en frappant deux coups avec chacune. Le *roulement* de timbale produit un effet surprenant dans le *crescendo* et le forté d'un orchestre nombreux; il a quelque chose de mystérieux et de sinistre s'il est fait pianissimo, ou si les timbales sont voilées : on l'emploie avec succès, de cette manière, dans un morceau lent.

Plusieurs symphonies de Haydn commencent par un *roulement* de timbales.

ROUTINIER, s. m., qui agit par routine. On donne ce nom aux ménétriers de village et aux acteurs d'opéra qui, sans avoir appris la musique, et guidés seulement par un instinct plus ou moins heureux, parviennent à jouer ou chanter de routine un certain nombre de contredanses et de valses, ou des airs de chant, et même des rôles d'opéra.

On cite quelques *routiniers* qui ont acquis des talens estimables, et se sont fait un nom au théâtre; mais, en général, ce ne sont que des automates à ressorts, des machines sonores, des perroquets qui répètent platement le refrain qu'on leur a sifflé, et ne sauraient phraser un chant. Ce n'est qu'en France que l'on souffre les *routiniers* sur les théâtres lyriques, et leur présence est une des principales causes du mauvais goût qui y règne. Ceux qui ont quelque talent pourraient obtenir des succès dans le Vaudeville, qui veut être parlé; car leur caquetage mélodique ne ressemble pas plus au véritable chant, que la récitation burlesquement ampoulée des tragédiens de collége ne ressemble à la déclamation pompeuse et sublime, vive et pathétique des Talma et des Duchesnois.

S.

Sabot, s. m. C'est, dans la harpe, une espèce de crochet de laiton, qui a la forme d'un bec de canne, et dont l'office est d'accrocher la corde pour la raccourcir d'une longueur relative à l'augmentation d'un demi-ton. Il y a dans la harpe autant de *sabots* qu'il y a de cordes : ces *sabots*, établis sur la console, sont vissés dans de petites verges de fer attenantes au mécanisme intérieur de la harpe. Le pied appuyé sur la pédale attire le *sabot* en faisant rentrer la verge dans la console, et la corde se trouve accrochée et pressée par le *sabot* sur le sillet.

Une pédale met en jeu tous les *sabots* qui appartiennent aux mêmes octaves; ainsi la pédale du *la* augmente d'un demi-ton tous les *la* de la harpe, et ainsi des autres.

Sacquebute. (*Voyez* Trombone.)

Salmo, mot italien qui signifie *psaume*, et dont le pluriel est *salmi*. (*Voyez* Psaume.)

Saltarella, ou *saltarello*. Mot dérivé de *salto*, qui signifie *saut*, et qui s'emploie pour indiquer un mouvement à trois temps vites, ou une musique pointée, et surtout celle où la brève est en frappant.

On trouve des *saltarelles* dans les forlanes de Venise, dans les siciliennes, et dans quelques gigues anglaises.

Sarabande, s. f. En espagnol, *zarabanda*. Air d'une danse grave, portant le même nom, laquelle paraît nous être venue d'Espagne, et se dansait autrefois avec des castagnettes. L'air de la *sarabande* était à trois temps.

Saut, s. m. En italien, *salto*. Tout passage d'un son à un autre par degrés disjoints, est un *saut*.

Tous les *sauts* sont permis dans la mélodie, pourvu que chaque note trouve sa conséquence ou sa résolution dans celle qui la suit. Les airs de bravoure, les concertos de violon, de flûte, de basson, de clarinette, renferment souvent des *sauts* de dixième, de vingtième, et de plus grands écarts encore.

Dans l'harmonie, les *sauts* doivent être préparés pour qu'il n'y ait pas d'incohérence dans les parties. Mais, dira-t-on, pourquoi cette différence entre la mélodie et l'harmonie? Ces deux puissances ne doivent-elles pas être réunies; et si l'une permet toutes les espèces de *saut*, l'autre doit les admettre aussi? Non, tous les écarts du dessin mélodique ne changent rien à la marche de l'harmonie, dont les masses toujours ajustées avec régularité servent de base au chant qui les domine; et le même accord que la voix ou la flûte portent à son extension la plus grande est resserré dans sa forme directe par le violon, la viole et la basse, qui les accompagnent. (*Fig.* 50.)

SAUTER, v. n. On fait *sauter* le ton, lorsqu'en donnant trop de vent dans une flûte, ou dans un tuyau d'un instrument à vent, on force l'air à se diviser et à faire résonner, au lieu du ton plein de la flûte ou du tuyau, quelqu'un seulement de ses harmoniques. Quand le *saut* est d'une octave entière, cela s'appelle *octavier*. Il est clair que pour varier les sons du cor et de la trompette, il faut nécessairement *sauter*, et ce n'est encore qu'en *sautant* qu'on obtient certaines octaves sur le basson, la flûte, etc. (*Voyez* OCTAVIER.)

SAUTEUSE, s. f. Espèce de valse à deux temps et d'un mouvement très-rapide. On faisait succéder la *sauteuse* à la valse ordinaire : ce nom lui vient de ce qu'on la dansait en sautant. La valse russe, qui se danse à peu près de la même manière, a fait délaisser la *sauteuse*. (*Voyez* VALSE.)

SAUVER, v. a. *Sauver* une dissonance, c'est la résoudre, selon les règles, sur une consonnance de l'accord suivant. (*Voyez* RÉSOLUTION.)

SAYNÈTE, s. f. Petite comédie mêlée de chansons, que l'on représente en Espagne. Les *saynetes* sont des espèces d'intermèdes du plus bas comique, joués par trois ou quatre acteurs, et quelquefois même par un seul. *Le Tonnelier*, opéra comique français, a été arrangé en *saynete*.

SCANDER, v. a. Exécuter un trait de manière à en distinguer les temps de chaque mesure, les diverses articulations, tant en marquant les coulés, les piqués, que les divers rhythmes provenant de la progression binaire ou ternaire des notes.

Scène, s. f. Division du poëme dramatique, déterminée par l'entrée d'un nouvel acteur; on divise une pièce en actes, et les actes en *scènes*.

Dans le monologue, le caractère du chant doit être un, du moins quant à la personne; mais dans les *scènes* à plusieurs personnages, le chant doit avoir autant de caractères différens qu'il y a d'interlocuteurs. En effet, comme en parlant chacun garde toujours la même voix, le même accent, le même timbre, et communément le même style, dans toutes les choses qu'il dit, chaque acteur, dans les diverses passions qu'il exprime, doit toujours garder un caractère qui lui soit propre, et qui le distingue d'un autre acteur. La douleur d'un vieillard n'a pas le même ton que celle d'un jeune homme; la colère d'une femme a d'autres accens que celle d'un guerrier; un barbare ne dira point *je vous aime*, comme un galant de profession. Il faut donc rendre dans les *scènes*, non-seulement le caractère de la passion qu'on veut peindre, mais celui de la personne qu'on fait parler. Ce caractère s'indique en partie par la sorte de voix qu'on approprie à chaque rôle; car le tour de chant d'un ténor est différent de celui d'une basse; on met plus de gravité dans les chants des bas-dessus, et plus de légèreté dans ceux des voix plus aiguës. Mais outre ces différences, l'habile compositeur en trouve d'individuelles qui caractérisent ses personnages; en sorte qu'on connaîtra bientôt à l'accent particulier du récitatif et du chant, si c'est Didon ou Elise, Armide ou Sidonie que l'on entend. Je conviens qu'il n'y a que les hommes de génie qui sentent et marquent ces différences; mais je dis cependant que ce n'est qu'en les observant, et d'autres semblables, qu'on parvient à produire l'illusion.

Les *scènes* d'opéra que l'on a introduites dans les concerts, ont fait abandonner peu à peu la cantate. Celle-ci est froide en ce qu'elle raconte; la *scène* est plus animée, plus chaude: ce n'est pas le récit de l'action, mais l'action elle-même.

On donne le nom de *scène* à un grand air ou à un duo, s'il est précédé de récitatifs ou d'une cavatine, avec récitatif. *La scène* du Sacrifice d'Abraham, *la scène de la rose dans* le Magnifique; *la grande scène* d'Armide.

SCHERZANDO, en badinant. Ce mot italien indique une exécution légère et badine.

SCHERZO, badinage. On donne ce nom à un morceau de musique de peu d'étendue, et d'un style léger et badin. Le *scherzo* est assez souvent un menuet d'un caractère plus bizarre que celui des menuets ordinaires. Dans ce cas, le mot de *scherzo*, remplaçant celui de menuet ou tout autre, se trouve en tête du morceau.

Scherzo, écrit dans le courant d'une pièce, sur un trait quelconque, tient la place de *scherzando*, et signifie que ce trait seulement doit être exécuté avec une légèreté gracieuse et en badinant.

SCIOLTO, adj. *Délié, affranchi, libre.*

Ce mot placé sous un trait de musique, indique que les notes doivent en être détachées.

Contrapunto sciolto, canone sciolto, contrepoint, canon, affranchis des règles strictes que l'on a imposées à ces sortes de compositions.

SCORDATURA, s. f. Ce mot italien ne peut se traduire en français que par *désaccordement*, qui n'est pas reçu dans notre langue : il signifie l'action de désaccorder un instrument à cordes. Comme rien de faux n'est admis en musique, ce *désaccordement* consiste à donner à l'instrument un accord qui, sans être faux, n'est cependant pas celui qui lui convient, et qu'on lui donne de coutume. La *scordatura* se pratique pour étendre les limites de l'instrument, ou faciliter certaines positions que l'accord ordinaire ne permet pas de prendre, et produire par leur moyen des effets nouveaux et extraordinaires.

Dans certaines sonates en *ré*, les guitaristes baissent d'un ton la première corde de leur instrument, et lui font sonner ainsi, au lieu du *mi*, le *ré*, qui est souvent employé en pédale pendant la durée de la pièce. Nardini change l'accord du violon *mi la ré sol*, en celui de *mi la fa ut*, pour l'exécution d'une de ses sonates qu'il appelle *énigmatique*.

SEC, adj. pris subst. (*Voyez* COUPÉ.)

SECONDE, adj. pris subst. Intervalle d'un degré conjoint: ainsi les marches diatoniques se font toutes sur les intervalles de *seconde*.

On distingue quatre sortes de *seconde* : 1° la *seconde majeure*, formée d'un ton entier, soit majeur, soit mineur; 2° la *seconde mineure*, formée d'un demi-ton; 3° la *seconde augmentée*, formée d'un ton et demi ; 4° enfin, la *seconde minime* qui appartient au genre enharmonique, et ne peut pas être employée dans la musique.

La *seconde* est une dissonance qui appartient exclusivement à la basse : elle diffère de la neuvième ; 1° en ce qu'elle est préparée par la basse; 2° en ce qu'elle peut se pratiquer à la distance réelle de *seconde*, tandis que la neuvième doit être à la distance de neuvième. La *seconde*, à trois parties, se place à la même distance, afin que les deux notes qui forment le choc soient aux extrêmes; la troisième partie sert d'intermédiaire.

La *seconde* se prépare de toutes les consonnances; mais la meilleure préparation est celle qui se fait de l'octave ou de la tierce, parce que le dessus marche diatoniquement.

La résolution la plus ordinaire de la *seconde* se fait en tierce, mais elle peut aussi se faire sur la sixte ou sur toute autre consonnance.

SECONDE FOIS. (*Voyez* REPRISE.)

SEGNO, *al segno, au signe*. Ces mots signifient que

l'on doit reprendre le morceau à partir du *signe* indiqué. (*Voyez* RENVOI.)

SEGUE, suis. Ce mot italien placé dans la musique après un arpège ou toute autre figure ou groupe de notes, signifie qu'on doit continuer à exécuter de la même manière ce qui suit, et n'est plus indiqué qu'en abrégé, soit par une barre, soit par des notes barrées.

Segue l'aria, *segue l'allegro*, signifie que l'on doit attaquer l'air ou l'allégro qui suit, sans interruption.

SÉGUIDILLE, s. f., en espagnol *seguidilla*. Air de chant et de danse fort en usage en Espagne. La mesure en est à trois temps, et le mouvement animé. Le *rasgado* de la guitare figure dans les ritournelles de la *séguidille*. Cet air est moins étendu que le boléro et le fandango, dont elle a le caractère : c'est, à proprement parler, une chanson ; la ritournelle se fait entendre au commencement et même au milieu de chaque couplet ou *estrivillo*.

> *Es el amor un ciego*
> *Que ve mui claro.*

est une *séguidille*. On en trouvera un grand nombre dans la *Collection des airs nationaux espagnols*, publiée par N. Paz.

SEMI-BRÈVE, s. f. C'est, dans nos anciennes musiques, une valeur de note ou une mesure de temps qui comprend l'espace de deux minimes ou blanches, c'est-à-dire la moitié d'une brève. La *semi-brève* s'appelle maintenant *ronde*, parce qu'elle a cette figure ; mais autrefois elle était en losange.

Anciennement la *semi-brève* se divisait en majeure et mineure. La majeure vaut deux tiers de la brève parfaite, et la mineure vaut l'autre tiers de la même brève : ainsi la *semi-brève* majeure en contient deux mineures.

La *semi-brève*, avant qu'on eût inventé la minime, étant la note de moindre valeur, ne se subdivisait plus.

SEMPLICE, adj. Simple, avec simplicité.

SEMPRE, adv., toujours. *Sempre legato*, toujours lié; *sempre piano*, toujours piano.

SENSIBILITÉ, s. f. Disposition de l'âme qui inspire au compositeur les idées vives dont il a besoin, à l'exécutant la vive expression de ces mêmes idées, et à l'auditeur la vive impression des beautés et des défauts de la musique qu'on lui fait entendre.

La *sensibilité* fait tout notre génie.

PIRON, *Métromanie*.

SENSIBLE (Note). La *note sensible* est celle qui est une tierce majeure au-dessus de la dominante, ou un demi-ton au-dessous de la tonique. Le *si* est la *note sensible* dans le ton d'*ut*, le *sol* ♯ dans le ton de *la*.

On l'appelle *note sensible*, parce qu'elle fait sentir le ton et la tonique sur laquelle, après l'accord dominant, la *note sensible* prenant le chemin le plus court, est obligée de monter.

On appelle *septième de sensible* l'accord *si ré fa la* qui repose sur la *note sensible* du ton d'*ut*.

SENZA, adv. Sans. *Senza fagotti*, sans les bassons; *senza sordini*, sans les sourdines.

SENZA TEMPO, sans mesure. (*Voyez* A PIACERE.)

SEPTIÈME, s. f. Intervalle dissonant renversé de la seconde, et appelé *septième*, parce qu'il est formé de sept sons ou six degrés diatoniques. Il y en a quatre sortes.

1° La *septième majeure*, composée de cinq tons et un demi-ton, renversement de la seconde mineure.

2° La *septième mineure*, composée de quatre tons et de deux demi-tons, renversement de la seconde majeure.

3° La *septième diminuée*, composée de deux tons et trois demi-tons, renversement de la seconde augmentée.

4° Enfin la *septième augmentée*, renversement de la seconde minime. Cette *septième* n'est point en usage dans la musique. (*Fig.* 58.)

SEPTUOR, s. m. Composition à sept parties obligées.

Le *septuor* vocal est toujours accompagné par l'orchestre ou le piano.

Le *septuor* instrumental se borne aux sept instrumens pour lesquels il est composé.

Le *septuor* de *Lodoïska*, de Chérubini, est plein de force et de beaux effets d'harmonie.

Nous possédons d'excellens *septuors* de Beethowen, de Kalkbrenner, etc.

Les symphonies de Mozart, réduites en *septuors*, sont d'un médiocre effet.

Sérénade, s. f. Concert qui se donne le soir sous les fenêtres de quelqu'un. Il n'est ordinairement composé que de musique instrumentale; quelquefois cependant on y ajoute encore des voix. On appelle aussi *sérénades* les pièces que l'on compose ou que l'on exécute dans ces occasions. Le goût des *sérénades* est répandu plus particulièrement dans nos provinces méridionales. Huit ou dix instrumens à vent bien d'accord, ou quelques voix accompagnées de guitares peuvent exécuter des *sérénades* fort agréables. Le silence de la nuit, qui bannit toute distraction, fait mieux valoir la musique et la rend plus délicieuse.

Sérénade, en italien *serenata*, vient de *sereno*, le soir. Quand le concert se fait sur le matin, ou à l'aube du jour, il s'appelle *aubade*. (*Voyez* Mélophare.)

Serinette, s. f. Très-petit orgue à cylindre, qui joue des airs sans accompagnement, et qui sert à l'éducation musicale des serins.

Serpent, s. m. Instrument à vent que l'on embouche par le moyen d'un bocal. Le *serpent* est un cornet replié pour le rendre moins long et pour que les doigts puissent atteindre les trous qui en règlent l'intonation. Ces replis et sa forme lui ont fait donner le nom de *serpent*.

On se sert de cet instrument dans les cathédrales pour soutenir le chœur, et dans les musiques militaires pour exécuter avec le trombone la partie de contre-basse. Le contre-basson, ou *serpent droit*, commence à lui être préféré dans ce dernier emploi, attendu que ses sons qui ont plus d'intensité, se prolongent et se modifient plus facilement.

La musique destinée au *serpent* se note sur la clef de *fa*, quatrième ligne.

Serrez le mouvement. (*Voyez* Strette.)

Sextuor, s. m. Composition à six parties obligées.

Le *sextuor* vocal est accompagné par l'orchestre ou le piano.

Le *sextuor* instrumental se borne toujours aux six instrumens pour lesquels il est composé.

Le *sextuor* des *Noces de Figaro* est charmant; mais le *sextuor* de *Don Juan* doit être considéré comme l'œuvre le plus étonnant et le plus sublime que l'esprit humain ait produit dans le style lyrico-dramatique.

Boccherini a écrit des *sextuors* pour flûte, deux violons, viole et deux violoncelles. Les *sextuors* pour deux clarinettes, deux cors et deux bassons sont d'un bon effet.

Sextuple, adj. Les mesures *sextuples* étaient celles que l'on formait autrefois en réunissant en une seule deux mesures à trois temps simples.

SI. 255

SEXTUPLE-CROCHE, note crochée six fois. On ne s'en sert presque jamais, à moins que ce ne soit dans un largo écrit à trois-huit.

SFORZANDO, en renforçant. Ce terme italien signifie que l'on doit passer du piano au forté, ou du pianissimo au piano, avec une gradation insensible en renforçant les sons, soit sur une tenue, soit sur un petit groupe de notes; car le *sforzando* ne s'emploie jamais que pour de semblables traits : on se sert de *crescendo* pour les grandes périodes.

Sforzando se marque par son abrégé *sforz* ou *sf*, ou par ce signe $<$ dont la forme présente à l'œil l'augmentation que l'on doit faire éprouver au son.

Quelques dictionnaires italiens attribuent au verbe *sforzare* une signification tout opposée, et lui donnent pour correspondans en français les mots *énerver*, *affaiblir*; ce qui est une erreur, du moins en ce qui concerne l'art musical. Les partitions, les ouvrages didactiques, la musique instrumentale, les solfèges que nous avons consultés, s'accordent tous pour placer ce mot parmi ceux qui indiquent une augmentation dans les sons.

SI, la septième des sept syllabes dont on se sert pour solfier les notes. Guido d'Arezzo, en composant sa gamme, n'inventa que six de ces syllabes, parce qu'il ne fit que changer en hexacordes les tétracordes des Grecs, quoiqu'au fond sa gamme fût, ainsi que la nôtre, composée de sept notes. Il arriva de là que pour nommer la septième, il fallait à chaque instant changer les noms des autres et les nommer de diverses manières : embarras que l'on n'a plus depuis l'invention du *si*. (*Voyez* MUANCES, PROPRIÉTÉ.)

SICILIENNE, s. f. Sorte d'air originaire de Sicile, qui s'écrit à six-huit, et dont le caractère est déterminé par l'emploi fréquent d'un groupe de trois croches, dont la première est pointée.

L'air délicieux *des Noces de Figaro*, *Déjà la nuit nous couvre de ses ombres*, est une *sicilienne*.

SIFFLET DE PAN. (*Voyez* SYRINGE.)

SIGNES, s. m. Ce sont, en général, tous les divers caractères dont on se sert pour noter la musique. Mais ce mot s'entend plus particulièrement des dièses, bémols, bécarres, points, reprises, pauses, guidons, renvois, portées, accolades, chiffres, clefs, mots et autres petits caractères détachés, qui, sans être de véritables notes, sont des modifications des notes, et de la manière de les exécuter. (*Fig.* 51.)

SILENCES, s. m. Signes répondant aux diverses valeurs des notes, lesquels, mis à la place de ces notes, marquent que tout le temps de leur valeur doit être passé en *silence*.

Ces divers *silences* sont :
La pause, qui vaut une demi-brève ou ronde.
La demi-pause, qui vaut une minime ou blanche.
Le soupir, qui vaut une noire.
Le demi-soupir, qui vaut une croche.
Le quart de soupir, qui vaut une double-croche.

Le demi-quart de s., qui vaut une triple croche.

Le seizième de soupir, qui vaut une quadruple croche.

Le 32ᵉ de soupir, qui vaut une quintuple croche.

Et le 64ᵉ de soupir, qui vaut une sextuple croche.

On ne place le point à côté des *silences*, qu'à partir du demi-soupir, en continuant à l'égard de tous les *silences* de moindre valeur. Quoique une noire et un soupir soient d'égale valeur, il n'est pas d'usage de pointer le soupir pour exprimer la valeur d'une noire pointée ; mais on doit, après le soupir, écrire encore un demi-soupir. (*Fig.* 51.)

SILLET, s. m. Sorte de petit chevalet d'ivoire, ou de bois très-dur, fixé au haut du manche des instrumens à cordes, pour les relever, afin qu'elles ne portent pas sur le manche, et ne le touchent pas quand elles sont mises en vibration.

Les *sillets* de la harpe sont de petits crans de cuivre, qui servent à recevoir la corde quand le sabot l'accroche. Par ce moyen, la corde se trouve pressée entre le *sillet* et le sabot, ce qui la raccourcit d'une longueur, relative à l'augmentation d'un demi-ton.

SIMILI, mot italien pluriel de *simile*, semblable. Placé, dans la musique, après une batterie, un arpége ou tout autre groupe ou dessin musical, il signifie qu'on doit figurer des batteries, des arpèges, des groupes, etc. *semblables* à celui que l'on a donné pour modèle, et qui n'est plus indiqué qu'en abrégé, soit par un signe, soit par des notes. *Segue*, dans ce sens, a la même signification que *simili*.

SIMPLE. Dans la musique, tout *composé* a son *simple*, et tout *simple* son *composé*. Tout écolier doit s'exercer à trouver le *double* et toutes les autres variations du *simple*, et à trouver le *simple* de quelque composé que ce soit. Ce qu'on nomme le *simple*, dans un air varié, n'est presque jamais un *simple* absolu, mais un *simple* comparativement aux doubles ou variations qui suivent. (*Voyez* DOUBLES, VARIATIONS.)

SISTRE, s. m. Instrument de musique de percussion; il est ovale, et fait d'une lame de métal sonore, dont la circonférence est percée de divers trous opposés, par lesquels passent plusieurs baguettes de métal. On agite le *sistre* en cadence, pour lui faire rendre un son.

Cet instrument de percussion, a été inventé par les Egyptiens. Nous l'employons quelquefois dans la musique militaire.

SISTRE, s. m. Instrument qui tenait de la guitare et de la mandoline, et que l'on a abandonné à cause de sa complication. Il était monté en cordes de métal.

SIXTE, s. f. La seconde des deux consonnances imparfaites, appelée *sixte* parce que son intervalle est formé de six sons ou de cinq degrés diatoniques.

Il y en a quatre sortes,

1° La *sixte majeure*, composée de quatre tons et d'un demi-ton, renversement de la tierce mineure.

SOL.

2° La *sixte mineure*, composée de trois tons et deux demi-tons; renversement de la tierce majeure.

3° La *sixte augmentée*, composée de quatre tons et deux demi-tons; renversement de la tierce diminuée.

4° La *sixte diminuée*, composée de trois tons et deux demi-tons; renversement de la tierce augmentée. (*Fig.* 58.)

SLARGANDO, mot italien qui signifie en ralentissant, en donnant plus de largeur au mouvement.

SLOW. (*Voyez* LENTO.)

SMORZANDO. (*Voyez* DIMINUENDO.)

SOL. La cinquième des six syllabes inventées par Guido, pour prononcer les notes de la gamme. Le *sol* naturel répond à la lettre *G*.

SOLFÈGE, s. m. Livre élémentaire qui sert à apprendre à lire la musique, en la solfiant. Ce livre renferme ordinairement tous les principes relatifs à l'intelligence et à la lecture de la musique, et un grand nombre de leçons graduelles à une et à plusieurs voix, avec un accompagnement de basse chiffrée.

Le *solfège* d'Italie, gravé pour la première fois en 1784, eut un succès prodigieux, et fit abandonner tous les *solfèges* français qui existaient alors. On remarqua cependant que ce précieux recueil ne contenait pas un assez grand nombre de leçons faciles;

Rodolphe y suppléa en composant un petit *solfège*, destiné aux premières études. Le Conservatoire de Paris a publié en 1799, un excellent *solfège*, en trois volumes; il sert conjointement avec celui d'Italie à l'éducation musicale des élèves de cet établissement.

Solfège vient de l'italien *solfeggio*, leçon pour solfier. On devrait appeler le livre, qui contient ces leçons, *Recueil de Solfèges*, ou *Solfèges*, mais le tout prend ici le nom de la partie, et l'on dit *le solfège du Conservatoire*, *le solfège d'Italie*.

SOLFIER, v. n. C'est, en entonnant des sons, prononcer en même temps les syllabes de la gamme qui leur correspondent. Cet exercice est celui par lequel on fait toujours commencer ceux qui apprennent la musique, afin que l'idée de ces différentes syllabes, s'unissant, dans leur esprit, à celle des intervalles qui s'y rapportent, ces syllabes leur aident à se rappeler ces intervalles.

Aristide Quintilien nous apprend que les Grecs avaient pour *solfier*, quatre syllabes ou dénominations des notes, qu'ils répétaient à chaque tétracorde, comme nous en répétons sept à chaque octave. Ces quatre syllabes étaient les suivantes: *té, ta, thè, tho*. Guido d'Arezzo ayant substitué son hexacorde au tétracorde ancien, substitua aussi pour le *solfier*, six autres syllabes aux quatre que les Grecs employaient autrefois. Ces six syllabes sont les suivantes: *ut ré mi fa sol la*, tirées de la première strophe de l'hymne de saint Jean-Baptiste, où elles se trouvaient placées dans leur ordre

SOL.

diatonique. Elles lui vinrent dans l'esprit par inspiration, en chantant cette strophe.

> Ut queant laxis
> REsonare fibris,
> MIra gestorum
> FAmuli tuorum,
> SoLve polluti
> LAbii reatum,
> Sancte Joannes.

Angelo Berardi les a renfermées dans le vers suivant :

> Ut RElevet MIserum FAtum SoLitosque LAbores.

Le *si* n'a été inventé et ajouté à la gamme de Guido, que plusieurs siècles après. (*Voyez* Si.)

On a formé ce mot *solfier* de la réunion des noms des deux notes *sol* et *fa*, le *sol* étant la première note du système hexacordal de Guido. C'est par la même raison que la lettre *A* désigne le *la*, attendu que les lettres ont été affectées à représenter les notes dans un temps où le système n'avait pas encore pour type la gamme d'*ut*.

SOLO, adj. pris subst. Ce mot italien s'est francisé dans la musique, et s'applique à un morceau ou à un trait qui se joue sur un seul instrument avec accompagnement d'orchestre. Le *solo* vocal s'appelle *récit*.

Quand une partie vocale ou instrumentale récite, le mot *solo* avertit l'exécutant qu'il va être placé en première ligne et devenir l'objet de l'attention générale. Si deux ou trois parties récitent à la fois, l'on écrit *soli*. Dans les concertos on marque les *solos* sur la partie principale et sur celles d'accompagnement.

Plusieurs auteurs ont publié de grands *solos* pour divers instrumens, avec accompagnement d'orchestre; ce sont des concertos irréguliers et d'une forme peu étendue. On compose aussi des *solos* pour un instrument seul.

Dans les grands orchestres, on donne le nom de *solo* au musicien qui exécute les *solos*, et qui, le plus souvent, ne joue pas dans le reste de la musique. *Violoniste solo, flutiste solo, corniste solo*. Un orchestre a deux hautbois pour la symphonie, on leur en adjoint un troisième qui ne se fait entendre que dans le *solo*; il possède quatre cornistes, on en a un cinquième pour le *solo*. Ces musiciens d'élite n'augmentent pas la force instrumentale, puisqu'on ne les entend que quand leurs collègues se taisent, et que ceux-ci ne reprendront leur partie qu'après le *solo*. Ainsi, trois hautbois et cinq cors ne font réellement pour l'oreille que deux hautbois et quatre cors. Mais on conçoit aisément que les Duvernoi, les Dauprat, les Wogt, les Tulou, jouant un *solo* après quelques passages saisis çà et là, pour se mettre en embouchure, donnent des sons plus pleins, plus purs, ont une élocution plus libre et plus brillante, que si pendant deux ou trois actes, ils s'étaient essoufflés en poussant la grosse note pour fournir à un vulgaire remplissage.

Solmisation, s. f. Action de solmiser ou solfier. (*Voyez* Solfier, Solmiser.)

Solmiser, v. a. Lorsque le mot *solfier* a été formé, le système musical avait pour base la gamme *sol la si ut ré mi fa*, et non celle *ut ré mi fa sol la si*. C'est avec les deux notes extrêmes de cette première gamme que l'on a fait le verbe *solfier*. C'est donc le système hexacordal de Guido d'Arezzo, qui a fait mettre le *sol* à la tête du verbe *solfier*, parce que ce système avait ce *sol* pour corde la plus grave et pour initiale, quoiqu'en solfiant, ce *sol* se nommât *ut*.

Il ne s'agissait point, selon les vues de ce temps, de signaler la tonique comme note principale du ton dans le mot *solfier*, mais d'indiquer la corde la plus grave du clavier général, qui était la gamme de Guido.

Il est un terme qui cadre encore mieux avec le système de Guido que celui de *solfier*, qui indique l'heptacorde *sol fa* ; c'est celui de *solmizare* ou *solmiser*, qui désigne l'hexacorde le plus grave du système de Guido, *sol la si ut ré mi*, dont les extrémités sont *sol* et *mi*.

Les verbes *solfier* et *solmiser* ont tous deux pour but d'indiquer le *sol* comme note initiale du système, et par-là ils se montrent les contemporains de celui de Guido. On ne doit pas s'étonner qu'ils ne s'accordent pas avec la gamme des modernes, qui est *ut ré mi fa sol la si*. (*Voyez* Propriété.)

Sommier, s. m. Espèce de coffre, qui ressemble assez à un billard, dans lequel les soufflets des orgues font entrer le vent, qui de là se communique dans les différens tuyaux qui sont plantés dans la table supérieure du *sommier*. Il y a plusieurs *sommiers* dans un grand orgue.

Son, s.-m. Nous désignons par le terme générique de *son*, toutes les sensations que nous recevons par l'organe de l'ouïe. Ces sensations sont de plusieurs espèces; savoir : le bruit, le cri, le *son oratoire*, le *son musical*, c'est-à-dire celui de la voix chantante et des instrumens.

La musique, en ce qui concerne la composition, est une langue qui a pour élément le *son* musical; en quoi elle diffère des langues ordinaires, qui ont pour élémens les *sons* de la voix parlante, que nous appelons *sons oratoires*.

Rien n'est plus aisé que de sentir la différence de ces deux espèces de *sons*, mais rien n'est plus difficile que de la décrire et d'en expliquer la nature. Heureusement, comme l'observe Sulzer, l'un n'est pas de notre objet, et l'autre n'est pas nécessaire : il nous suffit de savoir que des élémens qui lui sont propres, la musique forme des combinaisons plus ou moins étendues, offrant à l'esprit des idées plus ou moins simples, des phrases ou des périodes, des pièces entières de tout style et de tout caractère, à l'aide desquelles elle réussit à flatter nos sens, à fixer notre imagination par l'imitation des effets naturels, à émouvoir notre cœur par la peinture des sentimens.

Toutes les modifications dont le *son* est susceptible

peuvent se rapporter aux quatre espèces suivantes :

1° Celle du grave à l'aigu, que l'on nomme *ton* ou degré du *son*.

2° Celle du vite au lent, ou la durée, que l'on nomme *temps* ou *quantité*.

3° Celle du fort au faible, que l'on nomme simplement *force* ou *intensité*.

4° Enfin celle de l'aigre au doux, du sourd à l'éclatant, du sec au moëlleux, que l'on nomme *timbre*.

On peut faire rentrer dans cette dernière classe les modifications qui proviennent de la manière dont le *son* est produit, c'est-à-dire celle du lié au détaché, et tous les agrémens. Peut-être vaudrait-il mieux en faire une cinquième espèce de modification, que l'on nommerait le *caractère du son*.

De ces modifications, la première et la plus importante est celle du ton ou degré. En effet, on peut concevoir que tous les *sons* d'une pièce soient égaux en durée : on en a un exemple dans le plain-chant, et même dans un grand nombre de chants musicaux ; on conçoit encore plus facilement qu'ils soient de la même force et du même timbre, comme il arrive lorsque l'on touche sur un seul clavier d'un orgue avec les mêmes registres ; mais il est impossible de concevoir une pièce de musique sur le même ton. La variété est donc nécessaire en cette qualité, mais cette variété est soumise à certaines lois ; ces lois sont celles de la modulation.

Si la variété n'est pas aussi nécessaire par rapport à la durée que par rapport à l'intonation, la régularité, sans offrir des lois aussi précises, n'est guère moins indispensable. Une suite de *sons*, ou, pour mieux dire, des *sons* isolés, quels qu'en soient d'ailleurs le degré, la force et le timbre, entendus à des distances égales, et sans rapport entre elles, pourront bien exciter notre attention ; mais ils nous causeront une impression bien différente, s'ils observent entre eux des rapports sensibles de durée, et si l'on aperçoit à cet égard un certain ordre dans leur succession.

Cet ordre, dans la durée et dans la succession des *sons*, est ce que l'on désigne en général par le terme de *rhythme*.

Les quatre qualités principales dont je viens de parler entrent toutes, quoique en différentes proportions, dans l'objet de la musique, qui est le *son* en général.

En effet, le compositeur ne considère pas seulement si les *sons* qu'il emploie doivent être hauts ou bas, graves ou aigus; mais s'ils doivent être forts ou faibles, aigres ou doux, sourds ou éclatans; et il les distribue à différens instrumens, à diverses voix, en récits ou en chœurs, aux extrémités ou dans le médium des instrumens ou des voix, avec des *piano*, des *forte*, selon les convenances de tout cela.

Mais il est vrai que c'est uniquement dans la comparaison des *sons* du grave à l'aigu que consiste toute la science harmonique : de sorte que, comme le nombre des *sons* est infini, l'on peut dire, dans le même sens, que cette science est infinie dans son objet. On ne conçoit point de bornes précises à l'étendue des *sons* du grave à l'aigu, et quelque petit que puisse être l'intervalle qui est entre deux *sons*, on le concevra toujours divisible par un troisième *son;* mais la nature et l'art ont limité cette infinité dans la pratique de la musique. On trouve bientôt dans les instrumens les bornes des *sons* praticables tant au grave qu'à l'aigu. Allongez ou racourcissez, jusqu'à un certain point, une corde sonore, elle n'aura plus de *son*. L'on ne peut pas non plus augmenter ou diminuer à volonté la capacité d'une flûte ou d'un tuyau d'orgue, ni sa longueur; il y a des bornes, passé lesquelles ni l'une ni l'autre ne résonne plus. L'inspiration a aussi sa mesure et ses lois : trop faible, elle ne rend point de *son;* trop forte, elle ne produit qu'un cri perçant, qu'il est impossible d'apprécier. Enfin il est constaté, par mille expériences, que tous les *sons* sensibles sont renfermés dans une certaine latitude, passé laquelle, ou trop graves ou trop aigus, ils ne sont plus aperçus, ou deviennent inappréciables à l'oreille.

Les géomètres ont démontré que tous les *sons* appréciables étaient contenus dans l'espace de huit octaves, dont le plus grave fait environ 30 et le plus aigu 7552 vibrations en une seconde. Cette démonstration a été bonne jusqu'en 1819, M. Piantanida, facteur d'orgues de Milan, ayant trouvé de nouvelles combinaisons métalliques qui augmentent la sonorité des tuyaux, a porté le système de l'orgue et par conséquent le système général de la musique à une quarte au-dessus des limites que les géomètres regardaient comme insurmontables.

L'étendue de notre système est donc fixée maintenant à huit octaves et demie. On voit par la génération harmonique des *sons*, qu'il n'y en a dans leur infinité possible qu'un très-petit nombre qui puissent être admis dans la musique : car ceux qui ne forment pas des consonnances avec les *sons* fondamentaux, ou qui ne naissent pas médiatement ou immédiatement des différences de ces consonnances, doivent être proscrits du système. Voilà pourquoi le nôtre est borné à douze *sons* seulement dans l'étendue d'une octave, desquels douze toutes les autres octaves ne contiennent que des répliques. En comptant toutes ces répliques pour autant de *sons* différens, en les multipliant par le nombre des octaves auquel est bornée l'étendue des *sons* appréciables, on trouvera 100 en tout, pour le plus grand nombre des *sons* praticables dans la musique sur un même *son* fondamental.

Son de voix, Ton de voix, syn. Ces deux expressions, synonymes en ce qu'elles expriment les affections caractéristiques de la voix, ont entre elles des différences considérables.

On reconnaît les personnes au *son de* leur *voix*, comme on distingue une flûte, un hautbois, un violon, et tout autre instrument de musique au *son* déterminé par sa construction. On distingue les diverses affections de l'âme d'une personne qui parle avec intelligence ou avec feu, par la diversité des *tons de voix*, comme on distingue sur un même instrument les différens airs, les modes, les mesures et autres variétés nécessaires.

Le *son de voix* est donc déterminé par la construction physique de l'organe: il est doux ou rude, agréable ou désagréable, grêle ou vigoureux. Le *ton de voix* est une inflexion déterminée par les affections intérieures que l'on veut peindre; il est selon l'occurrence élevé ou bas, impérieux ou soumis, fier ou humble, vif ou froid, sérieux ou ironique, grave ou badin, triste ou gai, lamentable ou plaisant, etc.

Sonorité, s. f. qualité de ce qui est sonore. On augmente la *sonorité* d'un piano en ouvrant tout-à-fait l'instrument. Les sourdines diminuent considérablement la *sonorité* des violons, des trombones, des timbales, etc.

Sons harmoniques. Espèce singulière de *sons* qu'on tire de certains instrumens, tels que le violon, la viole, le violoncelle, par un mouvement particulier de la main ou de l'archet qu'on approche davantage du chevalet, et en posant légèrement le doigt sur certaines divisions de la corde. Ces *sons* sont fort différens pour le timbre et pour le ton de ce qu'ils seraient, si l'on appuyait tout-à-fait le doigt. Quant au ton, par exemple ils donneront la quinte quand ils donneraient la tierce, la tierce quand ils donneraient la sixte, etc. quant aux timbres, ils sont beaucoup plus doux que ceux qu'on tire pleins de la même division en faisant porter la corde sur le manche.

Toutes les personnes qui jouent de la harpe et des instrumens à archet connaissent les *sons harmoniques*, mais peu en connaissent le principe. Nous allons essayer de le leur expliquer.

Nous avons dit à l'article ACCORD quels étaient les sons rendus par les aliquotes de la corde : nous avons enseigné que la moitié rendait l'octave, le tiers la douzième, le quart la double octave, etc. mais nous n'avons point examiné ce que donnait le surplus. Rien n'est plus facile à déterminer en général : car si l'on suppose la corde A coupée en un nombre N de fragmens, et qu'on la considère comme divisée en deux parties dont la première contienne 1, 2, 3, enfin un nombre M de fragmens, cette première partie rendra le son $A\dfrac{m}{n}$, et l'autre celui $A\dfrac{n\,m}{n}$. Tout cela est aisé à concevoir, et aura lieu, si le chevalet qui sépare les deux parties de la corde, est disposé de manière à intercepter toute communication entre elles. Mais si le chevalet ou l'obstacle est posé très-légèrement, de manière que la vibration imprimée à une partie puisse se communiquer à l'autre, alors il arrivera un phénomène fort singulier : c'est que les deux parties, quoique de longueur inégale, rendront le même son, et ce son sera celui de leur plus grand commun diviseur. Car on voit que de la manière dont on a opéré, les deux parties seront commensurables. Si en plaçant au hasard ou autrement le chevalet, on divisait la corde en deux parties incommensurables, il n'y aurait pas de son, mais un frémissement désagréable à l'oreille.

Si l'on regarde de près ce qui se passe dans cette

expérience, on verra les deux parties de la corde se diviser chacune en autant de parties que le plus grand commun diviseur est contenu en chacune d'elles. Les extrémités de ces parties resteront immobiles : c'est ce qu'on nomme *nœuds*. Chaque partie vibrera comme une corde particulière entre ces deux points fixes, en prenant une figure courbe dont le sommet se nomme le *ventre*, et donnera un son analogue à sa longueur. On rend cette expérience très-sensible en plaçant des chevrons de papier aux nœuds et aux ventres. Les premiers restent immobiles, tandis que les autres s'agitent et tombent. Cette expérience faite d'abord par Wallis, puis oubliée, a été retrouvée en 1700 par Sauveur, de l'Académie des Sciences.

Les *sons harmoniques* de la harpe s'obtiennent en attaquant la corde à son milieu avec la partie inférieure du pouce.

Sonate, s. f. Pièce de musique instrumentale, composée de trois ou quatre morceaux consécutifs de caractères différens.

La *sonate* est faite pour un seul instrument, qui récite accompagné d'une basse ou d'une viole, si cet instrument, tel que le violon ou la flûte, ne donne pas les moyens de faire entendre une harmonie complette; mais le piano, la harpe et même la guitare, peuvent se passer de ce secours. Dans une composition de ce genre, on s'attache à tout ce qu'il y a de plus favorable pour faire briller l'instrument pour lequel on travaille, soit par le tour des chants, soit par le choix des sons qui résonnent le mieux, soit par la hardiesse de l'exécution.

La *sonate* convient surtout au piano, sur lequel on peut exécuter à la fois trois ou quatre parties bien distinctes et même plus. C'est aussi sur cet instrument qu'elle a poussé le plus loin ses étonnans progrès.

Le mot de Fontenelle, *Sonate, que me veux-tu?* que tant de gens répètent sans raison, et même quelquefois sans savoir ce qu'ils disent, ne prouve rien contre le genre; il prouve seulement que la *sonate* qui excita l'impatience de Fontenelle était mauvaise, ou que cet habile littérateur était, comme tant d'autres, un barbare en musique.

Handel, Bach, Mozart, Haydn, Clementi, Cramer, Dusseck, Beethowen, Steibelt, Pleyel, Adam, Kalkbrenner, madame de Montgeroult, etc., ont composé de belles *sonates* de piano. Nardini, Leclair, Viotti, etc., ont écrit des *sonates* pour le violon. Les trios de certains auteurs ne sont, à proprement parler, que des *sonates* pour le violon, avec accompagnement d'un second violon ou d'une viole et d'un violoncelle. Parmi les auteurs qui ont composé des *sonates* pour la flûte, on distingue Devienne et Berbiguier.

Sonate vient de l'italien *suonare*, sonner, jouer des instrumens. *Sonate* signifie donc une pièce d'exécution. Les Italiens divisaient la *sonate* en deux genres : *sonata da chiesa*, et *sonata da camera*.

SONATINE, s. f. Petite sonate destinée aux commençans.

SONNER, v. a. et n. On dit en composition, qu'une note *sonne* sur la basse, lorsqu'elle entre dans l'accord et fait harmonie; à la différence des notes qui ne sont que de goût, et ne servent qu'à figurer, lesquelles ne *sonnent* point. On dit aussi *sonner* une note, un accord, pour dire frapper ou faire entendre le son, l'harmonie de cette note ou de cet accord. Dans l'orgue, le jeu de nasard *sonne* la quinte au-dessus du prestant. La guitare *sonne* l'octave basse des notes écrites pour elle sur la clef de *sol*.

On dit en italien, *sonner* d'un instrument, comme nous disons jouer. Ce mot *sonner* était en usage dans le vieux français, il est fâcheux qu'on l'ait abandonné. On dit encore *sonner* de la trompette, lorsqu'il s'agit des divers appels de la cavalerie. (*Voyez* JOUER.)

SONNERIE. s. f. Air composé pour être *sonné* par les trompettes d'un régiment de cavalerie, pour transmettre les ordres des chefs, et faire connaître aux cavaliers le moment où ils doivent remplir certaines pratiques habituelles, telles que le repas des chevaux, leur pansage.

Il y a vingt-huit *sonneries* prescrites par l'ordonnance, savoir :

   1. La générale,
   2. Le boute-selle,
   3. Le boute-charge,
   4. A cheval,
   5. L'assemblée,
   6. La marche,

7. La charge,
8. Le ralliement,
9. La retraite,
10. Appel pour faire cesser les feux,
11. Pour faire rentrer les officiers à leur place de bataille après les feux.
12. Le réveil,
13. Le repas des chevaux,
14. Le pansage des chevaux,
15. L'abreuvoir,
16. Les distributions,
17. L'instruction,
18. Les corvées,
19. La soupe,
20. Le ban,
21. La fermeture du ban,
22. À l'ordre,
23. À l'ordre pour les fourriers,
24. Pour la réunion des trompettes,
25. Rassemblement des gardes,
26. Appel des hommes consignés,
27. Appel après la retraite,
28. Pour éteindre les feux.

Il existe encore quelques *sonneries* de convention, et que l'ordonnance ne prescrit pas.

SOPRA, adverbe italien, qui signifie *sur* ou *au-dessus*, *come sopra*, comme la partie au-dessus.

SOPRANO, au pluriel *soprani*, dessus, *soprano*

1.°, premier dessus, *soprano* 2°, second dessus. Ce mot vient de *sopra*.

Les parties de *soprano* sont chantées par les femmes, les enfans, etc.

Sostenuto, *soutenu*. Un largo, un adagio *sostenuto*, sont des morceaux d'un mouvement très-lent, dont les sons doivent être très-bien *soutenus* et liés.

Sotto voce, *sous la voix*. A d'abord indiqué que les instrumens d'accompagnement devaient adoucir leurs sons de manière qu'ils fussent toujours dominés par ceux de la voix. On s'est servi ensuite des mêmes termes pour obtenir le même degré de douceur des instrumens envers les instrumens et des voix elles-mêmes, soit qu'elles fussent accompagnées ou non. Il y a beaucoup de chœurs que l'on exécute *sotto voce*.

Lorsque le mot *sotto voce* est écrit dans la musique, il ne faut chanter qu'à demi-voix, et jouer qu'à demi-jeu.

Mezza voce, signifie la même chose.

Soufflerie, s. f. Est le local où sont posés les soufflets de l'orgue. On entend par ce terme l'ensemble des soufflets posés en leur place. *La soufflerie de cet orgue est très-bonne.*

Soufflets de l'Orgue. Ce sont de grands corps qui, en se dilatant, se remplissent d'air qu'ils chassent par les ventilles dans le sommier, lorsqu'ils se contractent. Les *soufflets* tombent et se vident par l'effet d'un fort contrepoids, le souffleur les relève aussitôt. (*Voyez* ORGUE HYDRAULIQUE.)

SOUFFLEUR, s. m. Musicien placé dans un trou, pratiqué au milieu de l'avant-scène, lequel suit sur la partition les chants que l'on exécute sur le théâtre, bat la mesure avec la main dans les passages scabreux, soutient la mémoire de l'acteur, en lui faisant entendre à propos les mélodies dont il est peu sûr, et le remet sur la voie s'il vient à perdre le fil du discours musical. A côté de ce *souffleur* pour la musique, il y a ordinairement un autre *souffleur* qui remplit les mêmes fonctions pendant le dialogue parlé.

A l'Académie royale de musique et dans beaucoup de théâtres de province, le chef d'orchestre sert de *souffleur*. Mais cette méthode est mauvaise, toute illusion cesse dès que l'on voit le maître de musique entrer en conversation avec le personnage scénique.

SOUFFLEUR D'ORGUE, est celui qui fait aller les soufflets de cet instrument.

SOUPIR. Silence équivalant à une noire. Dans la musique vocale, et dans le jeu des instrumens à vent, on prend haleine pendant les grands silences, et l'on place de petites respirations, des espèces de soupirs sur ceux de moindre valeur. C'est ce qui a fait appeler ces silences *soupirs*, en italien *sospiri*. (*Fig.* 51.)

SOURDINE, s. f. Petit instrument de bois, que l'on enchâsse sur le chevalet du violon, de la viole ou du violoncelle, pour en intercepter les vibrations et en diminuer par conséquent le son.

La *sourdine*, en affaiblissant les sons, change leur timbre et leur donne un caractère sombre et mélancolique.

Con sordini, ou simplement *sordini*, signifie que l'on doit se servir des *sourdines*.

Le piano a une pédale qui fait marcher des réglettes de bois, couvertes de peau qui, en s'appliquant sous les cordes, en gênent les vibrations, et donnent un jeu de *sourdine*.

Les cors, les trombones, ont des *sourdines*. Un mouchoir placé entre le timbre du tambour et la peau du dessous, intercepte les vibrations de cet instrument. Le voile d'étoffe que l'on jette sur les timbales, produit aussi l'effet d'une *sourdine*.

SOUS-DOMINANTE, nom donné à la quatrième note du ton, laquelle est par conséquent au même intervalle de la tonique en descendant, qu'est la dominante en montant.

Dans le ton d'*ut*, la note *fa* est la *sous-dominante*, elle est placée immédiatement au-dessous de la dominante *sol*.

SOUTENIR, v. a. pris en sens neutre. C'est faire exactement durer les sons toute leur valeur, sans les laisser éteindre avant la fin.

SPICCATO, adj. Piqué. (*Voyez* PIQUÉ.)

SPIRITOSO, adj. italien. Avec feu. (*V.* ALLEGRO.)

STACCATO, adj. italien, qui signifie détacher.

STRETTE, s. f. On se sert de ce mot pour désigner cette partie de la fugue, dans laquelle le compositeur ne donne plus que des fragmens du sujet qu'il a déjà traité avec tous les développemens nécessaires. Il partage ce sujet en diverses portions, et les travaille l'une contre l'autre au moyen de l'imitation.

La *strette* consiste donc dans l'union en une même harmonie, du sujet et de la réponse. Dans le cours de la fugue, on attend, pour faire la réponse, que la proposition soit achevée; mais dans la *strette* on fait entrer la réponse avant la terminaison du sujet, sans rien déranger, ou en ne dérangeant que le moins possible à l'un ou à l'autre.

Cette manière de procéder vers la conclusion d'une fugue, a été adoptée par les grands maîtres, comme étant propre à répandre un nouvel intérêt dans le discours, à lui donner plus de vie, à mesure qu'il se précipite vers sa péroraison, et à faire jaillir une foule de beautés musicales de ce choc d'idées, qui se succèdent avec rapidité. Tels ces acteurs qui ont commencé leur scène en débitant des couplets d'une certaine étendue, s'échauffent peu à peu et finissent par donner à leur dialogue une telle véhémence, que le vers répond au vers, le mot au mot. Voici un exemple de la *strette* en poésie.

SÉMIRAMIS.
Quel est donc ce billet que tes yeux pleins d'alarmes
Lisent avec horreur et trempent de leurs larmes?

STR.

Contient-il les raisons de tes refus affreux?

ARZACE.

Oui.

SÉMIRAMIS.

Donne.

ARZACE.

Ah! je ne puis... Osez-vous?

SÉMIRAMIS.

Je le veux.

ARZACE.

Laissez-moi cet écrit horrible et nécessaire....

SÉMIRAMIS.

D'où le tiens-tu?

ARZACE.

Des Dieux.

SÉMIRAMIS.

Qui l'écrivit?

ARZACE.

Mon père.

SÉMIRAMIS.

Que me dis-tu?

ARZACE.

Tremblez.

SÉMIRAMIS.

Donne. Apprends-moi mon sort.

ARZACE.

Cessez; à chaque mot vous trouveriez la mort.

Strette vient de l'italien *ristretto*, ou *stretta*, resserrement.

Il y a plusieurs *strettes* dans une fugue, on les désigne par 1re, 2e, 3e *strette*. On regarde comme un coup de maître, de traiter en canon celle qui termine la fugue; on l'appelle alors *strette magistrale*.

STRETTO, adj. italien, qui signifie *étroit*, *serré*. Il se rapporte au mouvement d'un morceau de musique, et marque une marche plus *serrée*, plus rapide que celle que l'on suivait déjà.

Stretto, *più stretto*, *più mosso*, *serrez*, *serrez le mouvement*, *pressez*, tels sont les termes dont on se sert pour indiquer ce *crescendo* de vitesse.

STROMENTO, s. m. Instrument.

STROMENTI DA FIATO, instrumens à vent.

STROPHE, s. f. Couplet ou stance d'une ode, ou d'une pièce de vers lyriques, dont le sujet est noble. (*Voyez* COUPLET.)

STYLE, s. m. Caractère distinctif de composition ou d'exécution. Ce caractère varie selon les pays, le goût des peuples, le génie des auteurs; selon les matières, les lieux, les temps, les sujets, les expressions, etc.

On dit le *style* de Palestrina, de Handel, de Pergolèse, de Gluck, de Piccini, de Mozart, de Haydn, de Cimarosa, de Méhul, de Chérubini. Le *style* des musiques d'église n'est pas le même que celui des musiques pour le théâtre ou pour la chambre; le *style* de la symphonie n'est pas celui du concerto; le *style* du cantabile ou de l'adagio n'est pas celui de l'allégro ou du presto; le *style* du chœur n'est pas celui du duo ou du trio.

Style dramatique ou imitatif, est un *style* propre à exciter les passions; *style d'église*, est un *style* sérieux, majestueux, grave. Comme chaque instrument a ses moyens, son jeu, son doigter, il a aussi son *style*.

Les principales divisions des compositions musicales en *styles* ou genres différens, sont établies sur des considérations tirées de leur usage; et cette division est fondée en raison, parce que chacun de ces genres exige une sorte d'idées et une forme de développemens analogues à sa destination. Ainsi l'on distingue dans la musique de chant trois genres ou *styles*, savoir :

Le *style d'église*,
Le *style de chambre*,
Le *style de théâtre*.

A ces trois *styles* il faut joindre le *style instrumental*, ce qui donnera en tout quatre *genres* ou *styles*.

Un musicien exercé reconnaît l'œuvre d'un compositeur à son *style*. (*Voyez* CARACTÈRES.)

SUITE, s. f. Nom que l'on donnait autrefois à une *suite* de morceaux, que nous appelons maintenant *sonate*.

Les *suites* de Handel traverseront les siècles, surtout à cause des belles fugues dont elles sont enrichies, et qui sont de vrais modèles dans ce genre.

On se sert aujourd'hui du mot de *suite* quand il s'agit des airs arrangés pour les instrumens militaires. *Première, seconde, troisième* suite *d'airs*.

SUJET, s. m. Terme de composition. C'est la partie principale du dessin, l'idée qui sert de fondement à toutes les autres. On ne se sert du mot de *sujet* que dans les compositions du style sévère. On place le *sujet* au dessus, à la basse, ou au milieu dans le contrepoint.

Il y a quatre sortes de *sujets* de fugue.

Les *sujets* de la première espèce commencent à la tonique et se terminent à la dominante.

Ceux de la seconde commencent à la dominante et se terminent à la tonique.

Les *sujets* de la troisième espèce commencent à la dominante et se terminent à la même corde.

Ceux de la quatrième commencent à la tonique et finissent à la même corde.

Les *sujets* qui commencent à la tonique pour aller ensuite à la dominante, ou à la dominante pour aller à la tonique, ont une réponse qui marche en sens inverse. Les *sujets* qui commencent et finissent à la dominante ont une réponse qui entre sur le sujet même. Enfin, les *sujets* qui commencent et finissent à la tonique sont ce que l'on appelle *sujets fermés*, auxquels on est obligé d'ajouter une *coda*, sans laquelle il n'y aurait pas de réponse possible.

L'octave est coupée en deux parties inégales par la dominante d'un ton, puisqu'il y a une quinte en montant de la tonique à la dominante, et seulement une quarte en montant de la dominante à la tonique. Il suit de là que la réponse d'un *sujet* qui irait de la tonique à la dominante en montant de cinq notes consécutives, doit subir un changement que l'on appelle *mutation*, pour ne pas sortir du ton : tout l'art de faire une réponse consiste à trouver l'endroit où la mutation doit se faire. (*Fig.* 63.)

Il y a mutation dans la réponse aux *sujets* qui vont de la dominante à la tonique, comme dans la réponse à ceux qui vont de la tonique à la dominante.

Il y a également mutation dans la réponse d'un *sujet* qui commence et finit à la dominante, car il y a nécessairement un instant où le *sujet* passe par la tonique, afin que la réponse puisse entrer; mais, dans ce cas, il y a toujours deux mutations dans la réponse. (*Fig.* 64.)

La mutation de la réponse d'un *sujet* commençant et finissant à la tonique, est toujours à la *coda*. (*Fig.*65.)

Enfin, pour rendre une réponse tonale, on fait quelquefois trois mutations, afin d'éviter les cordes étrangères au ton. (*Fig.* 66.)

Tout commençant qui voudra parvenir à saisir le véritable style de la fugue, fera bien d'examiner les partitions des grands maîtres, et d'en emprunter un *sujet*, avant d'en inventer un de lui-même. Ce moyen est facile; et même en confrontant son travail avec celui du maître, il aura l'avantage de voir s'il s'en éloigne ou s'il en approche. Un autre moyen, c'est en imaginant un *sujet*, de s'imaginer en même temps toutes les autres parties, et l'on ne manquera pas de s'apercevoir dans l'instant si le *sujet* inventé sera facile à traiter ou non. Il n'en coûte pas beaucoup d'ajouter une seconde partie à une première, mais il en coûte d'y en ajouter une troisième ou une quatrième : toute mélodie n'admet pas une harmonie aisée et naturelle, surtout à quatre ou cinq parties. Comme nulle partie ne domine seule dans la fugue, il faut envisager le tout et non les détails. A l'égard de l'étendue de la mélodie, si la fugue est pour la voix, le *sujet* doit être renfermé dans l'espace d'une sixte, afin que la portée de la voix y suffise dans les transpositions. A cet égard les instrumens donnent plus de liberté, et l'on peut étendre un *sujet* jusqu'au-delà d'une dixième.

Le *sujet* n'est pas toujours de l'invention du compositeur ; il le choisit quelquefois dans le plain-chant, ou le reçoit de ceux qui veulent mettre son talent à l'épreuve.

Dans les ouvrages du style libre, l'idée principale s'appelle *motif*. (*Voyez* Motif, Thême.)

Supposition, s. f. *Notes par supposition*. C'est ainsi que l'on nommait autrefois ce que nous appelons *notes de passage*. (*Voyez* Passage.)

Accords par supposition : c'était, dans la théorie de Rameau, les accords où la basse continue ajoutait ou supposait un nouveau son au-dessous de la basse fondamentale : ce qui faisait que de tels accords excédaient toujours l'étendue de l'octave.

La nouvelle école ne reconnaît pas cette sorte d'accords.

La seule *supposition* admise maintenant, est celle qui consiste à entrelacer les notes essentielles du chant avec des notes accidentelles.

Toute note qui est comprise dans l'harmonie de la basse est essentielle ; les autres sont accidentelles.

Cette *supposition* est régulière, quand la note essentielle, précédant la note accidentelle, frappe sur un temps fort qui est marqué par la basse. Elle est irrégulière, quand la note accidentelle précède la note essentielle : ce qui fait que celle-ci ne porte pas sur les bonnes notes de la basse.

Sur-aiguë, adj. C'est ainsi que l'on désigne une voix de femme dont le diapason comprend à l'aigu une octave de plus que les voix ordinaires.

Madame Féron possède une voix *sur-aiguë*. Cette antatrice attaque et fait résonner d'une manière très-distincte le dernier *ut* aigu des pianos à six octaves, et même le *ré* qui le suit.

Les voix *sur-aiguës* sont très-rares.

SUSPENSION, s. f. Il y a *suspension* dans tout accord sur la basse duquel on soutient un ou plusieurs sons de l'accord précédent, avant que de passer à ceux qui lui appartiennent : comme si la basse passant de la tonique à la dominante, je prolonge encore quelques instans sur cette dominante l'accord de la tonique qui la précède, avant de le résoudre sur le sien.

La *suspension* est générale, quand elle a lieu dans toutes les parties à la fois : elle n'est pas l'effet du retard d'une ou plusieurs notes d'un accord qui précède; mais elle résulte de la terminaison d'une période sur un accord dissonant.

La *suspension* particulière à l'égard d'une ou de plusieurs parties, dans tel endroit que ce soit de la période, s'opère par le retard d'une ou de plusieurs notes au-delà de leurs limites naturelles, et pour faire désirer davantage celles dont elles occupent un instant la place.

On peut employer la *suspension* envers les dissonances, comme envers les consonnances et à l'égard de tous les accords.

SUTONIQUE. On donne ce nom à la seconde note du ton, attendu que succédant immédiatement à la tonique du grave à l'aigu, elle se trouve sur la tonique :

dans le ton d'*ut*, la note *ré* est la *sutonique*. (*Voyez* Ton.)

SYMÉTRIE, s. f. Proportion et rapport de durée et d'intonation que les parties d'un air ont entre elles et avec leur tout. La *symétrie* admet la répétition des mêmes formes; mais elle n'exige quelquefois que leur correspondance.

Le rhythme est si impérieux qu'on pourrait croire avec raison qu'il décide souvent à lui seul de l'effet de la musique. Lorsqu'un rhythme est bien saisi, bien marqué, lorsque les phrases sont bien symétriques, essayez d'en changer l'intonation, l'effet n'en sera pas détruit; conservez au contraire l'intonation, en lui substituant un autre mouvement, tout est anéanti, au point que l'on croira entendre un autre morceau de musique. La *symétrie* entre les phrases est nécessaire pour la musique dansante. Dans la musique vocale, il n'est pas moins utile au chant de rendre les phrases carrées autant que l'on peut.

SYMÉTRIQUE, adj. des 2 genres, qui a de la symétrie. Le début de l'ouverture de *Roméo et Juliette* contient deux demi-phrases chacune de trois mesures et parfaitement *symétriques*. (*Fig.* 16.) Le chœur du second acte de *Montano et Stéphanie* commence par une phrase dont le dessin est *symétrique* dans toutes les parties. Les accompagnemens rhythmiques sont tous *symétriques*, en ce qu'ils reproduisent toujours les mêmes groupes de notes et la même coupe de temps.

SYN.

Symphoniaste, s. m. Compositeur de plain-chant. Ce terme est devenu technique depuis qu'il a été employé par l'abbé Lebœuf.

Symphonie, s. f. Pièce divisée en trois ou quatre morceaux, composée pour un orchestre.

La *symphonie* commence le plus souvent par une courte introduction d'un mouvement lent qui contraste avec la vivacité, la véhémence du premier allégro qu'elle prépare; vient ensuite un andanté varié, un cantabilé ou un adagio suivi d'un menuet; un rondeau vif, un finale plein de vigueur et d'une grande rapidité terminent cet œuvre, l'un des plus importans en musique.

Corelli, Geminiani, Vivaldi, en composant leurs beaux *concerti grossi*, avaient ouvert la carrière de la *symphonie*; mais il lui restait à prendre sa forme, son genre, son nom, et plusieurs autres pas à faire. Haydn l'a portée à son plus haut degré de perfection vers la fin du siècle dernier. Ses *symphonies* sont d'admirables chefs-d'œuvre qu'on ne se lasse pas d'entendre. Mozart, Méhul, Beethowen, ont fait aussi de très-belles *symphonies*.

Le mot *symphonie* est composé des deux mots grecs *syn*, avec, *phoné*, son, c'est-à-dire *réunion de sons*.

Symphoniste, adj. des 2 genres. Musicien qui, dans l'orchestre, joue d'un instrument quelconque.

Syncope, s. f. Prolongement sur le temps fort d'un son commencé sur le temps faible : ainsi toute note *syncopée* est à contre-temps, et toute suite de notes *syncopées* est une marche à contre-temps.

Il faut remarquer que la *syncope* n'existe pas moins dans l'harmonie, quoique le son qui la forme, au lieu d'être continu, soit refrappé par deux ou plusieurs notes, pourvu que la disposition de ces notes qui répètent le même son, soit conforme à la définition.

La *syncope* a ses usages dans la mélodie pour l'expression et le goût du chant; mais sa principale utilité est dans l'harmonie pour la pratique des dissonances. La première partie de la *syncope* sert à la préparation ; la dissonance se frappe sur la seconde, et dans une succession de dissonances, la première partie de la *syncope* suivante sert en même temps à sauver la dissonance qui précède, et à préparer celle qui suit.

La note *syncopée* doit s'exécuter d'un seul trait sans faire sentir le heurtement du son prolongé et la section des temps forts. C'est la basse ou une autre partie qui marque le frappé et la *syncope*.

Quelques-uns appellent la *syncope*, *ligature*.

On distingue quatre espèces de *syncopes* ou ligatures, savoir : la *brévissime*, la *brève*, la *longue*, la *très-longue*.

La *syncope brévissime* est celle qui ne fait que le quart d'un temps (mesure à deux temps);

La *brève* est celle qui en fait la moitié;

La *longue*, celle qui occupe le temps entier;

La *très-longue*, celle qui fait les deux temps.

Lorsque la valeur des deux notes formant la *syncope* est moindre d'un côté, on a une *syncope brisée*. Cette syncope se rencontre très-souvent dans la mesure à trois temps. (*Fig.* 52.)

Syncope, de *syn*, avec, et de *copto*, je coupe, parce que la *syncope* retranche de chaque temps, heurtant pour ainsi dire avec l'autre.

SYRINGE ou FLUTE DE PAN, s. f. Instrument très-ancien composé de douze ou seize tuyaux, dont on joue avec la bouche, en lui présentant successivement ces divers tuyaux qui sont très-rapprochés les uns des autres.

Plusieurs de ces instrumens ont un double rang de tuyaux accordés à la tierce, et donnent le moyen de faire entendre une suite de tierces. La *syringe* n'est en usage que parmi les musiciens ambulans.

Syrinx, nymphe d'Arcadie, inspira de l'amour à Pan; elle était de la suite de Diane. Un jour qu'elle revenait seule de la montagne de Lycée, Pan la rencontra et lui tint des discours qui l'alarmèrent; elle crut devoir se mettre en sûreté par une prompte fuite. Le fleuve Ladon, son père, sur le rivage duquel elle arriva, la changea en roseau, pour la dérober aux poursuites de ce dieu. Cette fable est purement historique et forgée sur ce que Pan, ayant remarqué que l'air agité dans un roseau y rendait un son mélodieux, s'en servit pour faire une flûte, en la composant de sept tuyaux de longueur inégale : cette flûte se nomma *syrinx*, *syringe* ou *flûte de Pan*.

SYSTÈME, s. m. On donne le nom de *système* à tout intervalle composé, ou conçu comme composé d'autres intervalles plus petits, lesquels considérés comme les élémens du *système*, s'appellent *diastème*.

Le *système* général de la musique embrasse huit octaves et demie, à partir de l'*ut*, du tuyau de trente-deux pieds du grand orgue, jusqu'au dernier *fa* du jeu de flageolet du même instrument dont la longueur est de deux lignes environ.

Le *système* du violon comprend trois octaves et une sixte.

Système est encore, ou une méthode de calcul pour déterminer les rapports des sons admis dans la musique, ou un ordre de signes établis pour les exprimer. C'est dans ce premier sens que les anciens distinguaient le *système* pythagoricien, et le *système* aristoxénien. C'est dans le second que nous distinguons aujourd'hui le *système* de Guido, le *système* de Sauveur, de Tartini, de Souhaitti, etc.

Le mot *système* pris dans sa plus grande latitude, signifie une doctrine quelconque, vraie ou fausse, complète ou incomplète.

Un *système* vrai ou une bonne théorie, repose sur des vérités fondamentales, et sur les conséquences naturelles qui en découlent.

Un *système* faux, est celui qui est établi sur des erreurs que l'expérience fait connaître, ou que repousse le raisonnement.

Un faux *système*, est celui qui ne se déduit point

des principes vrais ou supposés, sur lesquels on prétend l'asseoir.

L'oreille n'étant pas, comme l'esprit, susceptible de se laisser égarer par les fausses lueurs d'un paradoxe éblouissant, l'erreur n'a pu que bien rarement s'introduire au sein de la pratique soumise à l'épreuve de l'oreille, espèce de conscience qui nous guide toujours bien, quand nous ne dédaignons point d'écouter jusqu'à ses plus légers murmures.

Sans l'oreille, tout ce que les théories des prétendus philosophes contiennent de plus extravagant, et de plus monstrueux, aurait été mis en pratique. Mais l'oreille, qui est le bon sens et la logique des musiciens, s'est constamment opposée aux innovations que les savans auraient voulu établir, soit de bonne foi, soit par orgueil.

T.

Tablature, s. f. On appelle ainsi une table ou tableau, représentant un instrument à vent et à trous, tel que la flûte, la clarinette, le basson et tous ses trous. De chacun de ces trous partent des lignes horizontales, sur lesquelles reposent de distance en distance des *O* pleins ou vides. Si l'*O* est plein, il indique que le trou doit être bouché, s'il est vide, c'est que le trou doit rester ouvert pour former tel ou tel ton désigné en marge.

Comme la plupart des tons du système d'un instrument à vent et à trous, ne s'obtiennent que par le concours de plusieurs doigts, et même de tous les doigts ensemble, la *tablature* présente encore à l'œil les lignes qui tombent perpendiculairement sur les lignes horizontales. C'est en suivant cette autre direction, et en faisant attention aux *O* pleins ou vides qu'elle donne, que l'on parvient à connaître la quantité de trous que l'on doit ouvrir ou fermer pour faire tel ton ou tel autre.

On trouve la *tablature* de chaque instrument à vent et à trous, en tête des méthodes de ces instrumens. On y joint quelquefois une *tablature* particulière, qui marque le doigter de certains trilles qu'on ne saurait exécuter avec le doigter ordinaire.

Le cor n'ayant ni trous ni clefs, on ne peut point

donner sa *tablature*. On a indiqué cependant celle du trombone, attendu que les tons s'obtiennent, sur cet instrument, par une plus ou moins grande extension de la pompe.

Tablature signifiait autrefois, la totalité des signes de la musique, de sorte que celui qui connaissait bien la note et pouvait chanter à livre ouvert, savait la *tablature*. C'est dans ce sens que Regnard fait dire au Crispin des *Folies Amoureuses* :

> Le maître de musique entend la *tablature*.

C'était encore une manière de noter par lettres, en usage autrefois, pour le luth, le théorbe, la guitare, le sistre et la viole.

TABLEAU, s. m. Ce mot s'emploie souvent en musique, pour désigner la réunion de plusieurs objets formant un tout peint par la musique imitative.

L'air d'*Armide*, *Plus j'observe ces lieux*, est une suite de *tableaux* ravissans ; l'introduction de l'opéra d'*Elisa*, de M. Chérubini, offre des *tableaux* d'un grand caractère et bien contrastés.

TABLE D'HARMONIE. C'est, dans les clavecins, les pianos, les harpes, une planche de sapin assez mince qui sert de couverture à l'espèce de caisse destinée à recevoir l'air agité par les vibrations des cordes, et augmenter ainsi la sonorité de l'instrument. Les chevilles des pianos carrés sont fixées dans la *table d'harmonie*. Le dessus du violon, de la viole, du violoncelle, de la contrebasse, de la guitare, est une *table d'harmonie;* on lui donne simplement le nom de *table.* Les tables de ces instrumens sont séparées et soutenues par les éclisses.

En terme de lutherie, *détabler* un violon, ou tout autre instrument de cette espèce, c'est enlever une de ses deux *tables*, pour réparer l'intérieur de l'instrument.

Tacet. Mot latin qu'on emploie dans la musique pour indiquer le silence d'une partie. Quand, dans le cours d'un morceau de musique, on veut marquer un silence d'un certain temps, on tire dans la portée une sorte de barre horizontale, ou inclinée de droite à gauche, et l'on écrit au-dessus, et en chiffres, le nombre de pauses dont se compose ce silence. Mais si quelque partie doit garder le silence durant un morceau entier, on exprime cela par le mot *tacet,* écrit, dans cette partie, après le nom du morceau de l'air ou du chœur, *Gloria tacet, Adagio tacet, Romance tacet.* Dans les parties d'orchestre d'un opéra, où chaque morceau porte un numéro, on se borne à désigner les numéros des airs dans lesquels l'instrument dont on note la partie n'est pas employé, n° 3 *tacet,* n°^{s} 7, 8 et 9 *tacet.*

Si la même partie réunit celle de deux instrumens, comme les bassons, les trompettes, que l'on accolle ordinairement ensemble, on se servira du pluriel *tacent.*

Taille, s. f. Nom que l'on avait substitué, pendant le siècle dernier, à celui de *ténor,* pour désigner la troisième espèce de voix d'homme, en comptant du grave à l'aigu. Le mot de *ténor*, qui appartient au premier âge de notre musique, a repris ses droits; il est maintenant le seul en usage. Il serait à souhaiter que l'on abandonnât aussi celui de *basse-taille*, pour employer ses synonymes *bariton* et *concordant;* cela servirait à rectifier les idées de bien des gens qui confondent la *basse-taille* avec la voix de basse.

Basse-taille, c'est comme si l'on disait *bas-ténor*, c'est-à-dire un ténor plus grave que les ténors ordinaires, et qui tient le milieu entre la voix de basse et celle de ténor.

On trouvera une preuve irrécusable de ce que j'avance, dans le nom de la voix qui succède à l'aigu à celle de *taille*, et que l'on nommait autrefois *haute-taille* ou *haute-contre*. La *taille* était donc placée entre la *haute-taille* et la *basse-taille*, comme aujourd'hui le ténor tient le milieu entre le contralte et le bariton ou concordant : la voix de basse, improprement nommée *basse-contre*, leur succède au grave, et forme la base de l'harmonie vocale.

Cailleau, Lays, Martin, Pellegrini, seront toujours cités pour la beauté de leurs *basses-tailles*. Les voix de Chéron, Dérivis, Levasseur, Porto, sont des voix de basse bien caractérisées. (*Voy.* BARITON, BASSE, BASSE-CONTRE, BASSE-TAILLE.)

TAILLE. (*Voyez* VIOLE.)

TAMBOUR, s. m. Instrument militaire, de percussion, composé d'une caisse ronde de cuivre ou de bois, de deux pieds de haut, dont le dessus et le dessous sont formés par une peau tendue au moyen de deux cerceaux et de plusieurs cordes. La peau de dessous repose sur deux cordes de boyau qui vibrent avec elle, et que l'on nomme *timbre*. La caisse du *tambour* est percée, vers son milieu, d'un trou de trois lignes de diamètre, pour donner passage à l'air agité et mis en vibration.

On joue du *tambour* en frappant sur la peau de dessus avec deux baguettes.

Le *tambour* seul suffit pour marquer le pas des soldats et leur faire connaître divers ordres ; on le réunit aux fifres et quelquefois à tout l'orchestre militaire.

On donne le nom de *tambour* à celui qui en joue, c'est ce qu'on appelle aussi *battre la caisse*.

TAMBOUR (GROS). C'est un *tambour* d'une grande dimension que l'on emploie dans la musique militaire, et dont les frappemens réguliers s'unissent à ceux des cymbales et des pavillons chinois, pour marquer la mesure et le rhythme.

Celui qui joue du *gros tambour* le porte horizontalement, et en frappe alternativement les deux peaux avec une forte baguette garnie d'une balle de peau, de la grosseur d'une orange, et un fouet de roseaux.

Le *gros tambour*, les cymbales, le triangle, et tous les instrumens de percussion qui ne donnent qu'un son inappréciable, ont pourtant leurs parties notées. On se borne à marquer les coups par des *ut* de diverses valeurs, entremêlés de silences, et les roulemens par des rondes barrées ou surmontées du signe du trille.

TAMBOUR DE BASQUE. Petit *tambour* composé d'une seule peau tendue sur un cercle de deux à quatre pouces de hauteur, et garni de grelots et de lames de cuivre que l'on fait résonner avec le *tambour*, soit avec les doigts en glissant sur la peau, ou en la battant avec le dos de la main ou le coude.

TAMBOUR ROULANT. *Tambour* du diamètre des *tambours* ordinaires, mais plus haut de la moitié environ. Ce *tambour* s'emploie dans la musique militaire. Le son qu'il rend est fort doux. Comme on exécute le plus souvent, sur ce *tambour*, des roulemens qui servent de remplissage à l'harmonie des instrumens à vent; on l'a appelé *tambour roulant*. On le joue avec deux baguettes, ce qui donne les moyens de marquer avec plus de précision les diverses figures du rhythme.

TAMBOURIN, s. m. Tambour dont la caisse est beaucoup plus longue et un peu plus étroite que celle du tambour ordinaire. Le *tambourin* est fait de bois de noyer et d'une seule pièce. Il est assez léger pour que l'exécutant puisse le porter suspendu au bras gauche, dont la main sert à jouer du galoubet, ou flûtet à trois trous, pendant que la main droite frappe le *tambourin* avec une petite baguette d'ébène ou d'ivoire. Cet instrument est très-cultivé en Provence.

Quoique le galoubet exécute le chant et que le *tam-*

bourin ne serve que d'accompagnement, on appelle plus ordinairement *tambourin* celui qui joue de ces deux instrumens. Plusieurs joueurs de *tambourin* ne vont jamais sans un ou deux clarinettistes qui renforcent la mélodie des airs, ou improvisent tant bien que mal un second dessus.

Les farandoules, les bals champêtres, les jeux gymnastiques, les courses de taureaux, les cérémonies civiles, les processions même ont lieu, en Provence, au son du *tambourin*.

On appelait *tambourin* une sorte de danse théâtrale, fort gaie, dont la musique imitait les effets du *tambourin* joint au galoubet. Cette danse n'est plus en usage.

TAM-TAM. (*Voyez* BEFFROI.)

TASTO, s. m., au pluriel *tasti*. Mot italien qui signifie *touche*.

TASTO SOLO, *à touche seule*. Ces deux mots italiens, écrits sur quelque passage d'une basse chiffrée, marquent que l'accompagnateur doit exécuter la partie de basse tout simplement, telle qu'elle est notée, et sans lui faire porter aucun accord. Il peut la doubler à l'octave pour renforcer son effet. Le *tasto solo* est suivi d'une ligne qui se prolonge sur tout le passage qui doit être rendu de cette manière. Les chiffres indiquent le moment où l'on doit accompagner en accords.

TEMPÉRAMENT, s. m. Opération par laquelle au

moyen d'une légère altération dans les intervalles, faisant évanouir la différence de deux sons voisins, on les confond en un, qui, sans choquer l'oreille, forme les intervalles respectifs de l'un et de l'autre. Par cette opération, l'on simplifie l'échelle en diminuant le nombre des sons nécessaires. Sans le *tempérament*, au lieu de douze sons seulement que contient l'octave, il en faudrait plus de soixante pour moduler dans tous les tons.

Sur l'orgue, sur le piano, sur tout autre instrument à clavier, il n'y a, il ne peut guère y avoir d'intervalle parfaitement d'accord que la seule octave. La raison en est que, trois tierces majeures ou quatre tierces mineures devant faire une octave juste, celles-ci la passent et les autres n'y arrivent pas. Ainsi, l'on est contraint de renforcer les tierces majeures et d'affaiblir les mineures, pour que les octaves, et tous les autres intervalles, se correspondent exactement, et que les mêmes touches puissent être employées sous leurs divers rapports. Ces altérations doivent être distribuées de manière à les rendre le moins sensibles qu'il est possible. Il faut, pour cela, répartir sur l'accord de l'instrument, et cet accord se fait par quintes; c'est donc par son effet sur les quintes que nous avons à considérer le *tempérament*.

Si l'on accorde bien juste quatre quintes de suite, comme *ut, sol, ré, la, mi*, on trouvera que cette quatrième quinte *mi* fera, avec l'*ut* d'où l'on est parti, une tierce majeure discordante, et de beaucoup trop forte; et en effet ce *mi*, produit comme quinte de *la*, n'est pas le même son qui doit faire la tierce majeure d'*ut*. En voici la preuve.

Le rapport de la quinte est $\frac{2}{3}$ ou $\frac{1}{3}$, à cause des octaves 1 et 2 prises l'une pour l'autre indifféremment. Ainsi la succession des quintes formant une progression triple, donnera *ut* 1, *sol* 3, *ré* 9, *la* 27, et *mi* 81.

Considérons à présent ce *mi* comme tierce majeure d'*ut*; son rapport est $\frac{4}{5}$ ou $\frac{1}{5}$, 4 n'étant que la double octave de 1. Si, d'octave en octave, nous rapprochons ce *mi* du précédent, nous trouverons *mi* 5, *mi* 10, *mi* 20, *mi* 40, et *mi* 80. Ainsi, la quinte de *la* étant *mi* 81, et la tierce majeure d'*ut* étant *mi* 80, ces deux *mi* ne sont pas le même, et leur rapport est $\frac{80}{81}$, qui fait précisément le comma majeur.

Que si nous poursuivons la progression des quintes jusqu'à la douzième puissance qui arrive au *si* ♯, nous trouverons que ce *si* excède l'*ut* dont il devrait faire l'unisson, et qu'il est avec lui dans le rapport de 531441 à 524288, rapport qui donne le comma de Pythagore. De sorte que, par le calcul précédent, le *si* ♯ devrait excéder l'*ut* de trois comma majeurs, et par celui-ci, il l'excède seulement du comma de Pythagore.

Mais il faut que le même son *mi*, qui fait la quinte de *la*, serve encore à faire la tierce majeure d'*ut*; il faut que le même *si* ♯, qui forme la douzième quinte de ce même *ut*, en fasse aussi l'octave, et il faut enfin que ces différens accords concourent à constituer le système général sans multiplier les cordes. Voilà ce qui s'exécute au moyen du *tempérament*.

Pour cela, 1°. on commence par l'*ut* du milieu du clavier, et l'on affaiblit les quatre premières quintes en montant, jusqu'à ce que le quatrième *mi* fasse la tierce majeure bien juste avec le premier son *ut*, ce qu'on appelle la première preuve. 2°. En continuant d'accorder par quintes, dès qu'on est arrivé sur les dièses, on renforce un peu les quintes, quoique les tierces en souffrent, et quand on est arrivé au *sol* ♯, on s'arrête. Ce *sol* ♯ doit faire, avec le *mi*, une tierce majeure juste ou du moins souffrable; c'est la seconde preuve. 3°. On reprend l'*ut* et l'on accorde les quintes au grave; savoir, *fa*, *si* ♭, etc., faibles d'abord; puis, les renforçant par degrés, c'est-à-dire affaiblissant les sons jusqu'à ce qu'on soit parvenu au *ré* ♭, lequel, pris comme *ut* ♯, doit se trouver d'accord et faire quinte avec le *sol* ♯, auquel on s'était ci-devant arrêté: c'est la troisième preuve. Les dernières quintes se trouveront un peu fortes, de même que les tierces majeures; c'est ce qui rend les tons majeurs de *si* ♭ et de *mi* ♭ sombres et même un peu durs. Mais cette dureté sera supportable si la partition est bien faite.

L'instinct a toujours mieux conduit les hommes qu'une science purement spéculative que l'expérience ne retient pas dans de justes limites. En vain, depuis Pythagore et avant lui, les mathématiciens crient aux musiciens qu'ils chantent ou jouent faux; ceux-ci vont toujours leur train et charment ces savans eux-mêmes, parce qu'ils sentent encore mieux que les savans ne raisonnent.

Tempo di marcia, *mouvement de marche*, c'est-à-dire *allegro maestoso*.

Tempo di minuetto, *mouvement de menuet*, c'est-à-dire allegro animé, qui est le mouvement caractérisé du menuet de quatuor et de symphonie.

Tempo di Polacca, *mouvement de polonaise*, c'est-à-dire allegretto animé.

Tempo giusto. Ce terme signifie qu'il faut prendre un mouvement propre à la mesure sur laquelle le morceau a été composé. *Tempo giusto* équivaut à peu près à *moderato*, avec une nuance de plus en lenteur.

Temps, s. m. Mesure du son, quant à la durée.

Une succession de sons, quelque bien dirigée qu'elle puisse être dans sa marche, dans ses degrés du grave à l'aigu ou de l'aigu au grave, ne produit, pour ainsi dire, que des effets indéterminés. Ce sont les durées relatives et proportionnelles de ces mêmes sons qui fixent le vrai caractère d'une musique, et lui donnent sa plus grande énergie. Le *temps* est l'âme du chant; les airs, dont la mesure est lente, nous attristent naturellement ; mais un air gai, vif et bien cadencé nous excite à la joie, et à peine les pieds peuvent-ils se retenir de danser. Otez la mesure, détruisez la proportion des *temps*, les mêmes airs que cette proportion vous rendait agréables, restés sans charme et sans force, deviendront incapables de plaire et d'intéresser. Le *temps*, au contraire, a sa force en lui-même ; elle dépend de lui seul, et peut subsister sans la diversité des sons. Le tambour nous en offre un exemple, grossier toutefois, et très-imparfait, parce que le son ne s'y peut soutenir.

On considère le *temps* en musique, ou par rapport au mouvement général d'un air, et, dans ce sens, on dit qu'il est lent ou vite (*Voyez* Mesure, Mouvement); ou selon les parties aliquotes de chaque mesure, parties qui se marquent par des mouvemens de la main ou du pied, et qu'on appelle particulièrement des *temps*; ou enfin selon la valeur propre de chaque note. (*Voyez* Valeur des Notes.)

Nos anciens musiciens ne reconnaissaient que deux espèces de mesures ou de *temps;* l'une à trois *temps*, qu'ils appelaient mesure parfaite ; l'autre à deux, qu'ils traitaient de mesure imparfaite : et ils appelaient *temps, modes* ou *prolations*, les signes qu'ils ajoutaient à la clef pour déterminer l'une ou l'autre de ces mesures. Ces signes ne servaient pas à cet unique usage comme ils font aujourd'hui ; mais ils fixaient aussi la valeur relative des notes, comme on a déjà pu voir aux mots *mode* et *prolation*, par rapport à la maxime, à la longue et à la semi-brève. A l'égard de la brève, la manière de la diviser était ce qu'ils appelaient plus précisément *temps*, et ce *temps* était parfait ou imparfait.

Quand le *temps* était parfait, la brève ou carrée valait trois rondes ou semi-brèves ; et ils indiquaient cela par un cercle entier, barré ou non barré, et quelquefois encore par ce chiffre composé $\frac{3}{1}$.

Quand le *temps* était imparfait, la brève ne valait que deux rondes, et cela se marquait par un demi-cercle ou *C*. Quelquefois ils tournaient le *C* à rebours, et cela marquait une diminution de moitié sur la valeur de chaque note. Nous indiquons aujourd'hui la même chose en barrant le *C*. Quelques-uns ont aussi appelé *temps mineur* cette mesure du *C* barré où les notes ne durent que la moitié de leur valeur ordinaire, et *temps majeur* celle du *C* plein, ou de la mesure ordinaire à quatre *temps*.

Dans la mesure double, la division sous-double sert à marquer les *temps*. Dans la mesure triple, la note, étant pointée, se divise naturellement en trois parties. Ainsi, dans l'une et l'autre mesure, on peut diviser la mesure en *temps* égaux, et le *temps* en parties égales, sans avoir recours aux chiffres pour marquer cette division.

Nous avons ajouté aux anciennes musiques une combinaison de *temps*, qui est la mesure à quatre ; mais comme elle se peut toujours résoudre en deux mesures à deux on peut dire que nous n'avons absolument que deux *temps*, et trois *temps* pour parties aliquotes de toutes nos différentes mesures.

Il y a autant de différentes valeurs de *temps* qu'il y a de sortes de mesures et de modifications de mouvement. Mais quand une fois la mesure et le mouvement sont déterminés, toutes les mesures doivent être parfaitement égales, et tous les *temps* de chaque mesure parfaitement égaux entre eux. Or, pour rendre sensible cette égalité, on frappe chaque mesure, et l'on marque chaque *temps* par un mouvement de la main ou du pied, et sur ces mouvemens on règle exactement les différentes valeurs des notes, selon le caractère de la mesure. C'est une chose étonnante de voir avec quelle précision l'on vient à bout, à l'aide d'un peu d'habitude, de marquer et de suivre tous les *temps* avec une si parfaite égalité, qu'il n'y a point de pendule qui surpasse en justesse la main ou le pied d'un bon musicien, et qu'enfin le sentiment seul de cette égalité suffit pour le guider, et supplée à tout mouvement sensible; en sorte que, dans un concert, chacun suit la même mesure avec la dernière précision, sans qu'un autre la marque, et sans la marquer soi-même.

Des divers *temps* d'une mesure, il y en a de plus sensibles, de plus marqués que d'autres, quoique de valeurs égales. Le *temps* qui marque davantage s'appelle *temps fort;* celui qui marque moins s'appelle *temps faible*. Les *temps forts* sont : le premier dans la mesure à deux *temps;* le premier et le troisième dans les mesures à trois et quatre. A l'égard du second *temps*, il est toujours faible dans toutes les mesures, et il en est de même du quatrième dans la mesure à quatre *temps*.

Si l'on subdivise chaque *temps* en deux autres parties égales, qu'on peut encore appeler *temps* ou *demi-temps*, on aura derechef *temps fort* pour la première moitié, *temps faible* pour la seconde, et il n'y a point de partie d'un *temps* qu'on ne puisse subdiviser de la même manière. Toute note qui commence sur le *temps faible* et finit sur le *temps fort*, est une note à *contre-temps;* et parce qu'elle heurte et choque en quelque façon la mesure, on l'appelle *syncope.* (*Voyez* Syncope.)

Ces observations sont nécessaires pour apprendre à bien traiter les dissonances ; car toute dissonance bien préparée doit l'être sur le *temps faible*, et frappée sur le *temps fort*, excepté cependant dans des suites de cadences évitées, où cette règle, quoique applicable à la première dissonance, ne l'est pas également aux autres. (*Voyez* Dissonance, Préparer.)

Tenute, ou, par abréviation, *ten.*, indique qu'il faut soutenir la note dans toute sa valeur.

Teneur, s. f. Terme de plain-chant qui marque, dans la psalmodie, la partie qui règne depuis la fin de l'intonation jusqu'à la médiation, et depuis la médiation jusqu'à la terminaison. Cette *teneur*, qu'on peut appeler la dominante de la psalmodie, est presque toujours sur le même ton.

Ténor, s. m. C'est ainsi que l'on appelle la voix d'homme la plus aiguë, obtenue sans contrarier la nature. L'étendue de la voix de *ténor* peut se fixer, en général, à une douzième qui commence au second *ut* grave du piano, et finit au *sol*, douzième de cet *ut*. Le *ténor* n'a que deux registres : celui de poitrine et celui de tête. Tout son diapason est en voix de poitrine ; il prend la voix de tête au *la*, et la prolonge jusqu'au *ré* et plus encore.

Il y a certains *ténors* qui font résonner le *la* et le *si* avec la voix de poitrine : on les appelle, en France, *haute-contre* ; mais les *ténors* qui ont cette étendue sont si rares, qu'on ne doit pas en faire un genre de voix particulier.

Dans nos opéras, les rôles d'homme les plus brillans sont écrits maintenant pour le *ténor*. Polynice, Licinius, Joseph, Blondel, Gulistan font partie de l'emploi de *ténor*. La musique destinée au *ténor* s'écrit sur la clef d'*ut*, quatrième ligne. (*Voyez* TAILLE, VIOLE.)

TENUE, s. f. Son soutenu par une partie durant une, deux, ou un grand nombre de mesures, tandis que d'autres parties travaillent. Il est des finales sur lesquelles toutes les parties font des *tenues* à la fois.

TERNAIRE, adj. des 2 genres. Qui est composé de trois unités. On donne le nom de *ternaire* à la mesure à trois temps, attendu qu'elle se partage en trois temps égaux : elle est opposée à la mesure double ou binaire.

La mesure *ternaire* était appelée parfaite, et la mesure binaire avait le titre d'imparfaite, parce que les anciens prétendaient que le nombre *trois*, qui ne se divise point, est plus parfait que le nombre *deux*. C'est pour cette raison qu'ils marquaient la mesure *ternaire* par un cercle divisé, ou par un cercle avec un point au milieu, ou par un cercle simple, comme la plus parfaite de toutes les figures; et la mesure binaire par un demi-cercle ou cercle imparfait, soit simple, soit barré, ou avec un point au milieu : de là viennent le *C* simple et le *C* barré, dont nous nous servons encore pour indiquer les mesures à deux et à quatre temps.

TERZETTO, s. m. (*Voyez* TRIO.)

TÊTE, s. f. La *tête* ou le corps d'une note est cette partie qui en détermine la position, et à laquelle tient la queue, quand elle en a une.

Avant l'invention de l'imprimerie, les notes n'avaient que des *têtes* noires; car la plupart des notes étant carrées, il eût été trop long de les faire blanches en écrivant. Dans l'impression l'on forma des *têtes* de notes blanches, c'est-à-dire vides dans le milieu. Aujourd'hui les unes et les autres sont en usage; et tout le reste égal, une *tête* blanche marque toujours une valeur double de celle d'une *tête* noire.

TÉTRACORDE, s. m. C'était dans la musique ancienne un ordre ou système particulier de sons dont les cordes extrêmes sonnaient la quarte. Ce système s'appelait *tétracorde*, parce que les sons qui le composaient étaient ordinairement au nombre de quatre.

Le *tétracorde* était une demi-gamme qui reproduite quatre fois de suite faisait les deux gammes dont se composait le système des Grecs. Comme ils n'avaient qu'une demi-gamme à solfier, quatre syllabes leur suffisaient. Guido forma sa gamme entière de la réunion de deux *tétracordes*.

1ᵉʳ TÉTRACORDE.	2ᵉ TÉTRACORDE.
ut, ré, mi, fa.	*sol, la, si, ut.*

THÈME, s. m. Sujet, matière que l'on entreprend de traiter. Pour ce qui regarde la fugue, on se servira indifféremment des mots de *thème* ou de *sujet*; mais *thème* a une signification qui lui est particulière : il sert à désigner le petit air que le musicien choisit ou compose pour le varier. Il n'est point d'air si simple et si trivial qui ne puisse être embelli par une habile main. En général les *thèmes* pris parmi les airs connus plaisent plus en variations que les *thèmes* composés exprès. Les premiers font une impression plus vive sur les écoutans qui s'y attachent et les suivent plus aisément dans le labyrinthe des octaves, des fusées, des gammes, des trilles, des arpèges, et dans les brillantes folies des variations.

THÉORBE, s. m. Instrument de musique à cordes, fait en forme de luth, ayant deux manches, dont le second, plus petit que le premier, est destiné à soutenir les quatre derniers rangs de cordes qui rendent les sons graves et que l'on pince à vide.

Le *théorbe*, instrument favori des dames de la cour de Louis XIV, est maintenant abandonné. Le père de Ninon de l'Enclos donnait des leçons de *théorbe*; cette femme célèbre en jouait fort bien elle-même.

L'Académie écrit *tuorbe*; nous avons cru devoir

conserver à ce mot l'orthographe et la prononciation que les musiciens lui ont données dans tous les temps.

TIERCE, s. f. La dernière des consonnances simples et directes dans l'ordre de leur génération, et la première des deux consonnances imparfaites. Nous l'appelons *tierce*, parce que son intervalle est toujours composé de deux degrés ou de trois sons diatoniques.

On distingue quatre espèces de *tierce* :

1°. La *tierce-majeure*, formée de deux tons ;

2°. La *tierce mineure*, formée d'un ton et d'un demi-ton ;

3°. La *tierce augmentée*, formée de deux tons et demi ;

4°. La *tierce diminuée* ou minime, formée de deux demi-tons.

Les *tierces* consonnantes sont l'âme de l'harmonie, surtout la *tierce* majeure qui est sonore et brillante : la *tierce* mineure est plus tendre et plus triste, elle a beaucoup de douceur, quand l'intervalle en est redoublé ; c'est-à-dire qu'elle fait la dixième.

Quoique la *tierce* entre dans la plupart des accords, elle ne donne son nom à aucun. (*Fig.* 58.)

TIERCE DE PICARDIE. Les musiciens appellent ainsi la *tierce* majeure donnée au lieu de la mineure, à la finale d'un morceau composé en mode mineur. Comme l'accord parfait majeur est plus harmonieux que le mineur, on se faisait autrefois une loi de finir toujours sur le premier. Maintenant beaucoup de compositeurs sont incertains s'ils doivent finir par la tierce majeure ou mineure un morceau à pleine harmonie en mode mineur. La plupart des maîtres soutiennent qu'il doit finir par la tierce mineure; mais on peut aussi la terminer par la tierce majeure, quand il ne vient rien après. Tel est l'avis d'Albrechts-Berger, que nous ferons suivre de celui de M. Choron, son éditeur.

Dans la musique d'église et dans la facture antique, où le sentiment du mode est établi d'une manière tout-à-fait particulière et beaucoup plus vague, où le local d'ailleurs exige une grande tenue et une grande sonorité, il faut terminer par la tierce majeure, qui donne beaucoup plus d'éclat au point d'orgue final : dans la musique moderne, où le sentiment du mode est très-précis et où la terminaison est liée et assujétie, comme ce qui précède, à la mesure et au rhythme, il faut terminer par la tierce mineure.

Tierce de Picardie, parce que l'usage de cette finale est resté plus long-temps dans la musique d'église, et par conséquent en Picardie, où il y avait musique dans un grand nombre de cathédrales et d'autres églises.

TIERCE, jeu d'orgue fait en étain combiné. Ce jeu sonne la *tierce* au-dessus du prestant. La petite *tierce* sonne l'octave au-dessus de la *tierce* ordinaire.

TIMBALES, s. f. pl. Deux bassins sphériques en cuivre, sur lesquels on adapte des peaux fortement tendues au moyen d'un cercle de fer et de divers écrous, forment l'instrument que nous nommons *timbales*. En frappant successivement sur l'une et l'autre de ces peaux avec des baguettes, on obtient deux sons très-distincts ; leur différence provient de l'inégalité des bassins. En serrant plus ou moins les écrous du cercle de fer, on parvient à changer le ton des *timbales*, et à les accorder de manière à ce qu'elles portent la tonique et la quarte au-dessous ; quelquefois cependant on est forcé de prendre la quinte supérieure, ce qui revient au même.

Les symphonies, les ouvertures, les chœurs, les finales, et tout ce qui demande de l'éclat, ne saurait se passer de *timbales*. Les compositeurs célèbres en ont toujours placé dans leurs airs nobles, grandioses et brillans. *Vedrò mentre io sospiro*, le bel air de ténor de *la Création*, en fournissent des exemples, et l'on sait que cet instrument est pour ainsi dire obligé dans les polonaises. Les coups de *timbale* détachés sur le premier ou le second temps de la mesure, l'accompagnement qu'il fournit à une fanfare, ses roulemens attaqués avec toutes les nuances du crescendo, sont d'un effet magique.

Parmi les instrumens dont le son est appréciable et soumis à l'accord, la *timbale* est le plus borné. Ce défaut, qui provient de son organisation, la réduit trop souvent au silence. L'orchestre se réunit sur un tutti bruyant : il ne déploie pas d'abord toute sa puissance ; mais il arrive peu à peu aux derniers degrés du fortissimo. Eh bien ! la *timbale* qui s'est fait entendre dans les premières mesures où l'on pouvait se passer d'elle, ne saurait apporter son précieux secours quand il s'agit de frapper les grands coups. On en peut faire la remarque dans toutes les symphonies. Le commencement d'un tutti étant ordinairement disposé pour recevoir la tonique et la dominante, la moindre modulation, les repos sur la deuxième ou la septième note du ton, si c'est en majeur ou en mineur, ont vite fait exclure la *timbale*, qui n'a plus de note à fournir dans l'accord. Cette gradation décroissante est d'autant plus vicieuse, qu'elle contrarie, d'une manière très-apparente, l'effet des autres instrumens qui marchent en sens inverse. J'aimerais beaucoup mieux que le compositeur, prévoyant qu'elle va s'arrêter au bon moment, s'abstînt de la faire parler et la réservât ainsi pour les passages qu'elle peut accompagner d'un bout à l'autre. Quand même il ne dût la produire qu'après les premiers développemens du tutti, un tel renfort, quoique tardif, n'en sera pas moins utile, et donnera cette augmentation de force et d'intérêt qui doit se rencontrer au dénouement d'une composition brillante et régulière.

S'il est démontré que les moyens d'exécution de cet instrument sont insuffisans, pourquoi ne chercherait-on pas à les augmenter dans une progression immense, et à établir ses rapports avec toute sorte de modulations, en lui donnant une note de plus? On l'obtiendrait en plaçant un troisième bassin vis-à-vis du timbalier et un peu en avant, de manière à marquer le sommet d'un triangle, dont les deux autres formeraient la base. Sans changer rien au système d'accord de ceux-ci, je proposerais de déterminer la nouvelle note de la manière suivante, savoir : la deuxième du ton pour le mode majeur, et la septième pour le mode mineur. Par exemple, dans le ton d'*ut majeur*, je tiens déjà *ut* et *sol*, je prends encore *ré*; en *ut mineur* j'ajoute le *si bémol*. Il est inutile de faire le détail des nombreuses combinaisons de cette note avec les deux que l'on possède déjà. On aperçoit au premier coup d'œil le champ vaste qu'elle ouvre au compositeur. La *timbale*, avec cette nouvelle ressource, fait face de tous côtés. Dans les passages sur la dominante, et même dans le relatif, les trois notes peuvent parler tour à tour et suivre la marche de la basse. Je ne pense pas que cette innovation si avantageuse apporte la moindre gêne au jeu de l'exécutant, lequel se trouverait placé au centre du triangle.

A Dieu ne plaise que l'on me soupçonne de vouloir engager nos musiciens à multiplier les traits de *timbales!* Tout en leur offrant plus de notes à employer, je leur conseille au contraire de ne s'en servir qu'avec une sobriété qui tienne de l'avarice. Prodiguer mal à propos cet instrument, c'est renoncer d'avance aux sensations qu'il peut faire éprouver.

Les parties de *timbales* se notent sur la clef de *fa*, quatrième ligne.

Dans les morceaux de musique d'une expression triste, les *timbales* produisent un grand effet; mais pour diminuer leur sonorité et changer leurs roulemens éclatans en un murmure sourd et lugubre, on jette une pièce d'étoffe sur l'instrument, et le timbalier frappe sur l'étoffe qui en couvrant les peaux en intercepte les vibrations : c'est ce qu'on appelle *voiler les timbales*. Dans l'introduction de l'ouverture de *Stratonice* et dans le chœur funèbre de *Roméo et Juliette* les *timbales* sont voilées. (*Voyez* SOURDINE.)

Les *timbales* s'emploient dans la musique des régimens de cavalerie. Placées en avant de la selle du cheval que monte le timbalier ; elles sont couvertes d'un tapis de la plus grande richesse, entouré de franges d'or, appelé *tablier des timbales*. On prend autant de soins pour la conservation de ce tablier, on attache autant de prix à sa conquête que s'il s'agissait d'un étendard.

TIMBALES, jeu d'orgue dont les tuyaux sont en bois : il sonne l'unisson du bourdon de seize pieds. En accordant le jeu de *timbales* tant soit peu plus haut que ceux des bourdons, on obtient une espèce de tremblement qui ressemble assez au roulement des timbales.

Le jeu de *timbales* n'est employé que dans les pédales.

TIMBALIER, s. m. Musicien qui joue des timbales. Quoique la musique écrite pour les timbales soit bornée à deux notes seulement, son exécution n'est pas si facile qu'on peut le penser. Elle demande que l'on joigne à la connaissance parfaite du jeu de l'instrument beaucoup de précision, d'à-plomb, d'intelligence et de subtilité. Il est peu de bons orchestres dont le *timbalier* ne soit un excellent praticien et quelquefois même un compositeur.

TIMBRE, s. m. On appelle ainsi, par métaphore, cette qualité du son par laquelle il est aigre ou doux, sourd ou éclatant, sec ou moelleux. Les sons doux ont ordinairement peu d'éclat, comme ceux de la flûte et de la guitare; les sons éclatans sont sujets à l'aigreur, comme ceux de la voix de haute-contre et du hautbois. Il y a même des instrumens, tels que les vieux pianos, qui sont à la fois sourds et aigres, et c'est le plus mauvais *timbre*. Le beau *timbre* est celui qui réunit la douceur à l'éclat : tel est le *timbre* d'une bonne voix de ténor ou de dessus; tel est le *timbre* du violon, du cor, du hautbois, etc.

TIMBRE, s. m. On donne ce nom à la double corde de boyau que l'on place contre la peau de dessous des tambours, et qui vibre avec elle.

Un mouchoir passé entre le *timbre* et la peau intercepte ces vibrations, et sert de sourdine pour le tambour.

TIRADE, s. f. Nom que l'on donnait autrefois à une suite de plusieurs notes de même valeur, se suivant par degrés conjoints en montant ou en descendant. *Une* tirade *de noires, de croches; une* tirade *de notes syncopées; tirata di legature.*

TIRANA, s. f. Air espagnol. La *tirana* se chante et ne se danse pas. La mesure de cet air est à trois temps, ou trois huit, d'un mouvement un peu lent; on y introduit beaucoup de syncopes.

Iba un triste calesero
Por un camino cantando,

est une *tirana*.

N. Paz a publié une collection des meilleurs airs espagnols, avec accompagnement de piano ou de guitare.

Tirasse, s. f. On nomme ainsi un clavier de pédale, qui tire ou fait baisser seulement les basses des touches du clavier à la main. On adapte une *tirasse* aux petites orgues qui n'ont pas de jeux séparés pour les pédales.

Toccata, s. f. Mot italien, qui vient de *toccare*, toucher. La *toccata* est une pièce d'exécution écrite pour un instrument à touches, tel que le piano, l'orgue. Elle ne diffère de la sonate qu'en ce qu'elle n'est composée le plus souvent que d'un seul morceau.

Parmi les exemples donnés à la suite de la *Méthode de piano du Conservatoire,* on trouvera une *toccata* de Clémenti, morceau d'étude excellent pour s'exercer à la double corde.

Toccato, s. m. Mot italien que nous avons francisé sans le traduire, et dont nous avons fait *toquet* ou *doquet*, qui est le nom de la quatrième partie de trompette d'une fanfare. (*V.* Toquet, Trompette.)

Ton, s. m. Ce mot a plusieurs sens en musique.

1°. Il se prend d'abord pour un intervalle qui caractérise le système et le genre diatonique. Le *ton* est donc la mesure de l'intervalle qui existe entre *ut* et *ré*, *ré* et *mi*, etc. Dans cette acception, il y a deux sortes de *tons*; savoir : le *ton* majeur et le *ton* mineur.

2°. On appelle *ton* le degré d'élévation que prennent les voix, ou sur lequel sont montés les instrumens pour exécuter la musique. C'est en ce sens que l'on dit que le *ton* d'un piano, d'une harpe, d'une guitare est trop haut ou trop bas. Le *ton* de l'orchestre est toujours le même; les instrumens à vent et le diapason le règlent d'une manière invariable. Le *ton* de l'Académie royale de musique est plus bas d'un demi-ton que celui de tous les autres orchestres de France.

3°. Enfin *ton* se prend pour une règle de modulation relative à une note ou corde principale, que l'on appelle *tonique*.

Comme notre système est composé de douze cordes ou sons différens; chacun de ces sons peut servir de fondement à un *ton*, c'est-à-dire en être la tonique. Ce sont déjà douze *tons*; et, comme le mode majeur et le mode mineur sont applicables à chaque *ton*, ce sont vingt-quatre modulations dont notre musique est susceptible sur ces douze *tons*.

Ces *tons* diffèrent entr'eux par les divers degrés d'élévation entre le grave et l'aigu qu'occupent les toniques. Ils diffèrent encore par les diverses altérations des sons et des intervalles produites en chaque *ton* par le tempérament; de sorte que, sur un piano bien d'accord, une oreille exercée reconnaît sans peine un *ton* quelconque, dont on lui fait entendre la modulation; et ces *tons* se reconnaissent également sur des pianos accordés plus haut ou plus bas les uns que les autres : ce qui montre que cette connaissance vient du moins autant des modifications que chaque *ton* reçoit de l'accord total, que du degré d'élévation que la tonique occupe dans le clavier.

Le plus ou moins de cordes à vide que l'on peut faire sonner, les différens calculs acoustiques des instrumens à vent rendent tel *ton* plus brillant et plus harmonieux que tel autre à l'orchestre. Dans le *ton* de *ré*, les instrumens à cordes ont deux cordes qui sonnent à vide, ce qui donne le moyen de former une infinité d'accords de doubles cordes aussi faciles que brillans, et qui servent à remplir l'harmonie des tutti. Le système des cors et des trompettes commençant au *ton* de *si* ♭ et finissant au *si* ♭ au-dessus, il est évident que les plus beaux *tons* de ces instrumens sont placés au milieu du système au point où les tuyaux ont une proportion moyenne; leur plus grande longueur donne des sons trop sourds, tandis que les *tons* hauts, tels que *sol*, *la*, *si* ♭ *haut* sont portés trop à l'aigu. Voilà ce qui fait que *mi* ♭, se trouvant au centre du système du cor, est aussi le *ton* le plus harmonieux et le plus plein de cet instrument, celui dans lequel on le fait réciter le plus souvent. Les beaux sons de la clarinette en *si* ♭, ceux du basson, du hautbois, le *sol* du violon qui sonne à vide, en même temps que le premier doigt prend le *mi* ♭ sur le *ré*, tout cela contribue à rendre ce *ton* de *mi* ♭ supérieur à tous les autres pour le charme et la plénitude de l'harmonie.

Chaque *ton* a donc son caractère particulier ; de là

naît une source de variétés et de beautés dans la modulation ; de là naît une diversité et une énergie admirable dans l'expression ; de là naît enfin la faculté d'exciter des sentimens différens avec des accords semblables frappés en différens *tons*. Faut-il du majestueux, du grave? Le *fa* et les *tons* majeurs par bémols l'exprimeront noblement. Faut-il du gai, du brillant, du martial? Prenez *ut*, *ré*, *mi*. Faut-il du touchant, du tendre? Prenez les *tons* de *la*, *mi*. Du religieux? *Mi* ♭, *ut mineur*; *ré*, *mi*, *sol mineurs* portent la tendresse dans l'âme; *fa mineur* va jusqu'au lugubre et à la douleur; *si mineur* est âpre, aride et sauvage. En un mot, chaque *ton*, chaque mode a son expression propre qu'il faut connaître; et c'est là un des moyens qui rendent un habile compositeur maître, en quelque manière, des affections de ceux qui l'écoutent.

La note principale du *ton* étant appelée *tonique*, les autres notes de la gamme ont aussi des dénominations particulières dont voici l'exemple pour le *ton* d'*ut*; on peut l'appliquer à tous les autres *tons*.

UT. Tonique, ou principale note du *ton*.
RÉ. Sutonique, ou seconde note du *ton*.
MI. Médiante, ou troisième note du *ton*.
FA. Sous-dominante, ou quatrième note du *ton*.
SOL. Dominante, ou cinquième note du *ton*.
LA. Sudominante, ou sixième note du *ton*.
SI. Note sensible, ou septième note du *ton*.

TONS BOUCHÉS. On appelle ainsi les *tons* que l'on ne peut faire rendre au cor sans boucher plus ou moins l'ouverture du pavillon de cet instrument avec le poignet. *Ré, fa, la, si, fa, la*, sont des *tons bouchés*. Le grand art du corniste est de renforcer ces tons, faibles de leur nature, et de diminuer l'éclat des tons ouverts pour que la voix de l'instrument soit égale sur tous les degrés de l'échelle.

Tons DE L'ÉGLISE. Ce sont des manières de moduler le plain-chant sur telle ou telle finale prise dans le nombre prescrit, en suivant certaines règles admises dans toutes les églises où l'on pratique le chant grégorien.

On compte huit tons réguliers, dont quatre authentiques ou principaux, et quatre plagaux ou collatéraux. On appelle *tons* authentiques ceux où la tonique occupe à-peu-près le plus bas degré du chant; mais si le chant descend jusqu'à trois degrés plus bas que la tonique, alors le *ton* est plagal.

Les quatre *tons* authentiques ont leurs finales à un degré l'un de l'autre, selon l'ordre de ces quatre notes, *ré, mi, fa, sol*. On prétend que ces tons répondent, dans leur ordre, aux modes grecs hyper-dorien, hyper-phrygien, hyper-lydien, hyper-mixo-lydien. C'est saint Miroclet, évêque de Milan, ou, selon d'autres, saint Ambroise qui, vers l'an 570, choisit ces quatre *tons* pour en composer le chant de l'église de Milan; et c'est, à ce qu'on dit, le choix et l'approbation de ces deux évêques qui ont fait donner à ces quatre *tons* le nom d'*authentiques*.

Comme les sons, employés dans ces quatre *tons*,

n'occupaient pas les quinze cordes de l'ancien système, saint Grégoire forma le projet de les employer tous par l'addition de quatre nouveaux *tons* qu'on appelle *plagaux*, lesquels ayant les mêmes diapasons que les précédens, mais leur finale plus élevée d'une quarte, reviennent proprement, à ce que l'on prétend, à l'hypo-dorien, l'hypo-phrygien, l'hypo-lydien, l'hypo-mixo-lydien.

C'est de là que les quatre *tons* authentiques ont chacun un plagal pour collatéral ou supplément; de sorte qu'après le premier *ton*, qui est authentique, vient le second *ton*, qui est son plagal; le troisième authentique, le quatrième plagal, et ainsi de suite. Ce qui fait que les modes ou *tons* authentiques s'appellent aussi impairs, et les plagaux pairs, eu égard à leur place dans l'ordre des *tons*.

Le discernement des *tons* authentiques ou plagaux est indispensable à celui qui donne le *ton* du chœur; car si le chant est dans un *ton* plagal, il doit prendre la finale à-peu-près dans le medium de la voix; et si le *ton* est authentique, il doit la prendre dans le bas. Faute de cette observation, on expose les voix à se forcer et à n'être pas entendues.

Il arrive quelquefois qu'une pièce de plain-chant excède l'octave de plusieurs degrés, et que son étendue soit égale à celle de deux *tons* réunis. Cette extension forme ce que l'on appelle un *ton mixte*. On conçoit facilement qu'il doit y avoir quatre *tons* mixtes.

Le premier *ton* mixte est formé de la réunion des deux premiers *tons* réguliers : ce qui peut arriver de deux manières, 1°. par extension en dessus; 2°. par extension en dessous.

Le second *ton* mixte est formé de la réunion des troisième et quatrième *tons* réguliers.

Le troisième *ton* mixte, des cinquième et sixième *tons* réguliers.

Enfin, le quatrième *ton* mixte se forme de la réunion des septième et huitième *tons* réguliers.

On appelle *tons irréguliers*, ou plutôt pièces irrégulières, certaines pièces de musique dont il est difficile de déterminer le *ton*, parce qu'elles ne paraissent appartenir à aucun des *tons* du plain-chant. De ce nombre sont, 1°. le chant du psaume *In exitu Israël* et son antienne; 2°. l'antienne *Hæc dies*, des jours de Pâques.

Quelquefois on fait, dans un *ton*, des transpositions à la quarte haute ou à la quinte inférieure : ainsi, au lieu de *ré*, dans le premier *ton*, l'on aura *fa*, *sol* ou *la* pour finale, et même *ut*. Mais si l'ordre et la modulation ne changent pas, le *ton* ne change pas non plus, quoique, pour la commodité des voix, la finale soit transposée.

Pour approprier, autant qu'il est possible, l'étendue de tous ces *tons* à celle d'une seule voix, les organistes ont cherché les *tons* de la musique les plus correspondants à ceux-là. Voici ceux qu'ils ont établis.

1er ton, *ré mineur*.
2e ton, *sol mineur*.
3e ton, *la mineur*, ou *sol*.

4ᵉ ton, *la mineur*, finissant sur la dominante.
5ᵉ ton, *ut majeur*, ou *ré*.
6ᵉ ton, *fa majeur*.
7ᵉ ton, *ré majeur*.
8ᵉ ton, *sol majeur*. La cadence moyenne de la psalmodie est en *ut*.

Les *tons de l'église* ne sont point asservis aux lois des *tons* de la musique; il n'y est pas question de médiante ni de note sensible, le mode y est peu déterminé, et on laisse les demi-tons où ils se trouvent dans l'ordre naturel de l'échelle, pourvu seulement qu'ils ne produisent ni quarte augmentée, ni quinte diminuée sur la tonique.

TONS DE CHASSE. On donne ce nom aux petits airs que les piqueurs sonnent sur la trompe pour guider les chiens dans une chasse au cerf, au sanglier, ou à toute autre bête. Ces *tons de chasse* ont chacun une signification particulière que les chiens comprennent parfaitement. Ils servent à faire connaître les différentes circonstances de la chasse, et à communiquer, à de grandes distances, les ordres de ceux qui la dirigent. Ces airs, écrits à six-huit et dans un mouvement vif, n'ont guère plus de huit mesures. On les sonne toujours à l'unisson pour que la mélodie en soit plus distincte. Il ne faut pas confondre les *tons de chasse* avec les fanfares qui, n'ayant aucune signification, sont des airs de pur agrément, que l'on exécute en parties pour signaler la victoire du chasseur pendant la curée, et réjouir les chiens quand la chasse est terminée.

Les *tons de chasse* sont au nombre de dix-neuf;
savoir :

1. La quête.
2. L'échauffement de quête.
3. Le lancé.
4. La vue.
5. Le hourvari.
6. Le retour.
7. Le requêté.
8. Le volcelet.
9. Le rapproché.
10. Le relancé.
11. Le débuché.
12. Le halali.
13. Le bat-l'eau.
14. La sortie de l'eau.
15. La retraite prise.
16. La retraite manquée.
17. L'appel simple.
18. La réponse à l'appel.
19. L'appel forcé.

Le *ton* de *halali* a été placé par Philidor dans la chasse de *Tom Jones*; par Haydn, dans celle de l'oratorio des *Saisons*; et par Méhul, dans l'ouverture du *Jeune Henri*. Les autres appels de cors, qui se trouvent dans la même ouverture, sont une imitation plus ou moins fidèle des véritables *tons de chasse* consacrés par l'usage. (*V.* CHASSE, HALALI, TROMPE.)

TON DU QUART. C'est ainsi que les organistes et

musiciens d'église ont appelé le plagal du mode mineur, qui s'arrête et finit sur la dominante au lieu de tomber sur la tonique. Ce nom de *ton du quart* lui vient de ce que telle est la modulation du quatrième *ton* dans le plain-chant.

TONS DU COR ET DE LA TROMPETTE. On donne ce nom aux divers corps de rechange, aux tuyaux mobiles et arrondis en cercles, que l'on adapte tour-à-tour aux instrumens à embouchure, tels que le cor et la trompette, pour en changer l'intonation. Les cors pour l'orchestre ont ordinairement neuf *tons* ou cercles différens; savoir: *si* ♭, *ut*, *ré*, *mi* ♭, *mi*, *fa*, *sol*, *la*, *si* ♭ *haut*, et quelquefois *ut haut*. On grave sur chacun de ces cercles la lettre désignative du *ton* qu'il doit rendre. Les cors destinés à l'exécution du concerto et des solos n'ont que les quatre *tons* moyens *ré*, *mi* ♭, *mi*, *fa*, avec lesquels un habile corniste peut tout jouer.

Le *ton* de *mi* ♭ étant le plus favorable pour l'exécution, celui dont l'intonation est la plus facile, les fanfares des régimens, les trompettes, les cornets réservés pour les sonneries d'ordonnance ont leur accord dans ce *ton*.

L'emploi des instrumens à embouchure présente quelques difficultés. Tous les *tons* ne doivent pas être mis en usage indifféremment: l'un est sourd, l'autre trop éclatant: d'autres, tels que le *la* ♭, le *si naturel*, n'ont pas obtenu de place dans le système de l'instrument; il faut donc avoir une connaissance parfaite de tous les *tons* pour juger d'avance de l'effet qu'ils produiront.

Je suppose que l'on veuille écrire en *ut mineur*; les cors en *ut* portant la tierce majeure, on ne pourra s'en servir sans se priver de la note *mi*. On prend ordinairement alors le relatif *mi* ♭ qui fournit dans l'accord ses notes *ut*, *mi*, représentant *mi* ♭ et *sol*, tierce et quinte d'*ut mineur*. Si l'orchestre pour lequel on travaille est nombreux, on ajoutera deux trompettes et deux autres cors en *ut*, qui donneront la tonique et son octave, et l'accord parfait mineur résonnera ainsi dans sa plénitude. Tous les *tons* n'offrent pas la même ressource, *fa mineur*, *si mineur* en sont privés. On se sert dans ce cas, des *tons* qui ont le plus d'analogie avec ceux dont on aurait besoin, et que l'instrument ne possède pas. Quelques auteurs ont essayé de réunir, dans un air mineur, deux cors de différens *tons*; ce calcul harmonique est pauvre dans ses résultats, et il est rare que ces deux instrumens s'accordent bien. Le second corniste ne pouvant se régler sur le premier dont le diapason est plus élevé que le sien, se trouve sans point d'appui et complètement désorienté pour son intonation.

Les plus beaux *tons* du cor sont ceux que l'on obtient avec la proportion moyenne des tuyaux. *Si* ♭ *bas*, *ut* placés au grave ont peu d'éclat; *sol*, *la*, *si* ♭ *haut*, *ut haut* se rencontrant à l'autre extrémité où le corps sonore est considérablement raccourci, tendent trop à l'aigu. Il est cependant des moyens de ramener l'instrument à ses *tons* favoris pour ne pas produire mal à propos des sons trop bruyans ou trop sourds. Un auteur qui connaît le fort et le faible ne choisit pas toujours le *ton* que la symphonie semble réclamer. Est-elle en *si* ♭, en *ut*, elle admettra des cors en *mi* ♭, en *fa*; les *tons* de *ré* et de *mi* ♭ remplaceront à merveille ceux de *la* et de *si* ♭ *haut*. Un passage brillant, quoique dans un *ton* étranger à celui de la symphonie déterminera le *ton* des cors, s'ils doivent concourir à l'exécution de ce même passage. Plusieurs morceaux de différens *tons* se succèdent-ils dans un finale, on fait jouer les cors avec le *ton* primitif, tant qu'il conserve de l'analogie avec le discours musical, mais si les modulations qu'il a parcourues l'en ont éloigné tellement que les cors n'ayent plus aucune bonne note à placer, on leur fera changer de *ton* pour se mettre en rapport avec l'orchestre.

TONS OUVERTS. On appelle ainsi les *sons* que l'on obtient sur le cor, sans introduire la main dans le pavillon. *Ut*, *sol*, *ut*, *mi*, *sol*, *si* ♭, *ut*, *ré*, *mi*, *fa* ♯, *sol*, sont des *tons ouverts*. Les *tons bouchés* sont ceux que l'on ne peut faire rendre au même instrument sans avoir recours à l'artifice du poignet, en bouchant plus ou moins l'ouverture par laquelle s'échappe l'air. Le grand art du corniste est de diminuer l'éclat des *tons ouverts*, très-brillans de leur nature, et de renforcer les *tons bouchés* pour que la voix de l'instrument soit égale sur tous les degrés de l'échelle.

TONADILLA, s. f. Petite comédie mêlée d'airs et même de chansons connues, que l'on représente sur les théâtres d'Espagne. Les *tonadillas* ressembleraient assez à nos vaudevilles, si l'on n'y introduisait pas de temps en temps de grands morceaux empruntés aux meilleurs opéras. Le beau duo *Se fiato in corpo avete*, du *Mariage Secret*, figure souvent dans ces pastiches.

Tonadilla vient de *tonada*, chanson, attendu que, dans son origine, on n'y chantait que des chansons.

TONAL, ALE, adj. (*Voyez*

TONALITÉ, s. f. Propriété du mode musical qui existe dans l'emploi de ses cordes essentielles. C'est dans ce sens que l'on dit *une fugue tonale*. Le sujet et sa réponse n'excèdent pas les bornes de l'échelle du mode, dans cette espèce de fugue, et les cordes qui la constituent sont la première, la quatrième et la cinquième.

L'octave, la quinte et la quarte de la première note du mode sont des intervalles tonals; mais ils cessent d'avoir cette propriété du moment qu'on les emploie sur les seconde, troisième et sixième notes du mode; attendu que ces cordes étant engendrées par les cordes tonales, elles ne peuvent être considérées comme génératrices, sans donner une idée implicite d'un nouveau mode. C'est cette force tonale des première, quatrième et cinquième notes du mode qui, dans la musique moderne, a fait abandonner les anciens modes phrygien et hypo-phrygien, mixo lydien et hypo-mixo-lydien, connus dans le plain-chant, sous les dénominations de troisième et quatrième tons, septième et huitième tons; ces modes participant à la fois de deux échelles bien distinctes dans l'emploi de leur mélodie. Les modes dorien, hypo-dorien, éolien et hypo-éolien, ont été conservés sous le nom de *mode mineur*, et les modes ionien et hypo-ionien, lydien et hypo-lydien, sous celui de *mode majeur*; attendu que ces modes partagent leur échelle par la quinte en dessus, ou la quarte en dessous de leurs finales.

La quarte est un intervalle tonal; elle ne peut être considérée sous ce point de vue que quand le mode est établi, soit dans la mélodie, soit dans l'harmonie. Cet intervalle, n'étant que le renversement de la quinte, doit être formé sur une des cordes qui a plus de force tonale que lui. Ces cordes sont la première et la cinquième, dans lesquelles réside la force tonale primitive, en ce qu'elles seules peuvent former les repos harmoniques.

Il ne faut pas confondre les cordes tonales avec les cordes mélodiques : celles-ci sont les tierces et les sixtes des cordes tonales; elles constituent le genre du mode majeur ou mineur, tant en mélodie qu'en harmonie, et ce sont elles qui donnent le coloris à la force tonale.

TONIQUE, s. f. Nom de la corde principale sur laquelle le ton est établi. Tous les airs finissent communément par cette note, surtout à la basse. Le mode est déterminé par l'espèce de tierce que porte la *tonique*. Ainsi l'on peut composer, dans les deux modes, sur la même *tonique*.

TOQUET ou DOQUET, s. m. Nom que l'on donne à

la quatrième partie de trompette d'une fanfare : on l'appelle aussi *Tromba seconda.*

Touche, s. f. Ce mot signifie trois choses bien distinctes.

La *touche* du violon est la feuille d'ébène collée sur le manche de cet instrument, et contre laquelle les doigts pressent les cordes.

Les *touches* de la guitare sont les petits filets d'ivoire ou de cuivre incrustés dans le manche, et qui font la séparation des demi-tons. Ils sont comme autant de sillets qui raccourcissent les cordes à mesure que les doigts s'appuient sur elles dans les espaces marqués.

Les *touches* de l'orgue, du piano et de la vielle sont les pièces d'ébène et d'ivoire, ou d'autre matière, qui en composent le clavier.

Les *touches* de la vielle se nomment aussi *marches.*

Toucher le piano, l'orgue. (*Voyez* Jouer.)

Traduire, v. a., un opéra : c'est faire passer d'une langue dans une autre le drame sur lequel on en a composé la musique. *La Vestale*, *Œdipe à Colone* ont été *traduits* en italien : *Jean de Paris*, *l'Irato*, en allemand ; *une Folie*, *Maison à Vendre*, en anglais. Nous avons *traduit* en français un grand nombre d'opéras allemands et italiens, tels qu'*Orphée*, *Alceste*, *les Noces de Figaro*, *Don Juan*, *le Mariage secret*, *le Barbier de Séville*, *la Flûte enchantée*, etc.

Trait, s. m. Terme de plain-chant marquant la

psalmodie d'un psaume ou de quelques versets du psaume, traînée ou allongée sur un air lugubre qu'on substitue, en quelques occasions, aux chants joyeux de l'*alleluia* et des proses. Le chant des *traits* doit être composé dans le second ou dans le huitième ton; les autres n'y sont pas propres.

TRAIT, *tractus*, est aussi le nom d'une ancienne figure de note, appelée autrement *plique*. (*Voyez* PLIQUE.)

TRAITÉ, s. m. On donne ce nom, en musique, aux divers ouvrages classiques qui traitent avec méthode de la théorie et de la pratique de la musique en général, ou de quelques-unes de ses parties, telles que l'harmonie, le contre-point ou la fugue.

TRANSITION, s. f. Passage d'un ton à un autre. L'art de substituer convenablement une modulation à celle qui la précède est une des parties essentielles de l'étude de la composition. (*Fig.* 53.)

On appelle *transition enharmonique* celle dans laquelle une ou plusieurs des parties font un intervalle enharmonique.

Un intervalle enharmonique est la différence qui devrait exister entre deux sons rendus par la même touche : par exemple entre *ut* ♯ et *ré* ♭. Cet intervalle a lieu, dans l'harmonie, toutes les fois qu'une de ces notes est prise pour l'autre.

Les *transitions* enharmoniques font beaucoup d'effet à la scène, surtout lorsque les personnages éprouvent une grande surprise, et qu'un événement imprévu change tout à coup leur situation. Le réveil de Juliette, dans la scène des tombeaux, est suivi d'une *transition enharmonique.*

TRANSPOSER, v. a. *Transposer*, c'est noter ou exécuter un morceau de musique dans un autre ton que celui où il a été écrit par le compositeur.

TRANSPOSITEUR, s. m. Nom donné par M. Roller au piano dont il est l'inventeur, attendu que cet instrument aplanit toutes les difficultés de la transposition. Au moyen d'un mécanisme aussi simple qu'ingénieux, ce facteur a su faire marcher le clavier sous les cordes par degrés d'un demi-ton; de sorte que la touche qui frappait les cordes qui sonnent l'*ut*, passe sous l'*ut* # ou *re* ♭, et donne ainsi un autre système tonal, sans que le doigter éprouve le moindre changement.

Pour baisser le ton, il suffit de porter le clavier de droite à gauche, et alors, selon le nombre de degrés qu'on lui a fait parcourir, la gamme d'*ut*, et par conséquent le système entier de ce ton, se changent en ceux de *si*, de *si* ♭, de *la*, de *la* ♭, de *sol*, de *fa* #, de *fa*. On peut obtenir les mêmes variations à l'aigu, et changer successivement le système d'*ut* en ceux d'*ut* # ou de *ré* ♭, de *ré*, de *mi* ♭, de *mi*, de *fa*. Le mécanisme qui porte le clavier à droite ou à gauche est mis en jeu par une clef de la nature de celle des pendules. Chaque tour de clef donne un degré de plus si c'est en haut, et un degré de moins si c'est en bas. Chacun de ces degrés est d'un demi-ton, et à quelque degré que l'on s'arrête, le clavier se trouve invariablement fixé. Des signes mis sur le clavier qui change de place, et sur le devant du piano qui est d'une parfaite immobilité, montrent sur-le-champ à ceux qui n'auraient pas l'oreille assez exercée pour s'en rendre raison, si le clavier est dans sa position naturelle, ou s'il a été porté d'un ou plusieurs degrés à droite ou à gauche.

Il est inutile de faire remarquer que si la transposition opérée par le clavier mobile porte l'*ut* à une quarte au-dessus et à une quinte au-dessous de son ton naturel, les pianos *transpositeurs*, dont le clavier représente six octaves, doivent nécessairement en avoir sept en cordes, pour pouvoir faire face au clavier dans quelle position qu'il se trouve.

Le piano *transpositeur* est une invention bien précieuse pour les chanteurs, pour les pianistes qui accompagnent sur la partition et ceux qui exécutent des duos, des trios, des quatuors, etc. dont les autres parties doivent être remplies par des instrumens à vent. Nous ne doutons pas que la découverte de M. Roller n'obtienne un succès complet.

TRANSPOSITION, s. f. Changement par lequel on transpose un morceau de musique d'un ton à un autre.

Quand on veut transposer dans un ton un air composé dans un autre, il s'agit premièrement d'en élever ou abaisser la tonique et toutes les notes d'un ou plusieurs degrés, selon le ton que l'on a choisi, puis d'armer la clef comme l'exige l'analogie de ce nouveau ton. (*Fig.* 54.)

Nos prédécesseurs regardaient la *transposition* comme un dédale inextricable. A. Frère publia, en 1706, un Traité de quatre-vingt-six pages qui n'avait pour objet que les *transpositions*. Rousseau pense que c'est le *nec plus ultrà* du talent, d'exécuter dans un ton ce qui est noté dans un autre. Nos symphonistes se jouent maintenant de ces difficultés; et l'on voit des orchestres entiers accompagner en *ut* l'air écrit en *ré*, et mettre en *fa* celui que l'on avait noté en *mi*, avec autant d'aplomb, de justesse et d'aisance que s'il était réellement transposé sur le papier. Ces *transpositions* se font sans aucune préparation, et pour complaire à tel ou tel acteur qui se trouve bien ou mal disposé.

Ce n'est que l'ignorance des exécutans qui a pu faire considérer la *transposition* d'une seule ligne comme une chose difficile. Quel est le praticien qui ne connaît pas les sept clefs? S'il les connaît, il lui sera indifférent de jouer dans tel ou tel ton une partie d'orchestre qui ne présente jamais des traits capables de l'embarrasser. Ce qui commence à être digne de l'admiration des connaisseurs, c'est la *transposition* d'une partition de la part du pianiste accompagnateur : mais le reste n'est qu'un jeu d'enfant. (*Voyez* TRANSPOSITEUR.)

TRAVAILLER, v. n, On dit qu'une partie *travaille* quand elle fait beaucoup de notes et de diminutions, tandis que d'autres parties font des tenues et marchent plus posément.

TRAVERSIÈRE, ad. Nom que l'on donnait à la flûte dont nous nous servons, pour la distinguer de la flûte à bec, dans le temps où celle-ci était en usage. Les Italiens se servent encore de ce mot, et l'on trouve quelquefois dans leurs partitions, *traversieri*, pour indiquer les parties de flûte. Les facteurs d'orgues l'emploient aussi pour distinguer les divers jeux de flûte. *Flûtes traversières*, *flûtes coniques*.

L'épithète de *traversière* avait été donnée à cette espèce de flûte, attendu qu'on la pose de travers pour en jouer, tandis que la flûte à bec s'embouchait dans une position directe, telle que celle de la clarinette et du hautbois.

La flûte *traversière* s'appelait aussi flûte allemande. Les Anglais lui donnent encore ce nom : *German flut*.

TREIZIÈME. Intervalle qui forme l'octave de la sixte, ou la sixte de l'octave. Cet intervalle s'appelle *treizième*, parce qu'il est formé de douze degrés diatoniques, c'est-à-dire de treize sons. (*Fig*. 18.)

TREMOLANDO, *tremando*. Mots italiens qui signifient en tremblant. (*Voyez* TREMOLO.)

TREMOLO, mot italien qui signifie tremblement. Le *tremolo* est un effet que l'on produit sur les instrumens à archet, en multipliant les vibrations d'une ou plusieurs cordes, avec tant de rapidité, que les sons se succèdent les uns aux autres sans laisser remarquer aucune solution de continuité. Le *tremolo* se note en croches simples, doubles, triples ou quadruples, selon que la mesure et le mouvement l'exigent, et toujours en abrégé en blanches et rondes barrées à une ou plusieurs barres. Le *tremolo* est un des moyens les plus puissans de la musique dramatique : on peut en faire l'observation dans le duo d'*Euphrosine*, et tous les morceaux de force. Il s'emploie avec succès pour accompagner un récitatif véhément et passionné, tel que celui d'*Œdipe à Colone*,

Qui? moi?... que j'applaudisse à ton zèle inhumain?

Le *tremolo* figure souvent dans la symphonie; il sert à former à l'aigu les grandes masses d'harmonie liées par les tenues des instrumens à vent, sous lesquelles la basse s'avance à pas majestueux.

Les effets de *tremolo* se rendent parfaitement sur le piano : on ne saurait obtenir, sur cet instrument, une succession de notes très-rapide, sans frapper au moins deux touches alternativement. Le *tremolo*, pour le piano, s'écrit tout au long, ou en abrégé, en rondes ou blanches barrées, et l'exécutant divise les deux ou trois notes de l'accord en deux parts, dont une doit être attaquée avec le pouce, le deuxième ou le troisième doigt, ou avec le pouce et le troisième doigt, et l'autre avec le cinquième, par un mouvement alternatif et rapide, ce qui produit un véritable *tremblement*. Si l'on fait usage d'une quatrième note, le *tremolo* aura moins de vivacité. On ajoute quelquefois ces mots *tremando*, *tremolando*, ou même *tremolo*, pour ne laisser aucun doute sur la manière d'exécuter ces passages notés simplement en accords barrés. Cette précaution est à-peu-près inutile, les pianistes les moins exercés connaissent parfaitement la signification de toutes les abréviations usitées. (*Fig*. 1 et 55.)

Triangle, s. m. Instrument de musique de percussion. C'est une petite tringle de fer pliée en forme de triangle, et sur laquelle on frappe avec une baguette de même métal pour en tirer du son.

Pour que les vibrations du *triangle* ne soient pas interceptées, on a soin de le tenir suspendu à un cordon.

Tricinio. (*Voyez* Trio.)

Trille, s. m. (on ne mouille pas les *L*, elles doivent être prononcées comme dans le mot *ville*.)

Le *trille*, en italien *trillo*, improprement appelé *cadence*, attendu qu'on le place sur les cadences harmoniques, est un des plus beaux agrémens du chant, le plus nécessaire à acquérir, et le plus difficile à enseigner, attendu qu'il n'existe aucune règle précise, d'après laquelle on puisse déterminer l'action des organes du gosier, dans l'exécution de cet agrément.

Quelques chanteurs, favorisés de la nature, n'ont besoin d'aucun travail pour former leur *trille*, d'autres ne l'acquièrent qu'à force d'exercices, d'autres ne peuvent jamais y parvenir.

Cet agrément consiste dans le battement alternatif

de la note, sur laquelle il est placé, avec une autre note à un degré au-dessus.

Ces deux notes doivent être articulées du gosier, tour à tour et avec une certaine vitesse. Le *trille* s'exécute comme dans l'exemple. *Fig.* 56, sans remuer la langue, ni le menton; on n'en prend le mouvement oscillatoire que dans le gosier.

Le *trille* ne doit être fait ni trop vite, ni trop lentement; il est défectueux dans le premier cas, et sans effet dans le second.

Le *trille*, dans toute son étendue, que l'on pratique sur la *cadence finale*, qu'on appelle aussi *point d'orgue* ou *point final*, doit être précédé de la mise de voix, et exécuté un peu lentement au commencement, et avec une rapidité graduée jusqu'à sa conclusion.

Le *trille* est d'un ton ou d'un demi-ton, selon qu'il est formé avec la note placée à un ton ou à un demi-ton au-dessus de celle qui le porte.

On marque le *trille* par ces deux lettres: *tr*, écrites sur la note qui doit être trillée, et l'on place ordinairement à côté d'elle deux petites notes qui indiquent la conclusion du *trille*.

Comme tous les autres agrémens du chant, le *trille* s'exécute sur les instrumens, et ne présente pas de moindres difficultés, surtout lorsqu'on le double, ainsi que cela se pratique sur le piano, le violon et le violoncelle.

TRIO, s. m. Morceau de musique à trois parties.

Le *trio* ou *terzetto*, anciennement *tricinio*, est regardé comme la plus parfaite de toutes les compositions, parce que c'est celle qui produit le plus d'effet, proportionnellement aux moyens employés.

Le *trio* vocal est presque toujours accompagné par l'orchestre ou un instrument, tel que le piano, la harpe ou la guitare.

Le *trio* instrumental n'est composé que de trois parties récitantes.

Le duo commence à faire jouir des agrémens de l'union des voix. Leur harmonie n'est cependant pas tout-à-fait satisfaisante; elle ne sera complette que dans le *trio*. Deux parties vocales reposent alors sur une basse de même nature, et font résonner l'accord dans toute sa plénitude. Aussi le *trio* peut-il se passer du secours de l'orchestre, s'il a été disposé pour être exécuté sans instrumens: tel est celui de *Fernand Cortez*, et l'*O salutaris hostia*, de Gossec. Quelquefois le compositeur, après avoir débuté par un *tutti* éclatant, impose tout à coup silence à l'orchestre, pour faire mieux goûter la mélodie et le charme des voix. M. Berton s'est servi de ce moyen avec succès dans *Montano et Stéphanie*, et M. Chérubini, dans son chant sur la mort de Haydn.

La forme du *trio* est très-favorable au musicien, le groupe des voix complétant l'harmonie, n'en altère jamais la pureté par des notes surabondantes et parasites. Cette faculté de faire marcher deux parties en mouvement contraire ou par sixtes, par tierces, tandis que l'autre les réunit par une pédale intérieure ou fondamentale, soit que les voix se trouvent rapprochées par un même diapason ou séparées par de grands intervalles, est un de ses avantages les plus précieux. Le *trio* sourit au compositeur, et s'offre à lui comme le type de la pureté, de la clarté harmonique; il l'inspire de la manière la plus heureuse. Quoique la coupe et la distribution des scènes d'un opéra donnent rarement trois personnages chantans, on compte néanmoins presque autant de bons *trios* que de bons duos.

Le *trio*, le quatuor, le quintette, le sextuor, sont dialogués comme le duo, et se terminent aussi par l'ensemble. Dans le dialogue, la seconde partie d'un *trio* répète ce qu'a dit la première, soit dans le même ton, soit dans un autre, selon le rapport des voix. Il y a des *trios* tels que ceux d'*Œdipe à Colone*, où l'union des voix règne d'un bout à l'autre. Le *trio* de *Don Juan*, *Dans ma douleur mortelle*, est entièrement dialogué. Quelques *trios* dramatiques sont disposés en canons.

Dans le style instrumental, le *trio* se borne toujours aux trois parties qui le composent. On distingue deux sortes de *trios* : le *trio* concertant, dans lequel chaque partie récite et accompagne tour à tour, et le *trio* destiné à faire briller un seul instrument. Les *trios* de Viotti, Kreutzer, Baillot, Libon, pour le violon, ne sont à proprement parler que de belles sonates, accompagnées d'un second violon et d'un violoncelle. Pleyel a composé des *trios* concertans pour les mêmes instrumens, et Beethowen pour piano, violon et violoncelle. Les *trios* d'instrumens à vent font peu d'effet, par les raisons que nous avons données au mot QUATUOR. Il existe quelques œuvres de *trios* pour trois flûtes.

On appelle ordinairement *trio*, la seconde partie d'un menuet ou d'une valse; ce nom vient de ce que les anciens compositeurs de quatuors n'écrivaient qu'à trois parties ce fragment du menuet. On peut en faire l'observation dans les quatuors de Bocchérini, le violoncelle s'y tait presque toujours pendant le *trio*, dont l'exécution est confiée aux deux violons et à la viole.

L'usage a consacré le terme de *trio*, et on l'applique maintenant aux menuets de quatuor et de symphonie, quoique leurs *trios* soient composés à quatre, à dix et à seize parties.

TRIOLET, s. m. Groupe composé de trois notes qui n'ont ensemble que la valeur de deux de leur espèce. Par exemple, une noire vaut deux croches ou trois croches réunies, et passées en *triolet*. Une mesure à trois temps est composée de trois noires ou de six croches, que l'on scande de deux à deux ; la même mesure remplie en *triolets*, demandera neuf croches qui, prises de trois en trois représentent la même valeur que les trois noires et les six croches, qui la formaient. Cette manière de diviser deux valeurs en trois parts, donne aux *triolets* un caractère marqué, un rhythme particulier, une certaine ondulation dont l'effet est agréable dans toute sorte de mouvemens.

On place quelquefois un 3 sur chaque groupe de

triolets, on se borne plus souvent à marquer le premier de cette manière; et lorsque les groupes sont bien formés, leur figure les désigne suffisamment, et l'on supprime tout-à-fait le chiffre.

Triphonie, s. m., musique à trois voix, à trois parties; *tétrophonie*, musique à quatre voix, à quatre parties : termes dont on se servit à mesure que l'art du contrepoint s'agrandit, comme on le voit dans Adam de Fulde et Jean de Muris. (*Voyez* Diaphonie.)

Triple, adj. Genre de mesure dans laquelle les mesures, les temps ou les aliquotes des temps se divisent en trois parties égales.

La mesure à $\frac{9}{8}$ est une mesure *triple*, parce qu'elle contient neuf huitièmes de ronde; ou trois mesures à trois huitièmes de ronde, qu'on nomme *trois huit*, et qu'on marque par $\frac{3}{8}$.

Triplum. C'est le nom que l'on donnait à la partie la plus aiguë dans les commencemens du contrepoint.

Triton, s. m. Nom que l'on donnait autrefois à la quarte augmentée, attendu que cet intervalle est composé de trois tons.

Tromba, au pluriel Trombe, mot italien qui signifie trompette; *trombe in C*, trompettes en *ut*.

Trombone, s. m. augmentatif de *tromba* : il signifie par conséquent grosse trompette. Cet instrument est le même que la sacquebute ou basse de trompette, connue depuis plusieurs siècles. Gluck est le premier qui ait introduit les *trombones* dans nos orchestres.

Par un mécanisme aussi simple qu'ingénieux, le *trombone* réunit le privilége de parcourir d'une voix égale tous les degrés de la gamme aux avantages de la résonnance multiple. Ses tuyaux, introduits dans une pompe à deux branches qui les recouvre sur une longueur de vingt-cinq pouces environ, s'allongent et se raccourcissent à volonté, et donnent les moyens d'attaquer les tons aigus et les tons graves de son diapason. Veut-on quitter pour un instant la marche diatonique, l'instrument dans son immobilité se trouve pareil en tout au cor et à la trompette, et la pression des lèvres fait résonner la tierce, la quinte et l'octave du ton sur lequel on s'est arrêté.

Le *trombone* est d'un bel effet dans les symphonies, les ouvertures, les chœurs guerriers, les évocations magiques, les marches triomphales, et tout ce qui doit avoir un éclat brillant ou solennel. Ses accens voilés par les sourdines s'unissent merveilleusement aux chants funèbres. On ne peut soutenir longtemps le son sur cet instrument; et quoique certains exécutans le possèdent au point de lui faire articuler des passages rapides, il convient néanmoins de le retenir aux grosses notes. Cette volubilité devient inutile, si le caractère des sons et leur destination s'y opposent.

Dans les orchestres ordinaires, un *trombone* suffit. On en place trois quand le nombre des instrumens à cordes est multiplié dans les proportions nécessaires. Dans ce cas, ils portent l'accord, et se désignent par *trombone alto*, *trombone tenore*, *trombone basso*. Lorsqu'on n'en conserve qu'un seul, le dernier a la préférence, comme donnant la note la plus grave.

La musique destinée au *trombone* s'écrit sur la clef d'*ut* troisième ligne pour l'*alto*, sur la clef d'*ut* quatrième pour le *tenore*, et sur la clef de *fa* quatrième ligne pour le *trombone basso*.

Dans plusieurs compositions, le *trombone* se trouve désigné par son nom allemand *posaune*. (*Voyez* Buccin.)

Tromboniste, s. m. musicien qui joue du trombone.

Trompe, s. f. Espèce de cor dont les tuyaux forment un cercle assez grand pour le passer autour du corps en l'appuyant sur une épaule. La *trompe* est dans le ton de *ré* et n'a point de corps de rechange pour varier son intonation. Les piqueurs s'en servent pour sonner les divers tons de chasse d'après lesquels se règle la marche des chasseurs et des chiens.

La *trompe* est l'instrument que l'on appelle vulgairement *cor de chasse*. Nous avons cru devoir préférer cette première dénomination, attendu qu'elle est en usage parmi les chasseurs. (*Voyez* Tons de chasse.)

Trompette, s. f. La *trompette* étant un tuyau sonore, ouvert par les deux bouts et privé des trous qui dans le hautbois et la clarinette servent à modifier les sons, c'est au moyen de la pression plus ou moins forte des lèvres sur l'embouchure, que l'on parvient à rendre des sons différens. Mais comme par cette manière on ne peut faire résonner que la tonique et ses aliquotes, on se verrait réduit à demeurer constamment dans le même ton, si l'on n'avait recours à divers corps de rechange, qui en s'adaptant à l'instrument servent à élever ou à abaisser son intonation. Ces variations étant produites par un moyen physique qui tient au mécanisme de l'instrument et consiste à raccourcir ou allonger ses tuyaux dans des proportions données, la mélodie écrite doit rester immobile : aussi les parties de *trompette* sont-elles toujours notées en *ut*; et cet *ut* devenant successivement un *ré*, un *mi*, un *fa*, etc. tout le système des aliquotes change en même temps que la tonique. L'exécutant voit sans cesse *ut mi sol* sur le papier, et l'oreille entend *ré fa la*, *mi sol si*, *fa la ut*, *si ré fa*, selon que l'instrument a été disposé d'après les indications qui se trouvent en tête des morceaux de musique.

On emploie les *trompettes* au moins par couple dans une musique complète, et on les désigne par *clarino primo*, *clarino secondo*, ou *première* et *seconde trompette*; mais si l'on écrit des marches et des fanfares pour quatre *trompettes*, on donne à la troisième *trompette* le nom de *principale*, attendu que c'est elle qui exécute les passages rapides en double et triple coup de langue, les variations, les arpèges placés dans une fanfare pour remplir la partie intermédiaire. La quatrième s'appelle *toccato*, dont nous avons fait *toquet* ou *doquet*. On marque encore la troisième et la quatrième *trompette* du nom de *tromba prima*, *tromba seconda*.

Les habiles trompettistes exécutent toute sorte d'airs sur un instrument aussi borné, et le maîtrisent au point de lui faire articuler les roulades légères de la polonaise ; plusieurs ont fait entendre des concertos, et Mozart a composé pour l'un d'eux un concerto de *trompette*.

Comme la partie des *trompettes* est toujours notée en *ut majeur*, il est nécessaire de marquer en tête de chaque morceau le mode dans lequel on doit jouer. Par exemple *trompettes*, ou *clarini* ou *trombe in B* ou en *si* ♭, *in C* ou en *ut*, *in D* ou en *ré*, *in E* ou en *mi*, *in E* ♭, *in Es* ou en *mi* ♭, *in F* ou en *fa*, *in G* ou en *sol*, *in A* ou en *la*.

Quoique la *trompette* semble n'être destinée qu'à figurer dans une fanfare guerrière ou dans une symphonie, on l'emploie néanmoins dans les compositions scéniques, les airs passionnés, les duos brillans ou agités ; les finales, les chœurs reçoivent la *trompette* dans leur accompagnement. Elle est d'un grand secours dans les péroraisons musicales. Après avoir souvent gardé le silence pendant le cours d'un morceau, elle reparaît à la fin pour se joindre au cor et à la timbale ; et l'éclat solennel, la sublime monotonie de leurs accens contrastent à merveille avec la marche précipitée, l'impétueux délire des instrumens qui les dominent et la variété de leurs modulations. Ils frappent fort et juste, et viennent ajouter à la vigueur du dessin, en marquer les contours, et présenter de nouveaux moyens d'expression au moment même où tout semblait avoir été épuisé.

La musique de *trompette* s'écrit sur la clef de *sol*.

M. Légeran vient d'inventer une *trompette* à coulisse et à ressort que le pouce de la main droite met en jeu. On peut exécuter sur ce nouvel instrument les traits de clarinette les plus rapides et les plus modulés.

La *trompette à coulisse*, qui est une espèce de petit trombone, donne tous les sons du système musical à partir du *sol* grave du violon jusqu'à l'*ut* placé au-dessus de la portée, la clef étant celle de *sol*. Tous ces sons ont le même éclat et la même intensité que ceux de la *trompette* ordinaire. On les obtient au moyen des trois positions de la coulisse à ressort qui baisse tout le système de l'instrument d'un demi-ton, d'un ton, ou d'une tierce mineure. La *trompette à coulisse* reçoit tous les corps de rechange de la *trompette*. La découverte de M. Légeran est très-importante pour la musique militaire : nous ne doutons pas que les grands avantages que présente son instrument ne le fassent préférer à la *trompette* ordinaire, dont les moyens sont si bornés.

Le *cor de signal à clefs*, dont M. Schott a publié une tablature, a donné la première idée de la *trompette à coulisse*. Le nouveau facteur s'est attaché principalement à corriger les défauts que l'on avait remarqués dans l'intonation de ce cor.

TROMPETTE; jeu d'orgue de la classe des jeux d'anches. Ses tuyaux sont d'étain mélangé, de forme conique, comme tous les autres jeux d'anches, excepté le cromorne. La *trompette* sonne l'unisson du huit pieds ou du piano et l'octave au-dessous du prestant.

Trompette de la vielle; c'est dans la vielle une corde posée sur un petit chevalet, laquelle est gouvernée par une petite corde très-fine que l'on tend plus ou moins avec une petite cheville, selon qu'on veut faire résonner ou non la *trompette*.

Trompette marine, instrument de la forme d'une grosse mandoline. Il a un manche très-long et une seule corde de boyau fort grosse, montée sur un chevalet qui ne touche que d'un pied sur la table. On presse cette corde avec le pouce, tandis qu'on la touche avec un archet.

Trompette, s. m., celui dont la fonction est de sonner de la trompette dans un régiment de cavalerie, ou dans une ville, comme crieur public. (*V.* Trompettiste.)

Trompettiste, s. m. Musicien qui joue de la trompette dans les orchestres ou dans la musique militaire.

Troubadour, s. m. Nom que l'on donnait autrefois, et que l'on donne encore aujourd'hui aux anciens poëtes de Provence.

Le mot de *troubadour* vient du verbe *trouba*, trouver, inventer, parce que ces poëtes, que l'on appelait aussi *trouvairés*, *trouvères*, *trouveurs*, avaient beaucoup d'invention, et *trouvaient* des conceptions heureuses, de jolies pensées, des images riantes.

C'est sur les bords fleuris de la Durance que parurent les premiers *troubadours*, vers le commencement du onzième siècle. Ils se répandirent ensuite en Languedoc, en Picardie, dans la Normandie même; et le *gaï saber*, la gaie science que professaient ces aimables docteurs fit le tour de la France, de l'Allemagne et de l'Italie. Partout elle eut des prosélytes; et la poésie italienne, illustrée deux siècles plus tard par le Dante et Pétrarque, lui dut son origine.

Les *troubadours* menaient une vie errante, escortés de jongleurs et de ménestrels, parcourant les châteaux et les palais, où ils étaient toujours bien accueillis; ils allaient amuser les grands pendant leurs repas, ou égayer, par leurs chansons, les fêtes que donnaient les souverains à leurs vassaux, et les chevaliers à leurs dames.

Le *troubadour* chantait les couplets qu'il avait composés, ou les faisait chanter par un de ses ménestrels, tandis que les autres accompagnaient la voix avec leurs harpes ou leurs vielles. L'emploi des jongleurs consistait à remplir, par des tours d'adresse, des farces grotesques, les intervalles que laissait vides la musique. Le *troubadour* qui faisait les *mots* aussi bien que les *sons*, et qui exécutait lui-même ses ouvrages en s'accompagnant des instrumens, était le plus estimé. On le récompensait par des distinctions flatteuses : c'étaient des habits, des armes, des chevaux, et souvent il obtenait des belles ces baisers qui, pour le gentil *troubadour*, sont encore à présent d'un prix inestimable.

Long-temps les chansons de ces Orphées de la Provence et du Languedoc ne roulèrent que sur l'amour, le retour du printemps, les plaisirs champêtres. Ils composaient aussi des satires connues sous le nom de *sirventes* : ce ne fut que vers 1100, après la conquête de l'Angleterre par le duc Guillaume, et celle de la Terre-Sainte, qu'ils chantèrent les exploits guerriers.

Les *troubadours* brillèrent en Europe jusqu'en 1382. Alors défaillirent les Mécènes, et défaillirent aussi les poëtes, dit Nostradamus. D'autres voulurent suivre les traces des premiers *troubadours*; mais n'en ayant pas la capacité, ils se firent mépriser : de sorte que tous ceux de cette profession se séparèrent en deux différentes espèces d'acteurs; les uns, sous l'ancien nom de *jongleurs*, joignirent aux instrumens le chant ou le récit des vers; et les autres, se bornant aux tours d'adresse et aux farces, furent appelés, dans la suite, *bateleurs*.

Poëte, musicien, et quelquefois guerrier, le *troubadour* se présentait sous des couleurs trop brillantes à nos auteurs d'opéras, pour qu'ils ne l'aient pas choisi souvent pour leur héros. Le drame lyrique a le double avantage d'offrir les faits et gestes de ces favoris de Mars et des Muses, et de rappeler en même temps leurs romances pleines de sentiment et leurs chants simples et naïfs. Le caractère de ces chants est imité avec une fidélité embellie, dans *Richard Cœur de Lion*, le *Prince Troubadour*, *Vallace*, *Otello*.

On trouvera (*fig.* 62) une romance charmante de Thibault, comte de Champagne, *troubadour* du treizième siècle; il est probable qu'elle a été composée pour Blanche de Castille, mère de saint Louis. (*Voyez* Jongleurs, Ménestrels.)

Tuba corva, s. f. Espèce de trompe dont le diapason est très-borné, mais qui a des sons très-forts et très-éclatans. Méhul a introduit la *tuba corva* dans le finale du second acte de *Joseph.*

Tuorbe. (*Voyez* Théorbe.)

Tutti, terme italien qui signifie tous. Ce mot, placé dans une partie séparée, marque le lieu et l'instant où tous les chanteurs ou tous les instrumentistes, ou même les uns et les autres, se réunissent dans l'exécution d'un morceau de musique. On appelle *tutti* les parties d'un concerto qui succèdent aux solos, et dans lesquelles le compositeur déploie ordinairement toutes les puissances de l'harmonie pour établir des contrastes entre les mélodies gracieuses, les traits élégans et rapides de l'instrument qui récite, et les effets éclatans de l'orchestre. *Reprenons au* tutti; *voilà un beau* tutti; *un* tutti *bien dessiné.*

Tutti s'emploie aussi pour désigner les grands effets d'une symphonie, d'une ouverture, d'un chœur.

Violoncelle seul, violoncelles écrit au-dessus de la partie de basse, indique que cette partie doit être exécutée par un violoncelle seul ou par les violoncelles seuls, jusqu'à ce que le mot *tutti* vienne marquer la rentrée des contrebasses. La même observation servira pour les trompettes et les cors, si l'on a écrit leurs parties sur la même portée. *Tutti* signifie que les trompettes et les cors, divisés auparavant, doivent exécuter ensemble le même trait.

Tuyaux, s. m. plur. Tubes ou canaux d'étain combiné avec le zinc, de plomb ou de bois, dans lesquels on fait entrer le vent qui produit le son et l'harmonie de l'orgue.

Les plus grands *tuyaux* d'orgue ont environ trente-deux pieds de haut, les plus petits n'ont que deux lignes. La forme des *tuyaux* est carrée, cylindrique ou conique, selon les jeux auxquels on les destine. Les *tuyaux* du bourdon sont carrés, ceux de la montre cylindriques, ceux de la bombarde coniques.

Les *tuyaux* ouverts par les deux bouts rendent le même son que les *tuyaux* bouchés par un bout, qui n'ont que la moitié de leur longueur : ainsi un quatre pieds bouché sonnera l'unisson du huit pieds ouvert, un huit pieds bouché sonnera l'unisson du seize pieds, etc. Mais le son donné par ces *tuyaux* bouchés n'a jamais le timbre ni la forcce de celui qui est produit par les *tuyaux* ouverts ; on a remarqué même qu'il se répandait d'une manière inégale dans l'espace : c'est ce qui fait que les facteurs d'orgues n'emploient les *tuyaux* bouchés que lorsqu'ils y sont forcés par la nature du local, qui ne permet pas de donner aux *tuyaux* la hauteur convenable.

Les *tuyaux* de l'orgue sont rangés diatoniquement sur les divers sommiers qui leur communiquent le vent.

Les instrumens à vent sont de véritables *tuyaux*. Ils sont de deux formes, cylindriques comme la flûte, ou coniques comme le hautbois et le cor. Ils sont aussi de deux espèces : ceux qui sont bouchés par un bout, tels que la flûte ; et ceux qui sont ouverts par les deux bouts, comme le hautbois et le cor. Lorsque l'on souffle dans un *tuyau* ouvert par les deux bouts, la colonne d'air se partage en deux parties égales, et chaque partie vibre séparément selon une même loi. C'est à cette première division de la colonne d'air, qu'est due la propriété qu'ont les *tuyaux* ouverts de rendre le même son que les *tuyaux* bouchés, qui n'ont que la moitié de leur longueur. Cela posé, si par le moyen de la pression des lèvres on parvient à rendre un son, ce n'est qu'en réussissant à couper chacune des deux parties de la colonne totale en ses aliquotes. Aussi remarque-t-on que les instrumens qui se jouent de cette manière, tels que le cor, le cornet et la trompette, ne peuvent, par eux-mêmes, rendre que le son des aliquotes, et que si on leur en fait rendre d'autres en introduisant la main dans le pavillon, c'est que, par là, on change convenablement la longueur de la colonne vibrante.

Dans les instrumens à trous, si les trous sont placés à l'endroit des nœuds, le son restera le même; mais s'ils sont placés ailleurs, il montera, parce que l'air, en mouvement, s'échappera par cette issue, ce qui accélérera la vitesse des vibrations.

Les différentes formes que l'on fait prendre à un *tuyau* n'influent en rien sur son intonation. Qu'il soit prolongé en ligne droite, recourbé en fer à cheval ou en spirale, le son reste le même. A l'égard des instrumens, on a toujours adopté la forme la plus commode pour l'exécutant et la plus agréable à l'œil. Le cor en *si* ♭ a dix-huit pieds et demi de long; il a donc fallu replier ses *tuyaux* en plusieurs cercles, pour que le pavillon se trouvât à portée de la main. Le basson se double sur lui-même, et par ce moyen les doigts peuvent atteindre et couvrir tous les trous.

Tympanon, s. m. Instrument de musique du genre du psaltérion. Il est monté de cordes d'acier ou de laiton que l'on touche avec deux petites baguettes de bois.

Quelques musiciens ambulans jouent encore du *tympanon*. (*Voyez* Psaltérion.)

Tyrolienne, s. f. Sorte d'air de chant qui nous vient du Tyrol. Il est mesuré le plus souvent à trois temps, et son mouvement est modéré. Le caractère distinctif de cet air se remarque principalement dans sa phrase finale, qui est notée en triolets d'un rhythme inégal, et s'exécute avec les sons les plus aigus de la voix de tête et un certain roucoulement fort singulier, tandis que le commencement de l'air ne sort pas du diapason de la voix ordinaire.

Les quatre chanteurs de Vienne, Wieser, Kaplan, Fellauer-Punto et Schiele, qui se sont fait entendre en France en 1818, exécutaient, avec un rare talent, des *tyroliennes* à quatre voix, sans orchestre.

Les *tyroliennes* sont à la mode depuis plusieurs années; on en a écrit pour les instrumens, et elles ont servi de thèmes aux faiseurs de variations. Le fameux chœur des chasseurs de *Robin des Bois* est une espèce de *tyrolienne* à quatre voix d'homme, toujours parallèles. Ce morceau, d'une facture et d'une harmonie très-simples, produit un effet extraordinaire : les voix, les cors et les autres instrumens à embouchure s'y trouvent mariés et combinés avec le plus heureux artifice. *Chasseur diligent* est devenu populaire dans toute l'Europe musicale.

U.

Unisson, s. m. Union de deux sons qui sont au même degré, dont l'un n'est ni plus grave, ni plus aigu que l'autre, et dont l'intervalle étant nul, ne donne qu'un rapport d'égalité.

Si deux cordes sont de même matière, égales en longueur, en grosseur, et également tendues, elles seront à l'*unisson*. Mais il est faux de dire que deux sons à l'*unisson* se confondent parfaitement, et aient une telle identité, que l'oreille ne puisse les distinguer; car ils peuvent différer de beaucoup quant au timbre et quant au degré de force. Une cloche peut être à l'*unisson* d'une corde de guitare, une vielle à l'*unisson* d'une flûte, et l'on n'en confondra point les sons.

Le zéro n'est pas un nombre, ni l'*unisson* un intervalle; mais l'*unisson* est à la série des intervalles, ce qu'est le zéro aux nombres : c'est le terme d'où ils partent, c'est le point de leur commencement.

Ce qui constitue l'*unisson*, c'est l'égalité du nombre des vibrations, faites en temps égaux par deux sons. Dès qu'il y a inégalité entre les nombres de ces vibrations, il y a intervalle entre les sons qui les donnent.

Quelques auteurs rangent l'*unisson* parmi les intervalles, et se fondent sur ce qu'il est susceptible d'admettre trois variétés, savoir: 1° l'*unisson* proprement dit; c'est celui dont les notes sont au même degré, sans aucune altération qui ne soit commune à toutes les deux; 2° l'*unisson augmenté*, dans lequel la dernière note est affectée du signe d'élévation ; 3° l'*unisson diminué*, dans lequel la dernière note est affectée du signe d'abaissement. Ces deux dernières espèces se pratiquent en mélodie dans le genre chromatique : elles peuvent même avoir lieu quelquefois dans l'harmonie, au moyen de certaines préparations. (*Fig.* 58.)

Les *unissons* d'orchestre succédant aux masses harmoniques pour les ramener ensuite, produisent de superbes contrastes et des effets ravissans. Une seule chose me paraît choquante dans plusieurs de ces *unissons*, c'est qu'ils ne sont point parfaits, le compositeur voulant renforcer la note des violons, des flûtes, des hautbois, etc., par le son des cors, des trompettes et des timbales, fait souvent porter une note différente à ces instrumens, dont l'intonation est naturellement bornée. Quoique les exemples puisés dans les sources les plus pures semblent condamner mon opinion à ce sujet, je ne persiste pas moins à dire qu'il vaudrait mieux se priver du secours des cors, des trompettes et des timbales, que de rompre l'unité de l'*unisson* en leur faisant sonner *ré ré*, tandis que toutes les forces de l'orchestre frappent *si si*, ainsi qu'on peut en faire l'observation dans la partition *des Noces de Figaro*, à la fin de l'air de Barthole, et sur le trait qui porte ces paroles : *il birbo Figaro.*

UNISSONI. Ce mot italien ou son abrégé *unis*, écrit dans une partition sur la portée vide du second violon, marque qu'il doit jouer à l'unisson sur la partie du premier. S'il y a *unis* 8^a, le second violon exécutera à l'octave basse les traits du premier. Ces avertissemens ne regardent que les copistes qui ont soin de prendre sur la partie de premier violon, soit à l'unisson, soit à l'octave tous les traits, périodes, passages que le compositeur n'a pas voulu noter deux fois.

Il existe des morceaux tels que le premier duo de *ma Tante Aurore*, et celui de la lettre *des Noces de Figaro*, dans lesquels les deux violons jouent presque d'un bout à l'autre la même partie.

Unité. C'est le premier des deux grands principes sur lesquels repose l'harmonie, non-seulement dans la musique, mais dans tous les arts.

Sans *unité*, il n'est point de son, point d'accord, point de cadence, point de phrase, point de période, point de morceau.

C'est par l'*unité* et la *variété* que tout se juge dans les arts, et dans chacune de leurs parties. Ce sont les deux balances dont l'homme de génie doit faire un continuel usage.

Ut. La première des sept syllabes de notre gamme, laquelle répond à la lettre *C*.

Les Italiens trouvant cette syllabe trop sourde, lui substituent, en solfiant, la syllabe *do*.

V.

Valeur des notes. Outre la position des notes qui en marque le ton, elles ont toutes quelque figure déterminée qui en marque la durée ou le temps, c'est-à-dire qui détermine la *valeur de la note*.

C'est à Jean de Muris qu'on attribue l'invention de ces figures, vers l'an 1330 : car les Grecs n'avaient point d'autre *valeur de note* que la quantité des syllabes ; ce qui seul prouverait qu'ils n'avaient pas de musique purement instrumentale. Cependant le P. Mersenne, qui avait lu les ouvrages de Muris, assure n'y avoir rien vu qui pût confirmer cette opinion, et, après en avoir lu moi-même la plus grande partie, je n'ai pas été plus heureux que lui. De plus, l'examen des manuscrits du quatorzième siècle, qui sont à la bibliothèque du Roi, ne porte point à juger que les diverses figures de notes qu'on y trouve fussent de si nouvelle institution. Enfin, c'est une chose difficile à croire, que durant trois cents ans et plus, qui se sont écoulés entre Guido et Jean de Muris, la musique ait été totalement privée du rhythme et de la mesure, qui en font l'âme et le principal agrément.

Quoi qu'il en soit, il est certain que les différentes *valeurs des notes* sont de fort ancienne invention. J'en trouve, dès les premiers temps, de cinq sortes de figures, sans compter la ligature et le point. Ces cinq sont, la maxime, la longue, la brève, la semi-brève et la minime. Toutes ces différentes notes sont noires dans le manuscrit de Guillaume de Machault; ce n'est que depuis l'invention de l'imprimerie qu'on s'est avisé de les faire blanches, et, ajoutant de nouvelles notes, de distinguer les *valeurs*, par la couleur aussi bien que par la figure.

Les notes, quoique figurées de même, n'avaient pas toujours la même *valeur*. Quelquefois la maxime valait deux longues, ou la longue deux brèves; quelquefois elle en valait trois : cela dépendait du mode. (*Voyez* MODE.) Il en était de même de la brève, par rapport à la semi-brève, et cela dépendait du temps. (*Voyez* TEMPS.) De même enfin la semi-brève, par rapport à la minime: et cela dépendait de la prolation. (*Voyez* PROLATION.)

Il y avait donc longue double, longue parfaite, longue imparfaite, brève parfaite, brève altérée, semi-brève majeure, et semi-brève mineure: sept différentes *valeurs* auxquelles répondent quatre figures seulement, sans compter la maxime ni la minime, notes de plus moderne invention. (*Voyez ces divers mots.*) Il y avait encore beaucoup d'autres manières de modifier les différentes *valeurs* de ces notes, par le point, par la ligature, et par la position de la queue. (*Voyez* PLIQUE, POINT.)

Les figures qu'on ajouta dans la suite à ces cinq ou six premières furent la noire, la croche, la double-croche, la triple, et même la quadruple-croche, ce qui ferait onze figures en tout : mais dès qu'on eut pris l'usage de séparer les mesures par des barres, on abandonna toutes les figures de notes qui valaient plusieurs mesures, comme la maxime qui en valait huit, la longue qui en valait quatre, et la brève ou carrée qui en valait deux.

La semi-brève ou ronde, qui vaut une mesure entière, est la plus longue *valeur de notes* demeurée en usage, et sur laquelle on a déterminé les *valeurs* de toutes les autres notes, et comme la mesure binaire, qui avait passé long-temps pour moins parfaite que la ternaire, prit enfin le dessus et servit de base à toutes les autres mesures; de même la division sous-double l'emporta sur la sous-triple, qui avait aussi passé pour plus parfaite; la ronde ne valut plus quelquefois trois blanches, mais deux seulement; la blanche deux noires, la noire deux croches, et ainsi de suite, jusqu'à la quadruple-croche, si ce n'est dans les cas d'exception où la division sous-triple fut conservée, et indiquée par le chiffre 3 placé au-dessus ou au-dessous des notes.

Les ligatures furent aussi abolies en même temps, du moins quant aux changemens qu'elles produisaient dans les *valeurs des notes*. Les queues, de quelque manière qu'elles fussent placées, n'eurent plus qu'un sens fixe et toujours le même; et enfin la signification du point fut aussi toujours bornée à la moitié de la note qui est immédiatement avant lui. Tel est l'état où les figures des notes ont été mises, quant à la *valeur*, et où elles sont actuellement. Les silences équivalens sont expliqués à l'article SILENCE. (*Fig.* 51.)

VALSE, s. f. Sorte de danse que deux personnes, une de chaque sexe, se tenant embrassées, exécutent en pirouettant sur elles-mêmes, tandis qu'elles décrivent un grand cercle dans le lieu où l'on danse. Quarante, soixante personnes, et davantage, peuvent valser en même temps, en se suivant à la file deux à deux. La *valse* nous vient de l'Allemagne ; elle n'a été introduite en France que vers 1790. Dans les bals, on danse alternativement une contredanse et une *valse*. L'air de la *valse* est à trois temps, d'un mouvement modéré, il n'est assujéti à aucune coupe particulière. On faisait, dans un temps, succéder, à cet air, une sauteuse à deux temps, elle est maintenant remplacée par la *valse russe*, qui a plus de prestesse et un rhythme plus marqué que la *valse* ordinaire.

Des compositeurs excellens n'ont pas dédaigné la *valse*, Mozart lui-même en a écrit de charmantes.

VARIATIONS, s. f. plur. On entend, sous ce nom, toutes les manières de broder un air, soit par des diminutions soit par des passages ou autres agrémens qui ornent et figurent cet air. A quelque degré qu'on multiplie et charge ces *variations*, il faut toujours, qu'à travers ces broderies, on reconnaisse le fond de l'air qui a servi de thême, et il faut en même temps que le caractère de chaque *variation* soit marqué par des différences qui soutiennent l'attention et préviennent l'ennui ; car, pour l'ordinaire, rien n'est moins varié que les *variations*.

Un musicien est-il hors d'état de composer un morceau d'exécution? Il a recours aux *variations*, qui ne demandent aucun frais d'imagination. Il s'empare du motif inventé par un autre, et lui fait subir toutes les métamorphoses d'usage. Ce sont d'abord de simples croches, des triolets, puis des arpèges, des syncopes, des octaves, sans oublier l'adagio dans le mode relatif et le *tempo di polacca*. Avec des doigts et un peu de goût, un instrumentiste remplira tous ces cadres, en suivant les modèles donnés. Plusieurs se bornent à ce genre facile. Si le nombre prodigieux des airs variés qu'ils publient n'est pas la preuve de leur fécondité, elle l'est du moins de la patience de ceux qui les jouent. Il est tel musicien, déterminé fabricateur de *variations*, dont on dira un jour, en parodiant les vers de Voltaire sur l'abbé Trublet,

Il variait, variait, variait.

L'air varié, quoique stérile de sa nature, cesse pourtant de l'être entre les mains d'un habile homme. L'écolier est toujours écolier, il ne singera jamais le compositeur, même dans les bagatelles les plus futiles. Les *variations* de Bach, de Mozart, de MM. Baillot, Kreutzer, Rode, etc., sont aussi des chefs-d'œuvre.

VAUDEVILLE, s. m. Sorte de chanson à couplets, qui roule ordinairement sur des sujets badins ou satiriques. On fait remonter l'origine de ce petit poëme jusqu'au règne de Charlemagne; mais, selon la plus commune opinion, il fut inventé par un certain Basselin, foulon de Vire, en Normandie; et, comme pour danser sur ces chants on s'assemblait dans le Val-de-Vire, ils furent appelés, dit-on, *vaux-de-vire*, puis, par corruption, *vaudevilles*.

L'air du *vaudeville* doit être gai, plein de franchise, et d'un rhythme marqué. Plusieurs de nos opéras-comiques, tels que la *Jambe de Bois*, l'*Opéra-Comique*, sont terminés par un *vaudeville* final.

Les Français aiment beaucoup les petits airs. Nos premiers opéras-comiques, tels que *le Suffisant*, *le Poirier*, n'étaient composés que de *vaudevilles*, et l'on fabrique encore, à leur imitation, une sorte de petite comédie, mêlée de chansons, que l'on appelle *vaudeville*.

Si l'on a tant critiqué la manière de s'exprimer des acteurs de l'Opéra, que dira-t-on de ceux du *Vaudeville*, qui se servent du dialogue parlé en y mêlant des chansons et même de simples refrains, toutes les fois que le personnage doit dire un trait d'esprit, un calembour, un bon mot, une niaiserie? N'est-il pas bien singulier de voir Louis XIV, Pierre-le-Grand, Frédéric II, rapetissés sur ce théâtre, après avoir débité de belles maximes sur le gouvernement des peuples, s'arrêter tout-à-coup au crin-crin des violons pour nous réciter, sur l'air *Mon père était pot*, sur celui de *Frère Jean à la cuisine*, ou *J'ons un curé patriote*, sept vers insignifians, disposés pour en amener un huitième renfermant le quolibet que l'on attend, et qui est le signal du brouhaha? Que dirai-je des morceaux d'ensemble, et des accens grotesques et baroques produits par l'union de plusieurs voix aigrement fausses, martelant durement et à l'unisson les vieux fredons de la *Fustemberg*, ou suivant à-peu-près des parties parallèlement ajustées au chant, et qui sont d'un effet encore plus désagréable?

Les acteurs du *Vaudeville* se dispensent d'avoir de la voix, et se consolent de ce qu'il ne leur est pas permis de chanter, en vantant un certain débit monotone et durement saccadé que les habitués de la rue de Chartres applaudissent.

Ce genre est aussi irrégulier sous le rapport littéraire que sous celui de la musique : répétitions, réminiscences, plagiats, défaut de plan, d'intrigue, d'intérêt, tout est pardonné aux auteurs de *vaudevilles*. Ces bluettes ne sont pas assez importantes pour les soumettre à un examen approfondi; on les voit, ou les entend d'une manière trop fugitive. Comme tout le charme des couplets est dans le trait qui les termine, et que l'attention se porte exclusivement sur les paroles, les répétitions musicales fatiguent les écoutans. Le bon mot une fois connu, on est tenté d'imposer silence à celui qui nous le répète pour compléter son refrain. On veut des quolibets et non de la musique. Les vieux airs conviennent mieux au *vaudeville* que les nouveaux; il y en a même qu'un long usage a consacrés, et dont l'application seule est un trait d'esprit, tels que *N'en demandez pas davantage*, *Ça n' dur'ra pas toujours*, *Va-t-en voir s'ils viennent, Jean*, et bien d'autres airs, qui sont devenus de véritables proverbes en musique.

Je ne sais si le déplaisir que j'ai éprouvé en entendant estropier, massacrer les plus jolis airs de Grétry, de Dalayrac, de Méhul, de Boïeldieu, de Mozart même, m'a prévenu contre le *vaudeville*. Je ne crains pas de l'avouer ici, esprit pour esprit, bêtises pour bêtises, parmi les pièces du petit genre, je préfère celles où l'on n'est point troublé dans ses jouissances par le crin-crin des violons et les sons d'une voix discordante, et je rends grâces aux auteurs du *Ci-devant Jeune-Homme* et du *Désespoir de Jocrisse* de nous avoir épargné ce désagrément.

Les Français se glorifient d'avoir créé le *vaudeville*, et se félicitent en même temps d'en être restés uniques possesseurs; je ne crois pas que jamais aucune nation soit tentée de leur emprunter un genre aussi ridicule que mesquin, et dont nos provinces même ne veulent pas.

Plusieurs auteurs attribuent à Colin Muset, jongleur fameux, l'invention du *vaudeville* et de la ronde. (*Voyez* PROVERBES MUSICAUX, RONDE.)

VENTRE, s. m. Point du milieu de la vibration d'une corde sonore, où, par cette vibration, elle s'écarte le plus de la ligne du repos. (*Voyez* NŒUD.)

VERS, s. m. La période musicale a des rapports marqués avec la strophe poétique qui se compose de *vers* de différentes mesures, disposés semblablement. Les divers membres de la période sont composés de repos plus ou moins parfaits : ces repos se font toujours au temps fort; mais il peut arriver que la terminaison ou suspension se prolonge sur le temps faible. La première manière se nomme chute forte ou masculine, la deuxième se nomme chute faible ou féminine. On prescrit, pour la variété et pour l'effet, d'entremêler ces sortes de terminaisons. On sent facilement l'analogie qui existe entre ces terminaisons et les rimes masculines et féminines.

Chaque membre de période ayant sa mesure, son rhythme, ses césures, ses chutes ou rimes, peut être considéré comme un *vers*. Ces *vers* se disposent à rimes plates ou à rimes mêlées, et se groupent en strophes comme ceux de la poésie.

VIBRATION, s. f. Le corps sonore en action sort de son état de repos par des ébranlemens légers, mais sensibles, fréquens et successifs, dont chacun s'appelle une *vibration*. Ces *vibrations*, communiquées à l'air, portent à l'oreille, par ce véhicule, la sensation du son; et ce son est grave ou aigu, selon que les *vibrations* sont plus ou moins fréquentes dans le même temps.

VIDE, *corde à vide*. C'est, sur les instrumens à manche tels que le violon, la viole, la guitare, le son qu'on tire de la corde dans toute sa longueur, depuis le sillet jusqu'au chevalet, sans y placer aucun doigt.

Le son des *cordes à vide* est non seulement plus grave, mais plus résonnant et plus plein que quand on y pose quelque doigt; ce qui vient de la mollesse du doigt qui gêne et intercepte le jeu des vibrations. Cette différence fait que les bons violonistes évitent de toucher les *cordes à vide*, pour ôter cette inégalité de timbre qui fait un mauvais effet, quand elle n'est pas dispensée à propos. Cette manière d'exécuter exige des positions recherchées qui augmentent la difficulté du jeu ; mais aussi quand on en a une fois acquis l'habitude, on est vraiment maître de son instrument, et, dans les tons les plus difficiles, l'exécution marche alors comme dans les plus aisés.

Lorsque le doigter d'un passage demande que l'on touche *corde à vide*, on marque d'un zéro les notes qui doivent être rendues de cette manière.

VIELLE, s. f. instrument à cordes fort ancien. On joue de la *vielle* au moyen de touches et d'une roue-archet bien polie et frottée de colophane. Les touches, étant pressées en dessous du clavier par les doigts de la main gauche, pressent à leur tour l'une des cordes de la *vielle*, et la portent sur la roue-archet, qui la fait résonner au grave ou à l'aigu, selon que l'action des touches lui enlève plus ou moins de sa longueur. L'autre corde, n'étant pas soumise à cette action, sonne toujours la même note, qui est pour l'ordinaire la dominante, et forme ainsi une espèce d'accompagnement aux villanelles et aux musettes que les vielleurs exécutent.

La *vielle* est l'instrument favori des petits Savoyards; il sert d'orchestre aux représentations de la lanterne magique et aux danses de marmotes.

Dans une dissertation sur la *vielle*, Terrasson prétend que cet instrument est plus ancien que le violon.

VIO.   369

Il est évident que les mots *vielle* et *viole*, ainsi que *vieller, violoner*, signifient jouer du violon. Le mot *arcet, arçon*, joint à celui de *vielle*, ne laisse aucun doute à ce sujet. Voyez les *Antiquités Nationales* de Millin, tome IV.

Les plus célèbres jongleurs étaient les meilleurs violonistes de leur temps, et la *vielle* n'a jamais été qu'un instrument subalterne.

VIELLEUR, VIELLEUSE, s. de t. g. Celui ou celle qui joue de la vielle. Il y a des *vielleurs* qui exécutent fort bien l'ouverture d'*Iphigénie* sur leur instrument ; d'autres, sans s'élever à des compositions sublimes, jouent de petits airs, des rondeaux, des variations, avec un charme, un fini qui étonnent les musiciens exercés. Ils savent gouverner leur manivelle avec tant d'art, qu'elle imite souvent l'effet de l'archet.

Il est inutile de faire remarquer que les *vielleurs* qui font entendre une musique régulière, modulée, et des morceaux de longue haleine, ne se servent que d'une seule corde, et suppriment ainsi le bourdonnement continu de la seconde.

VILLANELLE, s. f. Ce mot s'applique à de petits airs de chant ou de danse qui ont le caractère villageois et pastoral.

VIOLA, (*Voyez* VIOLE.)

VIOLE, s. f. Instrument de musique à sept cordes et à archet. Il était à peu près de la même forme que le violon. Le manche de la *viole* portait des touches divisées par demi-tons, comme celui de la guitare. Il y avait diverses sortes de *violes*, savoir : le *pardessus de viole*, la *viole d'amour*, montée de douze cordes, dont six sur le grand chevalet et six sur un petit chevalet placé au-dessus ; le *violet anglais*, la *viole*, la *viole bâtarde*, la *basse de viole*. Les Italiens avaient encore la *viola di bardone* à quarante-quatre cordes, la *viola di gamba, viola alto, viola tenore, viola di braccio*, etc. Tous ces instrumens ne sont plus en usage. Les dames jouaient du *pardessus de viole*, en le tenant appuyé sur leurs genoux.

Jean Rousseau a publié, en 1687, un Traité de la *viole*, dans lequel il élève cet instrument au-dessus de tous ceux qui ont jamais existé. Il fait remonter son origine avant le déluge, et dit même que, si notre père Adam avait voulu faire un instrument, il aurait certainement fait une *viole*.

VIOLE, s. f. Instrument de musique à cordes et à archet. La *viole* dérive du violon, dont elle a le mécanisme et la structure sous une forme plus grande. Elle est montée de quatre cordes de boyau dont la plus grave sonne l'*ut* quinte au-dessous du *sol* du violon. Ses trois autres portent *sol, ré, la*, par quintes du grave à l'aigu. Le diapason de la *viole* est de trois octaves environ, qui commencent au second *ut* grave du piano.

La *viole* a été négligée par les compositeurs anciens; ils se bornaient à lui faire doubler la basse à l'octave, lui confiant quelquefois des notes perdues, remplissage sans dessin et sans mouvement. Haydn, Mozart, persuadés de l'importance de cette partie, l'ennoblirent en la faisant coopérer d'une manière essentielle à l'exécution de leur musique mélodieuse et savante. La *viole* prit enfin le rang qui lui appartenait, et qu'elle occupe maintenant. Tendres et mélancoliques, ses sons élevés ont un mordant bien précieux pour éclairer la marche des parties intermédiaires. Ils s'accordent à merveille avec la clarinette, le cor, le basson. Ses arpèges harmonieux et nourris se lient à ceux du second violon. Celui-ci tient-il la même partie que le premier? la *viole* se présente naturellement pour le remplacer. Elle ne craint pas de se montrer en première ligne, en exécutant des solos ou des accompagnemens travaillés : quelquefois même, prenant un essor plus grand, elle s'empare du domaine des violons. Dans l'opéra d'*Uthal* et dans le *de profundis* de Gluck, la *viole* est l'instrument principal.

Taille, ténor, quinte, alto, alto-viola, violette, tels sont les autres noms que l'on a donnés à la quinte de violon. J'ai adopté celui de *viole*, comme nom de famille; il rappelle l'origine de l'instrument, et n'a point de double acception.

La musique destinée à la *viole* se note sur la clef d'*ut*, 3e ligne, et quelquefois sur la clef de *sol*.

Dans les morceaux anciens, on trouve assez souvent des parties de seconde *viole* écrites sur la clef d'*ut*, 4e ligne.

Violetta. (*Voyez* Viole.)

Violiste, s. des 2 g. Musicien qui joue de la viole.

Violon, s. m. Instrument de musique à cordes et à archet. Le *violon* est monté de quatre cordes de boyau dont la plus grave sonne le *sol* : les trois autres portent *ré*, *la*, *mi*, par quintes du grave à l'aigu. La corde *sol* est filée en laiton. Le diapason du *violon* est de trois octaves et une sixte ; il commence au troisième *sol* du piano.

Comme le *violon* est le fondement des orchestres, le moyen d'exécution le plus puissant, l'instrument universel, celui qui, par son utilité, se trouve entre les mains du plus grand nombre de musiciens, il est nécessaire de faire connaître tout ce qui peut en donner une idée juste.

La forme du *violon* a beaucoup de rapport avec celle de la lyre, et donne à croire qu'il n'est autre chose qu'une lyre perfectionnée, qui réunit à la richesse des modulations, l'avantage si grand de prolonger les sons, avantage que n'avait point la lyre.

C'est sous le règne de Charles IX que le *violon* fut introduit en France. Il y a près de trois cents ans qu'on ne change plus rien à sa structure et qu'on lui conserve cette simplicité qui augmente le prestige de ses effets.

Ses quatre cordes suffisent pour donner plus de quatre octaves, plus de trente-deux notes du grave à l'aigu, et pour offrir toutes les ressources qu'exigent le chant et la variété des modulations. Au moyen de l'archet qui met les cordes en vibration et qui peut en faire parler plusieurs à la fois, il réunit le charme de la mélodie à celui des accords. Son timbre qui joint la douceur à l'éclat, lui donne la prééminence et l'empire sur tous les autres; et par le secret qu'il a de soutenir, d'enfler et de modifier les sons, de rendre les accens de la passion, comme de suivre tous les mouvemens de l'âme, il obtient l'honneur de rivaliser avec la voix humaine. Cet instrument, fait par sa nature pour régner dans les concerts et pour obéir à tous les élans du génie, a pris les différens caractères que les grands maîtres ont voulu lui donner. Simple et mélodieux sous les doigts de Corelli, harmonieux, touchant et plein de grâces sous l'archet de Tartini, aimable et suave sous celui de Gaviniés, noble et grandiose sous celui de Pugnani, plein de feu, plein d'audace, pathétique, sublime entre les mains de Viotti, de Baillot, il s'est élevé jusqu'à peindre les passions avec énergie, et avec cette noblesse qui convient autant au rang qu'il occupe qu'à l'empire qu'il exerce sur l'âme.

A tous ces brillans avantages on peut ajouter encore la faculté de multiplier le *violon* dans les orchestres sans nuire à l'ensemble, de jouer toute espèce de musique sur cet instrument, de surmonter sans peine de grandes difficultés et de fournir la carrière la plus longue sans fatigue. Les compositeurs l'ont choisi sur tous les autres pour lui confier l'exécution de leurs ouvrages. La viole, le violoncelle, la contre-basse, descendant de la même souche, ne forment avec le *violon* qu'une seule famille, et donnent des sons homogènes à des diapasons différens. Au moyen de ces précieux auxiliaires, le *violon* embrasse presque toute l'étendue de l'échelle mélodique, six octaves environ : certes le champ est vaste.

La musique destinée au *violon* s'écrit sur la clef de *sol*.

Violoniste, s. des 2 genres. Musicien qui joue du violon.

Violoncelle, s. m. Instrument de musique à cordes et à archet. Le *violoncelle*, ou basse de violon, est monté de quatre cordes de boyau, dont les deux plus basses sont filées en laiton; ces cordes portent *ut, sol, ré, la*, de quinte en quinte, en comptant du grave à l'aigu. Son diapason est de trois octaves environ, qui commencent au premier *ut* grave du piano.

Le *violoncelle* a par la nature de son timbre, l'étendue de ses cordes et celle de son diapason, un caractère grave, sensible et religieux. Il chante sans rien perdre de sa majesté, et lorsqu'il sert de régulateur dans l'accompagnement, on sent au milieu de son austère influence qui retient tout dans l'ordre, qu'il finira par céder à l'expression en prenant part au dialogue. Ne l'emploie-t-on que comme simple accompagnement, il est tellement nécessaire à l'harmonie, que l'oreille ne saurait s'en passer; elle sollicite le son grave, le son générateur qui sert de base à l'édifice, et dont la marche régulière, l'aplomb bien senti déterminent l'effet de la mélodie. Cherche-t-on à faire chanter le *violoncelle*, c'est une voix touchante et majestueuse, non de celles qui peignent les passions et qui les allument, mais de celles qui les modèrent en élevant l'âme à une région supérieure. Veut-on en tirer parti dans la difficulté, il sait se prêter à tous les jeux de l'harmonie, de la double corde, de l'arpège, des sons harmoniques. Mais il a des bornes qu'il ne faut pas outrepasser; la gravité de sa marche ne lui permet point de mouvemens aussi emportés qu'au violon qui est plus souple, plus délicat et plus varié.

Le *violoncelle* figure tour à tour dans le solo, la sonate, le concerto, l'air varié, le quatuor, le quintette. Après avoir admiré sa fougue véhémente et ses brillantes folies, on aime à lui entendre redire ces chants d'une délicieuse suavité, modulés par le tendre Boccherini.

Six clefs différentes étaient employées autrefois dans la musique de *violoncelle*. On se borne maintenant à celles de *fa* sur la quatrième ligne et de *sol*, avec cette convention néanmoins que l'instrument exécute à l'octave basse tous les passages notés sur la clef de *sol*.

On donne le nom d'*alto-violoncelle* à la partie de premier *violoncelle* d'un quintette, que l'on a arrangée de manière à pouvoir l'exécuter sur la viole à défaut de premier *violoncelle*.

Le mot *violoncelle* vient évidemment de *violoncello*; il est probable que c'est à cause de cette étymologie et pour imiter d'une manière assez ridicule le résultat du *c* italien, que l'Académie française prononce *violonchelle*. Bien loin de partager cette opinion, je pense que nous devons assimiler ce mot à ceux de notre langue qui ont la même orthographe, et prononcer *violoncelle* comme *nacelle*, *sarcelle*, etc. le *ch* français n'étant qu'une grossière imitation du *c* des Italiens.

Violoncelliste, s. des 2 genres. Musicien qui joue du violoncelle.

Virgule, s. f. C'est ainsi que nos anciens appelaient cette partie de la note qu'on a depuis appelée la *queue*.

Virtuose, s. des 2 genres. Nom que l'on donne au musicien qui excelle dans la composition, le chant ou l'exécution instrumentale. Ce mot nous vient des Italiens qui l'ont formé de *virtù*, force, habileté, excellence.

Vivace, vif, vivement. Ce mot italien marque un mouvement prompt, animé, véhément, une exécution hardie, pleine de feu.

Vivacessimo, très-vif, très-vivement.

Vocal, ale, adj., qui appartient au chant des voix. Chant *vocal*, musique *vocale*.

Vocalisation. (*Voyez* Vocaliser.)

Vocaliser, v. a. C'est chanter sur une voyelle. On a choisi les voyelles *a é* comme les plus favorables à la voix : ainsi l'on doit *vocaliser* alternativement sur ces deux syllabes.

La *vocalisation* est une préparation au chant, un travail intermédiaire entre le solfége et l'exécution des compositions vocales.

On *vocalise*, non seulement pour apprendre à passer un grand nombre de notes sur la même syllabe, mais pour égaliser la voix dans tous ses tons.

Les chanteurs et les cantatrices les plus habiles s'exercent, tous les matins, à la *vocalisation*, pour se dérouiller la voix et en affermir l'intonation.

Quelques musiciens donnent le nom de *vocalises* aux leçons composées pour servir d'exercices de *vocalisation*.

VOILE, s. m. Pièce d'étoffe que l'on jette sur les peaux des timbales, pour en intercepter les vibrations et diminuer ainsi la sonorité de l'instrument. (*Voyez* TIMBALES.)

VOILÉ, ÉE, part. On dit *une voix voilée*, *un peu voilée*, en parlant d'une voix qui, par quelque disposition de l'organe, semble n'avoir qu'une partie de son timbre et de son éclat, ce qui ne l'empêche pas d'être encore agréable.

VOIX, s. f. La somme de tous les sons musicaux qu'un homme peut, en chantant, tirer de son organe, forme ce qu'on appelle sa *voix*.

La *voix* humaine est le plus beau moyen d'exécution que la musique possède; les instrumens n'ont été inventés que pour l'imiter ou l'accompagner. Pareils aux esclaves qui précèdent ou suivent leur maître, ceux-ci ne font entendre leurs accens au théâtre que pour annoncer le chanteur ou lui servir de cortége.

Chaque individu a sa *voix* particulière qui se distingue de toute autre *voix* par quelque différence propre, comme un visage se distingue d'un autre; mais il y a aussi de ces différences qui sont communes à plusieurs, et qui formant autant d'espèces de *voix*, demandent pour chacune une dénomination particulière.

Le caractère le plus général qui distingue les *voix* n'est pas celui qui se tire de leur timbre et de leur étendue, mais du degré qu'occupe cette étendue dans le système général des sons.

On distingue donc généralement les *voix* en deux classes, savoir : les *voix* aiguës et les *voix* graves. La différence commune des unes aux autres est à peu près d'une octave; ce qui fait que les *voix* aiguës chantent réellement à l'octave des *voix* graves, quand elles semblent chanter à l'unisson.

Nous comptons six espèces de voix, savoir :

Le premier dessus. — *Soprano* 1°. — *Canto* 1°.

Le 2ᵉ dessus. — *Soprano* 2°. — *Canto* 2°.

Le contralte. — *Contralto.* — *Altus.* — *Motetus.* — *Altitonans.* — Haute-taille ou haute-contre.

Le ténor. — Taille.

Le bariton. — *Baritono.* — Concordant. — Bas-ténor ou basse-taille.

La basse. — *Basso.* — *Bassus.*

Les premiers et seconds dessus appartiennent exclusivement aux femmes, aux enfans, et aux hommes dont un art trop prévoyant a pris soin d'éclaircir la *voix*. Le contralte est commun aux deux sexes. Le ténor, le bariton et la basse ne se rencontrent que chez les hommes qui ont atteint leur seizième année.

L'étendue de toutes ces *voix* réunies et mises en ordre donne cinq octaves qui commencent au premier *ut* du piano.

Les trois premiers tons de l'échelle vocale ne se rencontrant que dans certaines *voix* très-basses, on doit regarder le *fa* comme le premier degré du système vocal ; et c'est de ce point que nous partirons pour établir les rapports des voix entre elles.

La différence d'une *voix* à celle qui la suit immédiatement du grave à l'aigu, est de deux tons à-peu-près, en ayant soin de compter deux fois le contralte, d'abord pour les hommes, et ensuite pour les femmes, en ajoutant deux tons encore. On remarquera qu'il reste deux octaves et demie dans le domaine du premier dessus, mais la dernière octave est composée en grande partie de sons factices que l'on n'emploie, que d'une manière fugitive, dans les roulades d'un air de bravoure. (*Fig.* 27.)

Chaque individu a deux espèces de *voix* ou deux registres : la *voix* de poitrine, et la *voix* de tête improprement appelée *fausset*.

Pour produire les sons qu'on nomme *de poitrine*, l'impulsion doit être en effet donnée par la poitrine. Les sons de la *voix* de tête doivent être portés dans les sinus frontaux et les fosses nasales. Les sons de tête ne sont employés que par les dessus, le ténor et le bariton. Leur réunion aux sons de poitrine demande beaucoup de précautions et d'art pour conserver à la *voix* une parfaite égalité en parcourant deux ou trois registres qui donnent des sons d'une nature différente.

Les *voix* aiguës donnent à l'octave la répétition exacte du système des trois *voix* graves.

Le premier dessus répond au ténor et sonne son octave.

Le second dessus répond au bariton et sonne son octave.

Le contralte de femme répond à la basse et sonne son octave.

Le contralte d'homme que nous nommons haute-contre est si rare qu'il convient de le ranger parmi les ténors plutôt que d'en faire un genre de *voix* différent. Les trente millions d'habitans que renferme la France ne peuvent pas alimenter un seul de ses théâtres en hautes-contre; cela devrait faire renoncer à une distinction illusoire et abandonner enfin une *voix* qui dans le récit n'a pas les agrémens et la force du ténor, et que l'on remplacerait avec avantage dans les chœurs par des seconds dessus.

Les *voix*, ayant chacune un timbre particulier, fournissent au compositeur les moyens de varier les effets, et leur étendue remplit l'échelle harmonique dans tous ses degrés. L'essentiel est de ne pas les forcer en les faisant sortir de leur diapason naturel. Les Allemands et les Italiens ont senti l'importance de cette observation; leurs airs ne passent jamais les bornes assignées à chaque sorte de *voix*, quand même celui qui doit les exécuter posséderait un de ces organes qui semblent autoriser les licences.

A la richesse des moyens, aux ressources que donnent la doctrine et l'exercice se joint encore dans certains sujets la magie du timbre de la *voix*. Ceux qui ont entendu Rousseau, Garat, mesdames Scio, Barilli, Fodor, ne perdront jamais le souvenir des sensations que leurs délicieux accens ont fait éprouver.

Les Italiens aiment beaucoup les *voix* aiguës; les Français semblent donner la préférence aux moyennes, et les Allemands aux basses. La différence des climats influerait-elle sur le goût de chacune de ces nations? Cela paraît probable. En Italie le premier rôle d'homme dans l'opéra sérieux est rempli par un soprane, en France par un ténor, en Allemagne par une basse; et ce qui est vraiment singulier, c'est que des opéras entiers sont écrits pour une seule espèce de *voix* d'homme. L'*Orfeo* est chanté par trois *voix* aiguës; *Stratonice*, *Joseph*, l'*Irato* par trois et quatre ténors; *Don Juan* et les *Noces de Figaro* par quatre basses.

On distingue encore les *voix* par beaucoup d'autres différences que celles du grave à l'aigu. Il y a des *voix* fortes dont les sons sont forts et bruyans; des *voix* douces dont les sons sont doux et flûtés; de grandes *voix* qui ont beaucoup d'étendue; de belles *voix* dont les sons sont pleins, justes et harmonieux : il y a aussi les contraires de tout cela. Il y a des *voix* dures et pesantes; il y a des *voix* flexibles et légères; il y en a dont les beaux sons sont inégalement distribués, aux unes dans le haut, à d'autres dans le médium, à d'autres dans le bas; il y a des *voix* égales qui font sentir le même timbre dans toute leur étendue. C'est au compositeur à tirer parti de chaque *voix*, par ce que son caractère a de plus avantageux.

La *voix* la plus étendue, la plus flexible, la plus douce, la plus harmonieuse qui peut-être ait jamais existé, paraît avoir été celle du chevalier Balthazar Ferri, Pérousin, dans le siècle dernier. Chanteur unique et prodigieux, que s'arrachaient tour à tour les souverains de l'Europe, qui fut comblé de biens et d'honneurs durant sa vie, et dont toutes les muses d'Italie célébrèrent à l'envi les talens et la gloire après sa mort. Tous les écrits faits à la louange de ce musicien célèbre respirent le ravissement, l'enthousiasme; et l'accord de tous ses contemporains montre qu'un talent si parfait et si rare était même au-dessus de l'envie. Rien, disent-ils, ne peut exprimer l'éclat de sa *voix* ni les grâces de son chant; il avait au plus haut degré tous les caractères de perfection dans tous les genres; il était gai, fier, grave, tendre à sa volonté, et les cœurs se fondaient à son pathétique. Parmi l'infinité de tours de force qu'il faisait de sa *voix*, je n'en citerai qu'un seul. Il montait et redescendait tout d'une haleine deux octaves pleines par un trille continuel marqué sur tous les degrés chromatiques avec tant de justesse, quoique sans accompagnement, que si l'on venait à frapper brusquement cet accompagnement sous la note où il se trouvait, soit bémol, soit dièse, on sentait à l'instant l'accord d'une justesse à surprendre tous les auditeurs.

On nous répète sans cesse qu'il n'y a plus de *voix* et que la France entière ne peut satisfaire aux besoins pressans des théâtres lyriques de Paris. A quelques variations près, les êtres se reproduisent toujours en nombres relatifs les uns aux autres et dans des proportions dès long-temps établies. Le don du chant vient d'une disposition physique, d'une conformation particulière de l'homme. La *voix* est héréditaire dans les familles comme la beauté des formes, la haute stature, le poil roux, la surdité et autres qualités ou défauts d'organisation. Les *voix* existent; on ne sait pas les trouver, et d'ailleurs la doctrine manque. A mesure que l'art acquiert plus de perfection, le nombre des artistes diminue. La véritable pépinière en est détruite depuis la suppression du plus grand nombre des maîtrises des cathédrales.

On appelle encore *voix* les parties vocales et récitantes pour lesquelles une pièce de musique est composée : ainsi on dit un motet à *voix* seule, au lieu de dire un motet en récit : une cantate à deux *voix*, un canon à trois *voix*, au lieu de dire une cantate en duo, un canon en trio, etc. (*Voyez* BARITON, BASSE, CONTRALTE, DESSUS, MAÎTRISE, MUE, REGISTRE, RESPIRATION, TAILLE, TÉNOR, VOCALISATION, VOIX BLANCHE.)

VOIX-ANGÉLIQUE. Jeu d'orgue qui sonne l'octave du jeu de voix humaine.

Voix-humaine. Jeu d'orgue ainsi nommé, parce qu'il imite assez bien la voix de l'homme. Il est d'étain et sonne l'unisson des jeux de bourdon et de trompette. Ses tuyaux sont à anches dans les anciennes orgues, et à bouche dans les nouvelles.

La *voix-humaine* à bouche a tout le charme et la suavité des voix de femme et d'enfant; on pourrait lui reprocher de manquer de mordant pour les sons graves de la basse et même du ténor. Les anches lui donnaient cette qualité, mais il était bien rare d'obtenir de bons résultats avec leur moyen, et de ne pas imiter le bêlement des moutons, en cherchant à rendre fidèlement les accens de l'homme.

La *voix-humaine* à bouche s'accorde tant soit peu plus haut que le bourdon, et produit ainsi un frémissement fort agréable à l'oreille.

Voix blanche. Expression métaphorique dont on se sert pour désigner l'intensité, le brillant éclat de certaines voix et de certains instrumens. Les voix de femme, d'enfant, de sopranes italiens, sont des *voix blanches*; la petite flûte, la flûte, le hautbois, la trompette, la clarinette, le violon sont des instrumens à *voix blanche*.

De tous les instrumens à *voix blanche*, Mozart n'a admis que le violon dans la composition de son *Requiem*.

Volata, s. f. (*Voyez* Roulade, Volatine.)

Volatine, s. f. Trait diatonique et rapide, petite roulade qui n'excède guère les bornes d'une neuvième. Les chanteurs placent la *volatine* sur les points de repos ou dans certaines finales. Le premier motif de la Polonaise de Trento, *Sento che son vicino*, semble réclamer cet agrément du chant; on termine ordinairement ce motif par une *volatine* descendante. (*Fig.* 59.)

V. S. *Volti subito.* (*Voyez* Volti.)

Volta, s. f. Mot italien qui signifie fois, *prima volta*, *seconda volta*, première fois, seconde fois. (*Voyez* Reprise.)

Volti, tourne, *volti subito*, *volti presto*, tourne vite. Ces mots, placés au bas de la page recto d'une sonate, d'un quatuor, d'une partie d'orchestre, avertissent qu'il faut *tourner vite* le feuillet, pour que le discours musical ne soit pas interrompu. Un copiste, un graveur intelligent, a soin de disposer sa page de manière qu'elle soit terminée par quelque silence, pour que le temps que l'on met à tourner ne soit point perdu pour l'exécution. Cette précaution n'est pas si essentielle à l'égard des parties de violon d'orchestre, attendu que, plusieurs violonistes lisant sur la même, l'un tourne le feuillet tandis que les autres continuent de jouer.

Volume, s. m. C'est la masse de son que donne une voix ou un instrument sur chacun des degrés de son diapason. L'étendue est l'intervalle qui existe entre le son le plus aigu et le son le plus grave qu'une voix ou un instrument peuvent rendre. Le *volume* est la quantité de son qu'ils fournissent; le tuyau sonore est comme le tuyau d'une fontaine, qui donne un plus ou moins grand *volume* d'eau, selon que la source est plus ou moins abondante. Ainsi, de deux voix semblables formant le même son, celle qui remplit le mieux l'oreille et se fait entendre de plus loin, est dite avoir plus de *volume*.

Les voix inégales ont, pour l'ordinaire, plus de *volume* dans le médium que dans le haut et le bas. Un corniste doit s'appliquer à affaiblir les tons ouverts et à renforcer les tons bouchés de son instrument, pour que le *volume* de son soit d'une égalité parfaite sur tous les degrés de la gamme.

W. Double majuscule qui sert quelquefois à indiquer les parties des violons dans une partition.

Z.

ZA. Syllabe par laquelle on distingue, dans le plain-chant, le *si* ♭ du *si naturel*, auquel on laisse le nom de *si*.

ZÉRO, s. m. Lorsque le doigter d'un passage demande que l'on touche une corde à vide, on marque d'un *zéro* les notes qui doivent être rendues de cette manière. Le *zéro* n'est, par conséquent, employé que dans la musique destinée aux instrumens à manche, tels que le violon, la viole, le violoncelle, la guitare, etc.

SUPPLEMENT.

Tutti, terme italien qui signifie tous. Ce mot, placé dans une partie séparée, marque le lieu et l'instant où tous les chanteurs ou tous les instrumentistes, ou même les uns et les autres se réunissent dans l'exécution d'un morceau de musique. On appelle *tutti* les parties d'un concerto qui succèdent aux solos, et dans lesquelles le compositeur déploie ordinairement toutes les puissances de l'harmonie pour établir des contrastes entre les mélodies gracieuses, les traits élégans et rapides de l'instrument qui récite et les effets éclatans de l'orchestre. *Reprenons au* tutti; *voilà un beau* tutti; *un* tutti *bien dessiné*.

Tutti s'emploie aussi pour désigner les grands effets d'une symphonie, d'une ouverture, d'un chœur.

Violoncelle seul, *Violoncelles* écrit au-dessus de la partie de basse, indique que cette partie doit être exécutée par un violoncelle seul ou par les violoncelles seuls, jusqu'à ce que le mot *tutti* vienne marquer la rentrée des contrebasses. La même observation servira pour les trompettes et les cors, si l'on a écrit leurs parties sur la même portée. *Tutti*, signifie que les trompettes et les cors, divisés auparavant, doivent exécuter ensemble le même trait.

FIN.

Fautes essentielles à corriger.

Premier vol. Page   95, ligne 28, *lisez* centron.
Deuxième.   Page   17, ligne 30, *lisez* Ære.
            Page 168, ligne 24, *lisez* la troisième partie.
            Page 186, ligne 18, *lisez* possède.

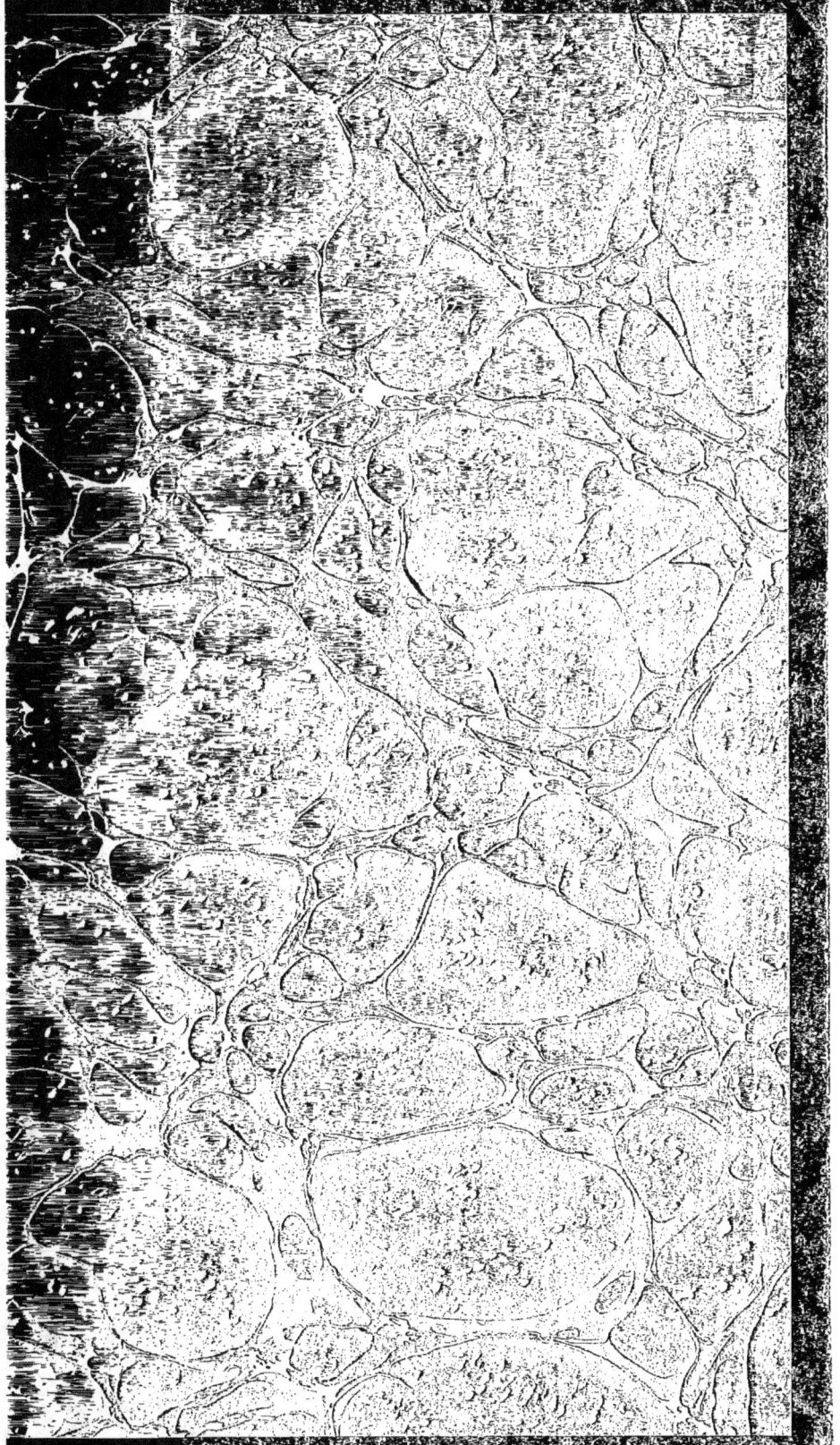